拜德雅·人文丛书
学 术 委 员 会

学术顾问

张一兵　南京大学

学术委员（按姓氏拼音顺序）

陈　越　陕西师范大学	姜宇辉　华东师范大学
蓝　江　南京大学	李科林　中国人民大学
李　洋　北京大学	刘悦笛　中国社会科学院
鲁明军　复旦大学	陆兴华　同济大学
王春辰　中央美术学院	王嘉军　华东师范大学
吴冠军　华东师范大学	吴　琼　中国人民大学
夏可君　中国人民大学	夏　莹　清华大学
杨北辰　北京电影学院	曾　军　上海大学
张　生　同济大学	朱国华　华东师范大学

身体使用

("神圣人"Ⅳ，2)

[意]吉奥乔·阿甘本（Giorgio Agamben）| 著

蓝 江 | 译

上海社会科学院出版社
SHANGHAI ACADEMY OF SOCIAL SCIENCES PRESS

目 录

总　序 | 重拾拜德雅之学　　/iii
序　言　　/xi

第一部分　身体使用　　/3

1　无劳作之人　　/5
2　使用　　/43
3　使用和操心　　/55
4　使用世界　　/67
5　使用–自我　　/86
6　习惯使用　　/101
7　灵性工具和技术　　/114
8　无法占用之物　　/135
间奏一　/159

第二部分　本体论考古学　　/183

1　本体论装置　　/191

2 本位理论　　/227

3 样态本体论　　/246

间奏二　/298

第三部分　生命－形式　/325

1 分裂的生命　　/327

2 与其形式密不可分的生命　　/350

3 生命的冥思　　/362

4 生命是由生活所产生的形式　　/372

5 走向风格本体论　　/379

6 一个人同一个人的流放　　/397

7 "我们就是这么做的"　　/407

8 劳作和安息　　/415

9 厄尔的神话　　/420

尾声　走向一种破坏潜能的理论　　/446

参考文献　　/475

- 总　序 -

重拾拜德雅之学

1

中国古代，士之教育的主要内容是德与雅。《礼记》云："乐正崇四术，立四教，顺先王《诗》《书》《礼》《乐》以造士。春秋教以《礼》《乐》，冬夏教以《诗》《书》。"这些便是针对士之潜在人选所开展的文化、政治教育的内容，其目的在于使之在品质、学识、洞见、政论上均能符合士的标准，以成为真正有德的博雅之士。

实际上，不仅是中国，古希腊也存在着类似的德雅兼蓄之学，即 paideia（παιδεία）。paideia 是古希腊城邦用于教化和培育城邦公民的教学内容，亦即古希腊学园中所传授的治理城邦的学问。古希腊的学园多招收贵族子弟，他们所维护的也是城邦贵族统治的秩序。在古希腊学园中，一般教授修辞学、语法学、音乐、诗歌、哲学，当然也会讲授今天被视为自然科学的某些学问，如算术和医学。不过在古希腊，这些学科之间的区分没有那么明显，更不会存在今天的文理之分。相反，这些在学园里被讲授的学问被统一称为 paideia。经过 paideia 之学的培育，这些贵族身份的公民会变得"καλὸς κάγαθός"（雅而有德），这个古希腊语单词形容理想的人的行为，而古希腊历史学家希罗多德（Ἡρόδοτος）常在他的《历史》中用这个词来描绘古典时代的英雄形象。

在古希腊，对 paideia 之学呼声最高的，莫过于智者学派的演说家和教育家伊索克拉底（Ἰσοκράτης），他大力主张对全体城邦公民开展 paideia 的教育。在伊索克拉底看来，paideia 已然不再是某个特权阶层让其后嗣垄断统治权力的教育，相反，真正的 paideia 教育在于给人们以心灵的启迪，开启人们的心智，与此同时，paideia 教育也让雅典人真正具有了人的美德。在伊索克拉底那里，paideia 赋予了雅典公民淳美的品德、高雅的性情，这正是雅典公民获得独一无二的人之美德的唯一途径。在这个意义上，paideia 之学，经过伊索克拉底的改造，成为一种让人成长的学问，让人从 paideia 之中寻找到属于人的德性和智慧。或许，这就是中世纪基督教教育中，及文艺复兴时期，paideia 被等同于人文学的原因。

2

在《词与物：人文科学考古学》最后，福柯提出了一个"人文科学"的问题。福柯认为，人文科学是一门关于人的科学，而这门科学，绝不是像某些生物学家和进化论者所认为的那样，从简单的生物学范畴来思考人的存在。相反，福柯认为，人是"这样一个生物，即他从他所完全属于的并且他的整个存在据以被贯穿的生命内部构成了他赖以生活的种种表象，并且在这些表象的基础上，他拥有了能去恰好表象生命这个奇特力量"[1]。尽管福柯这段话十分绕口，但他的意思是很明确的，人在这个世界上的存在是一个相当复杂的现象，它所涉及的是我们在这个世界上的方方面面，包括哲学、语言、诗歌等。这样，人文科学绝不是从某个孤立的角度（如单独从哲学的角度，单独从文学的角度，单独从艺术的角度）去审视我们作为人在这个世界上的存在，相反，它有助于我们思考自己在面对这个世界的错综复杂性时的构成性存在。

其实早在福柯之前，德国古典学家魏尔纳·贾格尔（Werner Jaeger）就将 paideia 看成一个超越所有学科之上的人文学总体之学。正如贾格尔所说，"paideia，不仅仅是一个符号名称，

---

[1] 米歇尔·福柯：《词与物：人文科学考古学》，莫伟民译，上海三联书店 2001 年版，第 459—460 页。

更是代表着这个词所展现出来的历史主题。事实上，和其他非常广泛的概念一样，这个主题非常难以界定，它拒绝被限定在一个抽象的表达之下。唯有当我们阅读其历史，并跟随其脚步孜孜不倦地观察它如何实现自身，我们才能理解这个词的完整内容和含义。……我们很难避免用诸如文明、文化、传统、文学或教育之类的词来表达它。但这些词没有一个可以覆盖 paideia 这个词在古希腊时期的意义。上述那些词都只涉及 paideia 的某个侧面：只有把那些表达综合在一起，我们才能看到这个古希腊概念的范阈"[1]。贾格尔强调的正是后来福柯所主张的"人文科学"所涉及的内涵，也就是说，paideia 代表着一种先于现代人文科学分科之前的总体性对人文科学的综合性探讨研究，它所涉及的，就是人之所以为人的诸多方面的总和，那些使人具有人之心智、人之德性、人之美感的全部领域的汇集。这也正是福柯所说的人文科学就是人的实证性（positivité）之所是，在这个意义上，福柯与贾格尔对 paideia 的界定是高度统一的，他们共同关心的是，究竟是什么，让我们在这个大地上具有了诸如此类的人的秉性，又是什么塑造了全体人类的秉性。paideia，一门综合性的人文科学，正如伊索克拉底所说的那样，一方面给予我们智慧的启迪，另一方面又赋予我们人之所以为人的生命

---

[1] Werner Jaeger, *Paideia: The Ideals of Greek Culture, vol. 1*, Oxford：Blackwell, 1946, p.i.

形式。对这门科学的探索，必然同时涉及两个不同侧面：一方面是对经典的探索，寻求那些已经被确认为人的秉性的美德，在这个基础上，去探索人之所以为人的种种学问；另一方面，也更为重要的是，我们需要依循着福柯的足迹，在探索了我们在这个世界上的生命形式之后，最终还要对这种作为实质性的生命形式进行反思、批判和超越，即让我们的生命在其形式的极限处颤动。

这样，paideia 同时包括的两个侧面，也意味着人们对自己的生命和存在进行探索的两个方向：一方面，它有着古典学的厚重，代表着人文科学悠久历史发展中形成的良好传统，孜孜不倦地寻找人生的真谛；另一方面，也代表着人文科学努力在生命的边缘处，寻找向着生命形式的外部空间拓展，以延伸我们内在生命的可能。

3

这就是我们出版这套丛书的初衷。不过，我们并没有将 paideia 一词直接翻译为常用译法"人文学"，因为这个"人文学"在中文语境中使用起来，会偏离这个词原本的特有含义，所以，我们将 paideia 音译为"拜德雅"。此译首先是在发音上十分近似于其古希腊词语，更重要的是，这门学问诞生之初，便是德雅兼蓄之学。和我们中国古代德雅之学强调"六艺"一样，古希腊的拜德雅之学也有相对固定的分目，或称为"八艺"，即体操、语法、修辞、音乐、数学、地理、自然史与哲学。这八门学科，体现出拜德雅之学从来就不是孤立地在某一个门类下的专门之学，而是统摄了古代的科学、哲学、艺术、语言学甚至体育等门类的综合性之学，其中既强调了亚里士多德所谓勇敢、节制、正义、智慧这四种美德（άρετή），也追求诸如音乐之类的雅学。同时，在古希腊人看来，"雅而有德"是一个崇高的理想。我们的教育，我们的人文学，最终是要面向一个高雅而有德的品质，因而我们在音译中选用了"拜"这个字。这样，"拜德雅"既从音译上翻译了这个古希腊词语，也很好地从意译上表达了它的含义，避免了单纯叫作"人文学"所可能引生的不必要的歧义。本丛书的 logo，由黑白八点构成，以玄为德，以白为雅，黑白双色正好体现德雅兼蓄之意。同时，这八个点既对应于拜德雅之学的"八艺"，也对应于柏拉图在《蒂迈欧篇》中谈到的正六面体（五种柏拉图体之一）的八个顶点。它既是智慧美德的象征，也体现了审美的典雅。

不过，对于今天的我们来说，更重要的是，跟随福柯的脚步，向着一种新型的人文科学，即一种新的拜德雅前进。在我们的系列中，既包括那些作为人类思想精华的**经典作品**，也包括那些试图冲破人文学既有之藩篱，去探寻我们生命形式的可能性的**前沿著作**。

既然是新人文科学，既然是新拜德雅之学，那么现代人文科学分科的体系在我们的系列中或许就显得不那么重要了。这个拜德雅系列，已经将历史学、艺术学、文学或诗学、哲学、政治学、法学，乃至社会学、经济学等多门学科涵括在内，其中的作品，或许就是各个学科共同的精神财富。对这样一些作品的译介，正是要达到这样一个目的：在一个大的人文学的背景下，在一个大的拜德雅之下，来自不同学科的我们，可以在同样的文字中，去呼吸这些伟大著作为我们带来的新鲜空气。

序　言

1.

我们很好奇，居伊·德波十分清醒地认识到私人生活的不足，与此同时，他或多或少地相信，在他自己和他友人们的生存中，有一些非常特别，也堪称典范的东西，值得人们记住，值得去传播。于是，在《分离批判》（*Critique de la séparation*）中，他一度曾谈到了"我们所拥有的私人生活的秘密性（clandestinité）"（Debord，p.49），是无法传达的；然而，在他最早的电影以及在《颂辞》（*Panégyrique*）中，他又不停地展示了一个又一个他朋友的面庞，有阿斯热·约恩（Asger Jorn）、莫里斯·魏凯（Maurice Wyckaert）、伊万·切奇格洛夫（Ivan Chtcheglov），还有他自己，以及身旁的他最心仪的女人。不仅如此，在《颂辞》中还出现了他住过的房子，有佛罗伦萨的卡勒黛大街28号的房子、香波山区的乡村农舍、巴黎外方传教会广场（实际上位于巴克街109号，这是他最后的寓所，在这座房子的画室里有一幅1984年的照片，照片里德波端坐在他似乎十分钟爱的英格兰皮质沙发上）。

在这里有着某种主要矛盾，而情境主义者们从未成功解决这个矛盾。与此同时，还有某种珍贵的东西，需要被重新提及——这种珍贵的东西或许是种懵懵懂懂的、不为人知的觉察，即真正的政治元素恰恰在于这些无法传递的、几近荒谬的私人生活的秘密状态。因为，十分明显，它——这个秘密状态，我们的生命形式——是如此亲近、如此唾手可得，倘若我们试图抓住它，那么残留在我们手中的只会是无法理解、沉闷烦琐的日常状态。不过，或许正是这些同名异义性的（omonima）、不明确的、阴暗的在场使政治的秘密——秘密权力（arcanum imperii）的另一副面孔，所有这秘密革命的传记、所有对它的革命都沉没了——得以保留。居伊·德波，当他分析和描述景观社会中的异化的生存形式时，他是如此精明、狡黠，而当他试图向人们传达自己的生命形式时，试图直接面对并消除伴随他生命始终的秘密生活的历程时，又是如此天真、无助。

2.

《我们一起在黑夜中游荡，然后被烈火吞噬》（*In girum imus nocte et consumimir igni*, 1978）开篇就同它所处的时代宣战，并坚持不懈地分析市场社会在其最后发展阶段中，在全世界建立起的那种生活的前提。不过，出乎意料的是，那种细致入微、冷酷无情的描述中戛然而止了，取而代之的是忧郁的描述，几近悲伤的对个体记忆和事件的召唤，那些记忆与事件预言了他打算公开出版《颂辞》这本自传。居伊回忆了已经不复存在的他青年时代的巴黎，在当时的巴黎街道上和咖啡馆里，他和他的朋友们一起出发，坚持要探寻那座"谁都不愿意要的邪恶圣杯（Graal néfaste）"。正是这座圣杯，这座人们只是"匆匆一瞥"而非"与之相遇"的圣杯，毫无疑问必然带有一种政治含义，因为那些想找圣杯的人"觉得他们自己有能力按照真实生活来理解虚假的生活"（Debord, p. 252）。尽管如此，但这种时而被一些引自《传道书》（*Ecclesiastes*）、欧玛尔·海亚姆（Omar Khayyam）、莎士比亚、博须埃（Bossuet）的引文所打断的纪念式的语调，同时也不容置疑地带有一种怀旧和阴郁的色彩："在真实生活的旅途中，我们发现自己被一种浓烈的忧郁所包围，在那业已消逝的青春的咖啡馆里，那是用嘲弄和凄凉的字眼来形容的忧郁。"（同上书，p. 240）。在业已逝去的青春里，居伊回想起了迷惘，回想起了他的朋友和爱人（"我不禁记起那帮可爱的混蛋，想起那些曾和我一起住在贫民窟里的傲娇的女士们［……］"，［Debord 1, p. 237］）。与此同时，吉尔·J. 沃尔曼（Gil J. Wolman）、季思兰·德玛白（Ghislain de Marbaix）、毕诺–嘉里乔（Pinot-Gallizio）、阿蒂雅·柯唐伊（Attila Kotanyi）和唐纳·尼克尔森–史密斯（Donald Nicholson-Smith）的影像出现在了屏幕上。但是到了影片的结尾，这种自传式的冲动才以更为强烈的方式重新出现，也是在结尾处，佛罗伦萨的景色（当时，佛罗伦萨还如此自在悠闲）与居伊的私人生活影像以及那些1970年代与他一起生活在那座城市里的女人们的影像交织在了一起。随后，我们可以看到一堆迅速掠过的居伊住过的房子——克莱沃胡同、圣雅克大街、圣马丁大街、基安蒂的一个小镇、香波山区，然后再一次掠过他那些朋友们的面容，此时，我们听到的是一句电影《夜间来客》（*Les Visiteurs du soir*）中的吉尔的歌词："那些凄惨的消逝的孩子们，我们在黑夜里游荡［……］"在电影结束前的最后几个镜头中，出现了19岁、25岁、27岁、31岁和45岁的居伊的照片。这座情境主义者们试图寻找的邪恶圣杯，不仅带有政治的意蕴，在某种程度上也带有私人生活的秘密状态的意蕴，电影毫不犹豫也丝毫不觉得羞耻地展现了这些秘密状态的"可笑的文档"。

3.

然而，这种自传性的意图已经出现在电影标题的回文结构中了。在唤起了他逝去的青春后，居伊立即补充道：只有"'我们一起在黑夜中游荡，然后被烈火吞噬'这种严谨的回文"才能表达出这种失落，这一古老的词组像一座由字母建构起来的无法逃脱的迷宫，因此完美地结合了消逝的形式和内容

(Debord, p. 242)。

这个词组有时被定义为"邪恶的韵文"。实际上，根据赫克歇尔（Heckscher）的一篇短论，它来自象征文学，指的是扑火的飞蛾，最终被烛火所吞噬。这个象征由一句铭文（impresa）——一个词组或一句箴言——和一个图像构成；在我所能查阅到的书中，被烈焰吞噬的飞蛾的意象经常出现。不过，这个意象从未与这个回文结构联系在一起，而是与表达爱的激情的词句（"爱欲贪欢，自取其亡"，"爱如刀割"）有关，或在极少数情况下，它涉及政治和战争中的鲁莽（"任何伟大的君王都不会盲目行动"［non temere est cuiquam temptanda potentia regis］，"盲目且冒险"［temere ac periculose］）。在奥托·凡·维恩（Otto van Veen）《爱之象征》（*Amorum emblemata*, 1608）中，长着翅膀的爱神凝视着扑向烛火的飞蛾，旁边的铭文写着：短暂而伤人的快感（brevis et damnosa voluptas）。

因此，居伊选择这个回文做标题，很有可能是在把他自己和朋友们比作扑火的飞蛾。在《德意志意识形态》（*L'ideologia tedesca*）——这本居伊烂熟于心的著作——中，马克思批判性地激发了这一意象："这就像夜间的飞蛾，当普世之光业已从大地上升起，他们还在寻找分殊的灯光。"[1]因而更引人注目

---

[1] 参见马克思、恩格斯：《马克思恩格斯全集》第四十卷，中共中央马克思恩格斯列宁斯大林著作编译局编译，人民出版社 2016 年版："又如在大家共有的太阳落山后，夜间的飞蛾就去寻找人们各自为自己点亮的灯光。"此处的中文照阿甘本原文译出。——译者注

的是，尽管有这样的警告，居伊仍不停地寻找这道光芒，坚持不懈地寻找独特、私人生存的火焰。

4.

1990年代末，在巴黎一家书店的书架上，放着德波插图版《颂辞》第二卷——也许是出于偶然，也许是书商出于反讽刻意为之——这本书被摆在了保罗·利科的自传旁边。最具启发意义的事情莫过于比较这两本书对图像的使用。利科书中的图片仅仅描绘了学术会议上的哲学家，仿佛这就是这位哲学家唯一的生活了，而《颂辞》的图片则意图达到一种传记性真实的状态，它涉及作者真实生活的方方面面。书中简短的序言告诉我们："一幅本真的插图会照亮一种真实的话语［……］人们最终可以看到，我在生命的各个阶段看起来是什么样子的，我周围的人们的脸长什么样子，以及我曾住过的那些地方是什么样子的［……］"再说一遍，尽管这些文档有着明显的不足，且如此之平庸，但生活——隐秘状态的生活——走向了前台。

5.

巴黎，一天夜晚，当我告诉爱丽丝许多意大利的年轻人非常想看居伊的作品，并希望从他那里获得只言片语时，爱丽丝回复说："我们活着，这对于他们来说就够了。"她说"我们活着"是什么意思？当然，在那些日子里，他们离群索居在巴黎和香波山区，没有电话，在某种意义上，他们的眼睛转向了过去，也就是说，他们的"生存"完全隐蔽在"私人生活的秘密状态下"。

再说一遍，1994年11月，他自杀前不久，他为Canal+频道拍摄的最后一部影片的标题——《居伊·德波，他的艺术，他的时代》（*Guy Debord, son arts, son temps*）——就影片的传记意图而言，似乎并非完全反讽的；尽管他出人意料地用了"他的艺术"这个说法，在全神贯注地集中于"他的时代"的恐怖之前，这一（类）精神性的遗嘱和证明，以同样的坦白，通过同样的老照片，反复吐露出他对过去生活的怀旧。

那么，"我们活着"是什么意思？生存——在任何意义上，这个概念都是西方第一哲学最基本的概念——或许应以建设性的方式来谋生。亚里士多德写道："去存在，对于活着的人来说就是要活下去。"千年之后，尼采进一步说明了"去存在：我唯一能表达的就是去活着"。这揭示了——超越了所有的生机论（vitalismo）——存在与活着的紧密关联：今天，这就是思想（以及政治）的任务。

6.

《景观社会》（La società dello spettacolo）以"生活"一词开篇（"在现代生产条件所支配的所有社会生活中，所有的生活本身都展现为景观的巨大堆积"［Debord 3, §1］），直至结尾，该书的分析都不停地指向生活。在景观中"生活于其中一切都疏离为一个再现（representation）"（§1），景观被定义为"生活的具体颠倒"（§2）。"如今他的生活越是他的产品，他就越疏离于他的生活"（§33）。在景观条件下的生活是一个"伪生活"（§48），或"求生（sopravvivenza）"（§154），或"生活的伪用（pseudo-uso della vita）"（§49）。与这种异化的生活和分离的生活不同，居伊所肯定的生活是"历史生活"（§139），在文艺复兴时期，这种生活似乎是一种"与永恒决裂的快感"："在意大利城市的奢靡中［……］生活是白驹过隙的时间中的欢愉。"多年以前，在《关于短时间里几个人的经过》（Sur le passage de quelques personnes）和《分离批判》中，居伊已经说过，他自己和他的朋友们"需要重新创造日常生活中的一切，成为他们自己生活的主人和所有者"（p. 22）。他们那次会议似乎"标志着从一种更富张力的生活，一种从未被真正发现过的生活中解脱出来"（p. 47）。

这种"更富张力"的生活是什么？在景观中被颠倒和歪曲的东西是什么？甚至我们在"社会生活"中需要理解的是什么？

这些问题也没有说清楚；不过，指责作者前后不一或用词不当，就太容易了。在这里，居伊仅仅重复了我们文化中的一种持续的态度。在我们的文化中，生活从未被这样定义过，它只是一再被界定为 bios 与 zoè[1]、有政治资格的生活和赤裸的生命、公共生活与私人生活、植物性的生活与关系的生活之间的衔接与分裂，如此，每一个部分都只能在与他者的关系中得到界定。在前面的分析中，或许正是生活本身的不可判定性，才使得生活每次都必须以政治的方式和独特的方式（singolarmente）被判定。居伊在他自己的私人生活的隐秘性（随着时间的流逝，对他来说，这种私人生活的隐秘状态显得更加转瞬即逝、难以记录）和历史生活之间，在他个人传记和他所记录的这个既蒙昧又难以割舍的时代之间踯躅不定。这般犹豫显露出一个难题，即至少在当前的条件下，没有人可以幻想一次性解决所有问题。无论如何，坚持不懈地寻找圣杯，无谓地被火焰吞噬生命，这些都绝不能还原为以下任何一个对立的选项：既不能被还原为私人生活的愚蠢，也不能被还原为公共生活的不明晰的威望。事实上，它所质疑的正是将它们区分开来的可能。

---

[1] bios 与 zoè 是阿甘本的基本概念，前者指有政治资格的生命、有品质的生命；后者指被排除在政治领域之外的动物生命、赤裸生命。后文保留这两个术语的外文形式，不译出。——译者注

7.

伊万·伊里奇（Ivan Illich）看到了传统的生命观念（不是"某一个生命"，而是一般的"生命"）被视为与单个有生命的人的经历没有关系的"科学事实"。它是某种匿名的、一般性的东西，有时候生命可以被视为一个精子、一个人、一只蜜蜂、一个细胞、一头熊、一个胚胎。这个"科学事实"如此泛泛，以至于科学无法对其进行界定，教会将其作为神圣的终极领域，而生命伦理学则成为其无能的废话中的关键术语。无论如何，比起关乎个体的生机活力或生命形式（forma di vita），今天的"生命"更多地与生存相关。

只要某种神圣的残余物（residuo sacrale）已经以这样的方式悄悄渗入了生命之中，居伊所追求的秘密状态就变得更加扑朔迷离了。情境主义试图恢复政治的生命力，但这又遇到了一个同样紧迫的难题。

8.

我们的私人生活像一个秘密一样伴随着我们，这究竟是什么意思？首先，作为一种隐秘状态，它与我们分离；与此同时，作为一个秘密状态（clandestino），在某种程度上它又与我们密不可分，悄然与我们共在。这样的分离和不可分离性不断地界定着我们文化之中的生活状态。它是某种可以分裂的东西——但在某台机器中，无论这台机器是医学的、哲学—神学的还是生命政治的，它总是被衔接在一起的。因此，在我们或漫长或短暂的人生旅程中，作为一个秘密陪伴着我们的不仅有私人生活，还有肉体生命本身，以及传统意义上被铭刻在所谓的亲密关系领域中的一切：滋养、消化、撒尿、排便、睡眠、性爱……这些没有面容的伴随物如此之重，以至于每一个人都试图与其他人一起共享——然而，异化和秘密绝不会彻底消失，即便在与最亲密的爱侣一起的生活中也无法解决。在这里，生命真的就像那只被偷的狐狸，男孩把它藏在自己的衣服之下，即便狐狸正毫无顾忌地撕咬他的血肉，他也不能承认狐狸在他的衣服之下。

似乎我们每一个人都隐隐约约感觉到了，正是我们无法传达的隐秘生活，在其中保存了一个真正的政治元素，一个典型的可共享的元素——不过一旦我们试图共享它，它就会坚决摆脱我们的掌控，只给我们留下一些荒谬的、无法传达的剩余物。在西棂城堡[1]中，政治权力的对象仅是身体的植物性生命，在这个意义上，西棂城堡就是真相，同时也是现代政治——实际上就是生命政治——的失败的形象。我们必须改变我们的生活，将政治带入日常生活中——然而，在日常生活中，政治就会触礁沉没。

1　西棂城堡（The castle of Silling）是萨德侯爵在其名著《索多玛120天》中虚构的那座充满淫欲和性虐待的城堡——译者注。

正如今天所发生的那样，当政治生活和公共生活消逝，只留下了私人生活和赤裸生命时，作为这个领域的唯一主人，就其私人生活层面上，必须将自己公之于众，并试图传播自己不再可笑的文献（尽管它们仍然如此）。在这一点上，这些文献与之丝丝入扣地吻合，其平凡日常被现场记录下来，并通过各种屏幕传达给他人。

不过，唯有当思想能发现业已隐藏在独特生存方式的秘密之中的政治元素，唯有当我们有可能在公共生活和私人生活、政治生活和自传生活、zoè 和 bios 的分裂之外描绘出生命–形式[1]（forma-di-vita）的轮廓和身体的共同使用，政治才不会哑然失声，个人传记才不会显得如此愚蠢。

---

[1] 需要注意的是，阿甘本在本书中用了两种"生命形式"的表述，一种是"序言"第 7 节中出现的 forma di vita，单词中间没有任何连字符连接；另一种就是这里出现的带连字符的 forma-di-vita。尽管这两个表述的词语构成完全一样，差别仅在于连字符，但是在阿甘本那里，二者的含义差别巨大。没有连字符的 forma di vita 指的是每一个具体生命体的生命样态、生活方式。生命形式多种多样，受到形式的限定，如我们可以说厨师有厨师的生命形式，军人有军人的生命形式，政治家有政治家的生命形式，我们在选择自己要过什么样的生活的时候，也选择了生命形式。但是带连字符的 forma-di-vita 的意义则完全不同。在"神圣人"系列四之一《至高的清贫》中，阿甘本就强调过，forma-di-vita 是相对于生命和形式之外的第三样东西，本书第三部分的主标题也是这个带连字符的 forma-di-vita。读者读完第三部分就会发现，阿甘本的 forma-di-vita 实际上就是在他悬置了一些生命和形式的区分，悬置了一切装置的运行，让本体论装置和生命政治装置得以安息之后的第二种状态，即一种无形式、无关系的状态，在这个状态下，所有的元素相互没有关系，只有纯粹的接触，这就是阿甘本的安息的概念，也是他在结尾部分谈到的破坏潜能的内容。换言之，不带连字符的 forma di vita 归属于具有生命政治装置的世界，是让我们成为我们之所是的样态，但 forma-di-vita 是即将来临的共同体的内容，是一种新的政治可能性。为了区分二者，译者将不带连字符的 forma di vita 翻译为"生命形式"，带连字符的 forma-di-vita 翻译为"生命–形式"。——译者注

身体使用

L'uso dei corpi

第一部分　身体使用

1　无劳作之人

1.1

"身体使用"（he tou somatos chresis）的用法出现在亚里士多德《政治学》（*Politica*）的开头（1254b 18），出现在他界定奴隶的本质的那里。亚里士多德十分肯定地指出，城邦是由家庭或门户（oikiai）组成的，最完整的家庭则是由奴隶和自由民组成的（ek doulon kai eleutheron——他在自由民之前先提到了奴隶；1253b 3-5）。可以用三种不同类型的关系来界定家庭：主（despotes）奴之间的专制[1]（despotikè）关系，夫妻之间的配偶（gamikè）关系，父子之间的亲嗣（technopoietikè）关系（7-11）。亚里士多德在说明后两种关系的时候，它们是"没有名称"的，缺乏专有名称（这似乎意味着形容词 gamikè 和 technopoietikè 并非亚里士多德特有的命名，但所有人都知道"专制关系"是亚里士多德特有的命名），（除了亚里士多德首先

---

[1] 严格来说，这里 despotikè 对应的译法应该是主人管制，即主人对奴隶的管制方式，但是 despotikè 在现代政治学语境中已经形成了专属译法"专制"。为了便于读者与现代政治学对接，译者在这里仍将其翻译为"专制"，但读者在阅读的时候需要理解，这个词最初的意义就是主人对奴隶的管制。——译者注

提到了主奴关系）这一事实表明在某种程度上，主奴关系如果不是最重要的关系的话，至少也是最显著的关系。

无论如何，我们随后将要进行的对第一种关系的分析，在某种程度上构成了本篇的导引，这仿佛是说，唯有从一开始就正确地理解专制关系，我们才能进入其对应的政治领域。亚里士多德将奴隶界定为一种"尽管生而为人，但其本性却不属于自己而属于别人"的存在，随后，亚里士多德自问，"这样的人的存在恰好符合其自然本性，还是相反，一切奴隶制都违背自然本性"（1254a 15-18）。

亚里士多德对这个问题的回答借助了对统治的辨析（"统治与被统治之分不仅是事物的必然，亦是便利的"；21-22），在生命体那里，统治分为专制统治（archè despotikè）和政治统治（archè politikè），这两种统治分别以灵魂对身体的统治和理智对肉欲的统治为其典例。正如在下面这段话中，亚里士多德大体上肯定了统治的必然性和自然属性（physei）不仅存在于有生命的存在物之中，也存在于无生命的存在物之中（在古希腊语中，音乐模式就是对和谐的统治［archè］），如今，他试图说明一些人对另一些人的统治：

> 灵魂以专制统治的方式驾驭身体，而理智以政治统治和君王统治的方式驾驭肉欲。很明显，灵魂对身体的统治，以及心灵和理性对情欲的统治，既是自然的，也是便利的；

然而,两者平等或颠倒了统治关系,则通常是有害的[……]所以,这在人类当中也是一样的[……]。(1254b 5-16)

א 如果柏拉图在《阿尔基比亚德篇》(*Alcibiade*)中谈到了灵魂将身体用作一种工具并统治着身体(130a 1),当亚里士多德试图通过灵魂对身体的统治来证明主人对奴隶的统治时,他很可能十分了解柏拉图的表述。

不过,关键在于亚里士多德真正要说明的意思。按照亚里士多德的说法,灵魂对身体的统治并非出于一种政治本性(正如我们看到的那样,按照亚里士多德的说法,主奴之间的"专制"关系归根结底是界定家[oikia]的三种关系之一)。这意味着——在亚里士多德的思想中,家与城邦(polis)有着明确的区分——灵魂/身体的关系(就像主人/奴隶的关系一样)是一种家政治理关系,而不是政治关系,与此相对,政治关系是理智与肉欲的关系。但这也意味着主奴关系和灵肉关系之间是相互界定的,如果我们要理解第二种关系,就必须理解第一种关系。灵魂之于身体犹如主人之于奴隶。将家区别于城邦的界线同样是同时将身体与灵魂、主人与奴隶分开且统一起来的界线。在古希腊人那里，唯有对家政和政治之间的关系的界线进行追问，才能变得真正有智慧。

1.2

亚里士多德正是在这一点上——几乎是以括号的形式——给出了奴隶的定义，即"使用自己身体来劳作的人"：

> 人与人的区别就像灵魂与身体的区别或人与动物的区别——例如在使用身体来劳作（oson esti ergon he tou somatos chresis）且在这方面做得最好（ap'auton beltiston）的人们那里，就有这种区别——卑下之人天生就是奴隶，对奴隶来说，最好接受这种统治的统治，即主人的统治。（1254b 17-20）

在《尼各马可伦理学》（Etica nicomachea）中，亚里士多德提出了什么是劳作（ergon）——专属于人类的劳作和功能——的问题。就是否存在此类人类的劳作（不仅仅是木匠、制革工人、制鞋匠的劳作），或人们是否无劳作（argos）则无法活下去的问题，亚里上多德在此肯定地回答说："人类的劳作是灵魂依照逻各斯所进行的活动"（ergon anthropoupsyches energeia kata logon; 1098a 7）。于是，将奴隶定义为专用自己身体进行劳作的人，就格外引人注目。对于亚里士多德来说，奴隶是人并保有人性并非问题所在（anthropos on，"尽管是一个人"；1254a 16）。然而，这意味着还有一些人的活动并非专属于人的活动，或者说，还有一些人与其他人有所不同。

柏拉图已经写过，每一个存在物（无论是人是马，还是其他任何活物）的劳作就是"它自己能做到并比其他东西做得更好的事情"（monon ti e kallista ton allon apergazetai; *Resp*., 353a 10）。奴隶代表着人性的出现，在人性的维度上，最好的劳作（"对他们而言最好的"——《政治学》中的 beltiston 很可能指的是《理想国》中的 kallista）不是灵魂依照逻各斯所进行的活动（energeia），而是亚里士多德只能用"身体使用"的命名来表达的东西。

有两个对称的表达——

> Ergon anthropou psyches energeia kata logon
> Ergon (doulou) he tou somatos chresis
> 人类的劳作是灵魂依照逻各斯所进行的活动。
> 奴隶的劳作是使用身体的劳作
>
>> ——energeia 和 chresis，活动和使用，似乎恰好与 psychè 和 soma，灵魂和身体并列。

1.3

这组对应关系十分重要，因为我们知道，在亚里士多德的思想中，活动（energeia）和使用（chresis）两个用语之间有着非常严格而复杂的关系。斯特里克在一个相当重要的研究中指出（Strycker, pp. 159-160），亚里士多德在潜能（dynamis）与活动（energeia，字面意思就是"实现活动"）之间作出的经典区分，起初采用的就是 dynamis 和 chresis 之间（即潜能存在和使用存在）的区分的形式。我们可以在柏拉图的《欧绪德谟篇》（*Eutidemo*）中找到这个对立的范式（280d），在那里，柏拉图严格区分了占有（ktesis）技艺与适当的工具却不使用它们和积极地使用（chresis）它们。按照斯特里克的说法，亚里士多德在其老师的例子的基础上，区分了拥有知识（epsitemen echein）和使用知识（epistemei chresthai）（例如参见 *Top.*, 130a 19-24），并且后来他用了一个自己的创造的、柏拉图完全不熟悉的词取代了使用（chresis），即活动（energeia）。

事实上，亚里士多德在其早期著作中，在与后来的 energeia 差不多的意义上使用了 chresis 和 chresthai 这两个词。因此在《劝勉篇》（*Protrettico*）中，哲学被定义为 ktesis kai chresis sophias，"拥有与使用智慧"（Düring, fr. B8），亚里士多德小心翼翼地区分了拥有视力却把眼睛闭上的人和实际使用眼睛的人；同样，他也区分了使用知识的人和仅仅拥有知识的人（同上书，B79）。在这里，使用不仅具有专业意义上的本体论意蕴，还具有伦理意蕴，这一点在下述段落中十分明显。这位哲学家试图说明动词 chresthai 的意思：

> 那么，使用（chresthai）某物就是，如果某种能力（dynamis）只能做一件事，那么使用某物就是做这件事；如果该能力可以做好几件事，那么使用某物就是做这些事中做得最好的那一件，正如使用长笛就是，某人以独一无二精妙绝伦的方式使用这支长笛［……］因而，我们必须说，正确地使用用法的人，因为他正确地使用，所以他的使用合乎自然的目的且遵循自然的方式。（fr. B84）

在晚期著作中，亚里士多德仍然在与 energeia 一词类似的意义上使用 chresis，不过这两个词并不仅仅是同义词，它们通常被放在一起，仿佛彼此相互包含、相辅相成。于是，在《大伦理学》(*Magna Moralia*)中，在指出了"使用比习性更为可取"（习性[hexis]，这里指的是拥有一种能力或一种技艺[techne]），以及"如果一个人注定无法看见，并且始终闭着眼睛，那么他不会在乎拥有视力"之后，亚里士多德写道："幸福在于某种使用和某种活动。"（en chresei tini kai energeiai; 1184b 13-32）我们也可以在《政治学》中找到这个表述：estin eudaimonia aretes energeia kai chresis tis teleios，"幸福是美德的实现和完美使用"（*Pol.*, 1328a 38）。这个表述表明，对亚里士多德来说这两个词既相似又不同。在幸福的定义中，进行活动与进行使用，一个是本体论视角，一个是伦理视角，两者互相包含、互为前提。

因为除了作为对潜能的否定（esti d'he energeia to hyparchein to pragma me outos hosper legomen dynamei，"活动是一个事物的存在，但其存在方式并非我们所说的潜能的方式"；《形而上学》[*Metaphysics*]，1048a 31），亚里士多德并没有定义过 energeia 一词，所以我们就更有必要去尝试理解 chresis 一词（以及它对应的动词形式 chresthai）在该文本语境中的意思了。无论如何可以肯定的是，亚里士多德抛弃 chresis 而选择 energeia 作为本体论的关键词汇，这一举动在某种程度上决定了西方哲学史上将存在视为现实的思考方式。

א 就像闭上眼睛一样，在亚里士多德那里，睡觉也是最典型的潜能和习性（hexis）范式，在这个意义上，睡觉处在使用的对立面上，且低于使用；相反，使用类同于觉醒："因为睡与醒都预设着灵魂的存在，但醒对应活动着的认识，睡只是拥有而不实施"（echein kai me energein; *De an.*, 412a 25）。作为潜能的形象，睡眠比活动（energeia）更为低级，这一点在伦理学著作中得到了更为明确的阐明："幸福是一种活动(energeia)，我们也可以从如下考量中看出这一点。因为假如一个人一辈子都在睡觉，我们很难同意这样一个人是幸福的。事实上，他拥有生命，但他并不具备生命的美德"(*M. Mor.*, 1185a 9-14)。

1.4

在现代对古代世界的奴隶制的研究中，学者们仅从"劳动"和生产的视角思考——考虑到古代根本没有与之相对应的词汇，因而有着较强的时代错位感——这个问题。古希腊罗马人从中看到的是另一种秩序的现象，该秩序需要一种完全不同于我们的概念化，对现代人而言这一点似乎无关紧要。因而对现代人来说，这件事情——古代哲学家不仅没有将奴隶制当成问题，还认为奴隶制十分自然——就似乎更加匪夷所思了。因此，在最近一篇对亚里士多德的奴隶理论的论述的导言中读到这一观点也就不足为奇了，即这直白地展现出了"相当丑恶"的一面，而最基本的方法论本应谨慎建议，与其愤怒，不如初步分析一下哲学家提出这一问题的问题背景，以及他试图界定其自然本性的基本概念。

幸运的是，有人对亚里士多德奴隶理论做出了十分精彩的解读，重点在于，哲学家对这一问题的处理别具一格。

在 1973 年的一篇研究文献中，维克托·戈德施密特（Victor Goldschmidt）指出亚里士多德在这里颠覆了其惯用的方法论，按照那种方法论，在遇到某种现象的时候，我们首先必须自问该现象是否存在，然后才能试图去界定其本质。但在奴隶制的问题上，他的做法恰恰相反：他首先——事实上过于轻率地——界定了奴隶的本质（即奴隶是一种不属于自己的人格，而属于别人的人），随后他才进而追问奴隶的存在，而且以一种相当特别的方式追问其存在。事实上，这个问题并不涉及诸如此类的奴隶制的存在与合法性问题，而是在于奴隶制的"身体问题"（Goldschmidt, p. 75）。也就是说，问题在于要确定在自然界中是否存在与奴隶的定义相对应的身体。因此，这一探询不是思辨的，而是物理的。亚里士多德在《论灵魂》（*De anima*）中区别了思辨方法与物理方法（403a 29），例如，思辨方法将愤怒界定为一种义愤的欲望，而物理方法则只会看到心脏内的热血澎湃，在这一意义上，该探询是物理的。

如果接受并进一步发展一下戈德施密特的观点，我们就可以认为，亚里士多德的论题的新意和特殊性在于他认为奴隶制的根基完全是一种"物理的"而非思辨的秩序，也就是说，奴隶制仅在于相对自由人的身体而言的身体上的差异。那么问题就成了："是否存在某种奴隶的身体？"回答是肯定的，但有一项限定条件，即人们合理地追问，是否对亚里士多德的同时代的人来说，他那被现代人理解为对奴隶制的辩护的学说并不

会是一种攻击呢(Barker, P. 369)。亚里士多德写道:

> 自然热衷于(bouletai)区分自由民和奴隶的身体,奴隶身体强壮,适于劳役(pros ten annakaian chresin),自由民则体格挺拔,不适合劳役而适合政治生活[……]不过经常会发生相反之事,有些奴隶拥有自由民的灵魂,有些还拥有自由民的身体。毫无疑问,如果人与人的体格之间的差别就像诸像和人像之间的差别一样优劣分明,那么大家都会承认,低劣之人应当作高贵之人的奴隶。如果对身体而言的确如此,那么说灵魂中也应存在类似差别就更加合理了。灵魂之美并不像身体之美那样容易为我们所看见。(*Pol.*, 1254b 28 sqq.)

因而,亚里士多德立即从中得出的结论站不住脚,且有失偏颇:"于是,很明显(phaneron,此处这个词绝不指示逻辑上的结论,而是意味着'此乃事实')的一点是,一些人(tines)在自然本性上是自由的,而另一些人则是奴隶,对后者而言,受奴役既是适宜的也是正当的(sympherei to douleuein kai dikaion estin)"(1255a 1-2)。几行字后,他重复写道:"自然热衷于(bouletai)于此(也就是说[scil.],一个高贵而良善的父亲会让其子嗣类似于他),但事实上往往事与愿违(dynatai)。"(1255b 4)

亚里士多德并没有为奴隶制奠定一个稳固的根基，他对奴隶制的"物理的"处理方式并没有回答那个仅有的可以奠定其根基的问题："奴隶与主人之间是否存在身体上的差别？"这个问题至少在原则上暗示我们对于人类来说，另一种身体是可能的，人类身体的构成是分裂的。尝试理解"身体使用"的意思同样意味着思考另一种可能的人类身体。

ℵ 多个世纪之后，萨德毫无保留地采纳了奴隶制的"物理"基础的观念，他借浪子圣丰（Saint-Fond）之口说出了如下惊世骇俗之论：

> 看一下自然的作品，你自己判断一下，自然在塑造两类人（主人和奴隶）的时候，是否将他们变得十分不似；我请你搁置偏见，作出判断：他们有相同的声音，相同的皮肤，相同的肢体，相同的步态，相同的口味吗？敢问他们有相同的需要吗？若有人试图让我相信是环境或教育造成了这类差异，并且在自然状态下，主人与奴隶的差异在婴儿时期是难以分辨，那么这种尝试将会是徒劳无功的。我不承认这一点；并且我是在深思熟虑、明察秋毫之后，是在检视了聪明的解剖学家们的研究成果之后，才肯定这些婴儿的构造没有相似性的［……］因此，朱丽特，不要再怀疑

> 这些不平等,承认这些不平等的存在吧,不要再犹豫,去充分利用这些不平等吧,让我们说服自己,如果自然将我们生在这两个阶层中的上层,那我们就只能好好享用我们的地位,用折磨我们的仆从们来获得快乐,专制地强迫他们服从于我们的快感与需要。
>
> 亚里士多德的保留在这里消失了,自然总是会成功地获得它想要的东西:主人和奴隶在身体上的差异。

1.5

因此,奇怪的是,戈德施密特在十分准确地指出了亚里士多德论断的"物理"特征之后,完全没有将其与之前从"身体使用"的角度下给出的奴隶的定义联系起来,也没有从这个"物理"特征中得出任何有关奴隶制概念本身的后果。不如这样说,我们很可能只有试图预先理解"其劳作为使用身体的人"这句表达的含义,才能理解那种驱使亚里士多德以纯粹"物理"方式思考奴隶的策略。如果亚里士多德将奴隶的存在问题归结为奴隶身体的存在问题,那么这或许是因为奴隶制定义了人类的一个维度(毫无疑问,对亚里士多德来说,奴隶是人),这个维度非常特别,而短语"身体使用"就是用来命名这一维度的。

为了理解亚里士多德这个表达的意思，我们需要读一段之前的话，在那段话里，奴隶制的定义与（依照自然［physei］或者习俗［nomoi］）奴隶制是正义的还是暴力的这一问题交织在一起，也与家政的问题交织在一起（1253b 20-1254a 1）。在回顾了一些人的说法——按照那些人的说法，家长凌驾于奴隶之上（to despozein）的权力是反自然的，因此也是不正义和暴力的（biaion）——之后，亚里士多德比较了奴隶、家庭财产（ktemata，在广义上该词的原意为工具）以及作为家政的一部分的工具（organa）之间的区别：

> 财产（ktesis）是家庭的一部分，使用财产（ktetikè）也是家政的一部分（因为若无必需之物，没有人能够活得很好甚至活下来）。每一个特定领域中的匠人必须拥有他自己的专有工具（oikeiai organa），对于那些打理家政（oikonomikoi）的人来说亦是如此。现在，有着不同种类的工具，一些是活的，另一些则没有生命（对于操纵船只的人来说，船舵是没有生命的，而帮他瞭望的警卫则是有生命的工具，因为这些仆从［hyperetes］的技艺是以工具形式存在的）。这样，财产（ktema）也是生活（pros zoen）的工具，整体的财产（ktesis）就是工具的集合，在某种意义上，奴隶就是有生命的财产（ktema ti empsychon）；奴隶就像是一件工具的工具（organon pro

organon，或者说是一件先于其他工具的工具）。因为如果每一件工具都可以完成自己的劳作，遵循或预期他人的意愿，就像代达罗斯（Daedalus）的雕像或赫菲斯托斯（Hephaestus）的三足鼎一样，据荷马说此三足鼎"能自动［automatous］进入诸神的集会"，如果类似地，梭子也会自己织布，琴拨自动拨动琴弦，那么建筑师就不需要仆人，也不需要掌管奴隶了。

在这里，奴隶好比财产，或者有生命的工具，此等工具就像代达罗斯和赫菲斯托斯建造的那些神奇的自动装置，可以自己按命令运动。之后我们还会回到这一界定，即作为"自动装置"或有生命的工具的奴隶的界定；现在，请注意这一点，对于一个古希腊人而言，奴隶所扮演的角色——用现代的话来说——更多是机械装置和固定资产，而非匠人。不过，正如我们将会看到的那样，奴隶是一种特殊的机器，不以生产为目的，而只以使用为目的。

א　ktema一词，我们理解为"财产"，通常被翻译为"所有权的对象"。这种翻译是误导性的，因为它暗示了一种古希腊语中根本没有的司法性词汇的特性。或许对这个词给出了最准确的界定的人是色诺芬（Xenophone），他将 ktema 解释为"对所有人的生活都有益的东西"，并说明了有益

的东西就是"我们可以使用的一切东西"(*Oec.*, VI, 4)。无论如何,在亚里士多德的后续段落中很明显的一点是,这个词指的是使用,而不是所有权。也即是说,在他对奴隶制问题的处理中,亚里士多德似乎有意避免了使用我们预料中最显而易见的司法词汇界定奴隶制,以便将他的论证转移到"使用身体"的层面上去。即便他将奴隶界定为"一种不属于自己的人格,而属于别人的人",我们也不一定要从所有权的角度去理解自己/他人(autou/allou)这组对立。"成为自己的主人"这样的表达是毫无意义的,除此之外,亚里士多德在《形而上学》中用到的一个类比的表达同样可以证明这一点,该表达指的是自主的领域,而不是所有权的领域:"正如我们可以将自主而不隶从于他人(ho autou henka kai me allou on)的人称为自由民,同样我们可以说智慧是唯一自由的科学。"(982b 25)

1.6

紧接着,亚里士多德有一个十分重要的推进,他将工具问题与使用关联了起来:

刚才提到的工具（梭子与琴拨）都是生产性工具（poietika organa），而财产则不然，它是实践性（praktikon）工具。通过梭子，我们除了对它的使用，还得到了某些其他的东西（heteron ti genetai para ten chresin autes），而床或衣装则只有使用的功能（he chresis monon）。此外，正如生产（poiesis）与实践（praxis）是两种不同的活动，这两种都需要工具的活动所使用的工具也必然大相径庭。生活方式（bios）是一种实践，而不是生产，因此，奴隶是实践活动的辅助者。现在"财产"与"部分"（marion，属于同一个集合的"零件"〔"piece"〕）是同一个意思，因为部分不仅是其他某样东西（allou）的一个部分，而且完全归属于它（holos，有些稿本用的是haplos，"绝对地"，或者用的是一个更强烈的表达，haplos holos，"绝对而完全地"）。对于财产来说亦是如此。主人就是奴隶的主人，主人不从属于奴隶（不是奴隶的部分），而奴隶不仅是主人的奴隶，也从属于主人（是主人的部分）。

于是，我们可以发现奴隶的自然本性（physis）和潜能（dynamis）：尽管是人（anthropos on），但在本性上从属于别人的人，本性上就是奴隶；尽管是人，但从属于别人的人是一笔财产，亦即一种实践性的、独立的工具（organon praktikon kai choriston）。（1254a 1-17）

在这里，将奴隶被同化为财产或工具，首先是从将工具区分为生产性工具和（除了使用，不产生任何东西的）使用性工具开始的。所以，在"身体使用"这一表达中，我们不能在生产意义上，而只能在实践意义上理解使用：使用奴隶的身体类似使用一张床或一件衣服，而不同于使用一个梭子或一块琴拨。

我们习惯于从外在目的的角度来思考使用和工具性，以至于我们不太容易理解完全与目的无关的使用的维度，亚里士多德提到了这一点：对我们来说，床就是用来休息的，衣服是用来御寒的。同样，我们习惯于把奴隶劳动与现代工人的生产性工作等同看待。所以，我们首先必须提醒大家的是，要将奴隶的"身体使用"抽离于生产（poiesis）的范畴，以便将其恢复到——按照亚里士多德的非生产的定义——实践和生命模态的范畴之中。

א 对亚里士多德来说，可以生产出其他东西的操作与仅产生一种使用的操作之间的区别非常重要，以至于他在《形而上学》第九卷（专论潜能与行为的问题的一卷）中从本体论的角度推进了这个问题。他写道：

> 劳作（ergon）是目的，活动（energeia）是工作。
> 因此，即便"活动"一词来源于劳作，它也意味着

在目的中拥有自身（entelecheia）。在某些情况下，使用（chresis）就是最终的东西（看［opseos］的终极事物就是看到［horasis］，除了看，不会有任何其他结果），不会产生某些生产出来的产物（建筑的技艺会产生一幢房子，以及建造的行为［oikodomesein］）［……］那么，这就是一种不同于使用的结果，活动就在被生产出来的事物当中，例如建造的行为就在被建造出来的事物当中，织布的行为就在被织就的事物当中［……］；不过，当若在活动之外没有任何其他产物，活动就在它们自身当中，在这个意义上，看的行为就在看之中，沉思的行为就在沉思的人当中，生命在于灵魂当中。（*Metaph.*, 1050a 21- 1050b 1）

亚里士多德在这里似乎从理论上来思考活动（energeia）对劳作（ergon），在某种程度上，这意味着在使用之外什么也不生产的操作要优先于生产性操作，生产性操作的活动寓于其外部的劳作，古希腊人不太看重这种工作。无论如何，可以确定的是，奴隶的劳作仅仅在于"使用身体"，从这个角度来看，它与看、沉思和生命形象本身处在同一个档次上。

1.7

对亚里士多德来说,将奴隶等同为财产(ktema)意味着他从属于主人,这个从属是综合的和构成性意义上的从属。财产一词,正如我们所看到的那样,并不是法律术语,而是家政学(oikonomia)术语,它并非司法意义上的"所有权",在这种情况下,它是指从属于功能总体的东西,而不是指归属于个体所有的东西(古希腊人会用 taidia 而不是 ta ktemata 表达后一种意思)。因此,正如我们所看到的那样,亚里士多德可以将财产(ktema)当成从属物(morion)的同义词,并小心翼翼说明了奴隶"不仅是主人的奴隶,而且完全从属于主人"(1254a 13)。同样,我们必须恢复古希腊语中工具(organon)一词的多义性:它既可以指一种工具,也可以指作为身体的一个部分的器官(当亚里士多德写出奴隶是一种实践性和使用性的工具[organon praktikon kai choriston]时,他显然在展现这个词的双重意义)。

在"器官的"而非纯粹工具的意义上,奴隶是主人(身体)的一部分,就此而言,亚里士多德谈到了主人和奴隶的"生命共同体"(koinonos zoes; 1260a 40)。不过,我们要如何理解用来界定奴隶的劳作和处境的"身体使用"?我们又要如何来思考将奴隶和主人联合起来的"生命共同体"?

在短语"身体使用"(tou somatos chresis)中,我们不

能只在宾格意义上去理解所有格"身体的",而且(类似《尼各马可伦理学》中的"人类劳作是灵魂的活动"〔ergon anthropou psyches energeia〕这一表述)要在主格意义上去理解它:奴隶的身体使用,就如同在自由人那里,灵魂依照理性活动一样。

这个策略让亚里士多德将奴隶界定为主人的一部分,就此而言该策略非常精妙。正因为如此,奴隶通过使用其自身的身体,为主人所使用;在使用奴隶身体的过程中,主人实际上使用的是自己的身体。短语"身体使用"表达了主格所有格和宾格所有格之间的未分状态,也表达了某人自己的身体与他人身体之间的难分彼此的状态。

א 如能根据索恩-雷特尔(Sohn-Rethel)的观点来解读我们在此所描绘的奴隶制理论会非常有帮助。按照索恩-雷特尔的说法,在一部分人对另一部分人进行剥削的时候,在生物与自然之间直接的有机交换关系中会发生一种断裂和转换。对于人类身体与自然之间的关系而言,会有一种替代性的人与人之间的关系。也就是说,剥削者依靠被剥削者的劳动产品维生,人类与自然之间的生产关系变为了人与人之间的关系,而在这种关系中,联系本身是被物化的和被占用的。"人与自然的生产关系变成了人与人的关系的

对象，这种关系只能随后依照代表了其肯定性的否定的中介的形式的规律得以实现，由此它从属于后者的秩序，从属于后者的规律，因此相对于'自然'状态，它'丧失了自然性'。"（Adorno, Sohn-Rethel, p. 32）

用索恩－雷特尔的话来说，我们可以认为奴隶制下的情况就是，主人与自然的关系——正如黑格尔在其自我认识的辩证法中所直觉到的那样——如今被一种奴隶与自然的关系所中介。在与自然的有机交换关系中，奴隶的身体成了主人的身体与自然之间的中介。然而，我们会问，用与其他人的关系来中介与自然的关系，是否从一开始并非人特有的东西，是否奴隶制并不包含这种原初的人类发生学机制的记忆。唯有在奴隶制成为一种社会体制的情况下，当这种使用的相互关系在法律上被挪用、被物化时，才会走向这条歧路。

本雅明曾经指出，与自然的正确关系并不是"人支配自然"，而是"支配人与自然之间的关系"。我们可以说，从这个角度来看，一旦有人试图让人支配自然，就会导致生态学无法解决的矛盾，唯有当人与自然的关系不是直接的，而是由人与其他人关系所中介时，支配人与自然的关系才是可能的。仅仅是因为我与其他人关系中介了我与自然的关系，我才能将自己建构为一个我与自然的关系的伦理主体。然而，如果我们试图通过索恩-雷特尔所谓的"功能性的社会化"，利用他人为自己获取一种中介，那么使用的关系就会堕落为剥削，正如资本主义发展的历史足以说明，剥削是由被掌控的不可能性所界定的（正因为如此，"人本化的"资本主义中的可持续发展的观念是一个矛盾的观念）。

1.8

我们反思一下人类的特殊境况，人类的劳作（ergon）就是身体使用，与此同时，也反思一下这种"使用"的特殊本质。与鞋匠、木匠、乐师或雕塑师不同，即便奴隶进行了这些活动——亚里士多德十分清楚，奴隶们可能在家庭的家政当中进行这些活动，他在本质上也没有劳作，我们是在此意义上说他没有劳作的：与匠人的情形不同，奴隶的活动并非由生产劳动所界定，而仅由身体使用所界定。

非常有趣的是——如让-保罗·韦尔南（Jean-Paul Vernant）在一篇典型的研究中表明的那样（Vernant & Vidal-Naquet, pp. 28-33）——古代世界从不从它们所涉及的劳动过程，而是仅从劳动的结果来思考人类活动及其产品。于是，冉·托马斯（Yan Thomas）发现，劳动契约从不按照所需要耗费的劳动量，而只按照生产出来的对象的特有属性来决定其委托生产的对象的价值。正因为如此，研究法律和经济的历史学家倾向于认为，古代世界并不了解劳动的概念。（更准确地说，他们不会区分劳动与劳动的产品。）在罗马法中，劳动之类的东西第一次作为自治的司法实体出现——这是冉·托马斯的发现——是在拥有所有权或（根据托马斯那里的一个典型的例子）用益权（usufrutto）的人所缔结的奴隶的雇佣劳动（locatio operarum）的契约中。

很明显，唯有从概念上将使用（usus）——使用不会被使用者所异化，也不会与奴隶个人对身体的使用相一致——与会在市场上为受益者（fructuarius）所异化的成果（fructus）分开，某种类似奴隶的"劳动"的东西才能独立出来：

> 人们把使用者拥有的劳动与他拥有的奴隶的个人或家族使用——一种排除了商业利益的使用——混为一谈。相反，受益者所拥有的劳动可以在市场上以某一价格被交换出去，可以出租，从而遭到异化。也就说，在这两种情况下，无论是使用奴隶还是用益奴隶，奴隶都是具体劳动者。但他的活动（一般被称作他的劳动）在法律上的价值不尽相同。在前一种情况下，奴隶本人处在使用者的使用之下：因此，这可以说本质上是一项服务，在所谓的使用价值的

意义上，我们可以称之为一种使用劳动。在后一种情况下，他的活动（operae）与他相分离，代表着某个在契约的司法形式中可以转让给第三方的"物"。对用益权的使用者来说，它仅仅是一种货币收入。通过这种方式，人们在使用劳动之外增加了一种在所谓的市场价值的意义上可以被界定为商品的劳动。（Thomas 1, p. 222, 参见 Thomas 2, p. 227）

甚至当主人将对奴隶的使用让渡给他人时，它也总是与对奴隶的身体的使用不可分割的。乌尔比安（Ulpiano）写道："如果有人继承了对奴婢的使用，他可以为他自己、为他的子嗣或为他的亲属而使用这些奴婢［……］但他不能租赁为他所役的奴婢的劳动，也不可以将对奴婢的使用转让于他人。"（Thomas 1, pp. 217-218）在那些无法劳作的奴隶（比如婴儿）的情况下更为明显，对这部分奴隶的使用与从他们那里获取的快乐（delicia, voluptas）是一致的。我们在《法学汇编》（Digesto）中读道："只要对童奴的使用应当沿袭至后代［……］"（D., 7,1, de usuf., 55），那么十分明显，在这里法律术语使用（usus）就完全对应于对身体的使用。

我们必须思考一下对奴隶的使用的这种不可分离的、人格的属性。我们已经看到，罗马法学家用成果（fructus）的观念区分了奴隶的劳动（这种活动［operae］并不指向产品，而指向活动本身）与严格意义上的使用，即便是这样，后者仍然保有人格属性，与身体本身不可分离。唯有将作为使用对象的身体与可转让的、有利可图的身体活动区分开来，诸如劳动活动之类的东西才能独立出来："工人在法律的两个领域内分裂了，这两个领域分别对应于作为身体的工人和作为商品、作为肉身化的产品的工人"（Thomas 2, p. 233）。在这一点上，奴隶进入了一个长达若干世纪之久的、将奴隶转化为工人的过程。

从这一我们感兴趣的角度来看，我们可以假设，后来的这种劳动维度，出现在工匠身上之前，就已出现在奴隶身上了，这正是因为在定义上，奴隶的活动被剥夺了其特有的劳作，因此不同于工匠的活动，奴隶的活动的价值基础不是劳作（ergon）。而正因奴隶的劳作就是对身体的使用，所以奴隶在本质上无劳作（argos），他被剥夺了（至少是生产意义上的）劳作。

1.9

对奴隶身体的使用的特殊性很明显地表现在一个奇怪地为历史学家所忽视的领域中。1980年，摩西·芬利（Moses Finley）在《古代奴隶制和现代意识形态》（*Ancient Slavery and Modern Ideology*）的研究中，采纳了约瑟夫·福格特（Joseph Vogt）的看法，哀叹没有任何对奴隶制与性关系之间的关系的研究。遗憾的是，凯尔·哈珀（Kyle Harper）的最新研究（《晚期罗马世界的奴隶制》[*Slavery in the Late Roman World*, 2011]）用了一大章的篇幅来讨论这个问题，但只论及了晚期古罗马的问题，因此必须引述那些并非总是客观的基督教文献。不过，他的研究表明，毫无疑问，主人和奴隶之间的性关系非常普遍。哈珀所检视的文献表明，事实上主奴性关系充当着婚姻制度的对应物，甚至正是因为这种性关系，婚姻制度可以在古罗马社会中经久不衰（Harper, pp. 290-291）。

在这里我们感兴趣的毋宁是，性关系构成了对奴隶身体的使用的一个必不可少的部分，且这种关系绝非性虐。从这个角度来看，最重要的事实在于阿特米多鲁斯（Artemidoro）的《解梦》（*Interpretazione dei sogni*）中的证词将与奴隶的性关系列为"自然的、合法的和习俗的"（katà physin kai nomon kai ethos, Artemidoro, p. 218）性关系。这与亚里士多德将奴隶视为财产的说法是完全一致的，在这里，梦中与奴隶发生性关系象征着一个人可能达到的与其使用对象的最佳关系："做梦与某人的奴隶（无论男女）发生性关系是善的，因为奴隶是做梦者的财产（ktemata），于是让自己与奴隶合为一体自然意味着做梦者会从自己的财产那里获得乐趣，而这些财产也会变得更伟大和更有价值"（同上书，p. 220）。由于与奴隶的性关系被证明是完全正常的，这种关系也成了解梦的关键所在："如果某人在梦里借他人之手来手淫，那么只要那伸向阳具的手是用来使用的（hyperetikas），这个梦就意味着他会与一个男奴或女奴发生性关系。"当然，奴隶也可以是做梦的一方："我知道有个奴隶梦见过替主人手淫，现实里他成了主人孩子的同伴和侍从，因为他手握主人的阳具，即主人子嗣的象征"；不过也可能会有相当不祥的征兆："我知道另一个奴隶梦见了主人反过来为他手淫，现实里他被绑在了一根柱子上，遭受了主人的鞭笞。"（p. 223）

在这里，阿特米多鲁斯的解梦术似乎表明，对奴隶身体的使用包括对奴隶性器官的使用，不仅如此，在二者的身体不那么分明的地方，主人"可用性"的手也等同于奴隶的服务。那么，这种明显的滥交总是界定了与奴仆的关系，而主人（或女主人）为他们沐浴、更衣、梳洗，但这并不是出于真正的需要。

然而，正是出于这个缘由，并且认为，主人对奴隶身体的使用具有个人的和非商业的性质，因此若主人让奴隶去卖淫，这会让主人及其家族蒙羞。

1.10

奴隶的活动通常被等同于现代人所谓的"劳动"。众所周知，这是一个或多或少由阿伦特所详述的论题：劳动人（homo laborans）在现代性中的胜利，以及实际上劳动之于其他一切人类活动形式（生产［Herstellen］对应亚里士多德的poiesis，而活动［Handeln］则对应praxis）的优先地位意味着随着旧制度（ancien régime）的终结，奴隶，也就是那些完全投身于身体生命的再生产的人的处境扩大覆盖了全人类。现代工人更近似奴隶，而不是物的创造者（按照阿伦特的说法，现代性倾向于混淆工人和创造者）或政治家，这一点是毫无疑问的。西塞罗已经断言过，对于那些出卖自己的劳动的人来说，补偿是"一种对他们受奴役的状态的保证"（auctoramentum servitutis, De off., Ⅰ, 42, 150）。然而，我们千万不能忘记，古希腊人完全不了解劳动概念，而且正如我们已经知道的那样，他们没有将奴隶的活动视为劳作（ergon），而是将其视作"使用身体"。

如在古希腊并没有一个与我们的劳动观念类似的一般的劳动观念，那么这是因为——正如韦尔南所示——古希腊人并不是依据一个单一的参照系（对我们而言这个参照系就是市场）去思考生产活动的，而是从所生产出来的物品的使用价值出发去思考的。

> 通过市场，在一个社会中发生的所有劳动在总体上都与其他劳动产生了实际的关联，这些劳动相互比较，被等量化［……］市场上的劳动产品普遍被等量化了，这种等量化将不同的，就其使用而言完全不同的劳动转换成了在交换价值上具有可比性的商品，同时这种等量化还让所有

> 人类劳动——那些彻底不同且有别的劳动——统统都变成了同样普遍且抽象的劳动活动。相对而言,在古代的技艺和经济的范围里,劳动仅以具体的面貌出现。每一项任务都被界定为其所制造出来的产品的功能:鞋匠制鞋,陶匠制陶。人们并不是从生产者的角度去谈劳动的,也没有将劳动视作某种创造了一种社会价值的人类成果的表达。因此,在古希腊不存在一种叫作劳动的、包含了所有行当的人类的伟大职能,毋宁说,那里只存在多种不同的行当,每一种行当都界定了一种产生了该行当的工作的特定活动类型。(Vernant & Vidal-Naquet, p. 28)

我们必须将前文引述的《形而上学》中亚里士多德反思生产（poiesis）的段落（1050a 21-1050b 1），放在这一语境中来思考:若某人不事生产,却在行为和使用中占有了生产活动的产物,而生产了一件物品的工匠,却并不拥有其生产活动的产品,他的产品反而外在于他。因此,他的活动在本质上服从于某个外在目的,从而低于实践（praxis）层次。由此,韦尔南十分正确地认为:

> 在类似的社会和精神体系中,若人使用某物而不是制造某物,那么他是在"活动"。自由且活跃的完人总是一个"使用者",而绝不会是一个生产者。活动的真正问题——

至少只要活动涉及人与自然的关系，就是如此——是对物的"好的使用"的问题，而不是通过劳动对物进行改造。（Vernant & Vidal-Naquet, p. 33）

就此而言，从劳动角度来解释奴隶的活动即便不是时代误置，也有些圆凿方枘。这种理解似乎将奴隶的活动消解成了一种非生产性的身体使用，因此就自由人而言，它看上去几乎构成了对物的好的使用的另一个层面。也就是说，存在以下可能："使用身体"和奴隶劳动的缺失是某种超出劳动活动的事情，或者是某种无论如何都不同于劳动活动的事情，它们保留了记忆，或者说催生了一种不能被还原为劳动、生产或实践的人类活动的范式。

1.11

汉娜·阿伦特追溯了将古代与现代的奴隶制概念区分开来的差异：在现代，奴隶制是一种为赚取利润而廉价地获取劳动力的方式，而在古代，奴隶制是要在正常人类生活中消除与之不相容的劳动而让奴隶承担劳动，使正常的人类生活成为可能。"因为人类受制于生活必需品，所以唯有当他们支配他人，强迫他人为他们带来生活的必需品时，他们才会是自由的。"（Arendt, p. 78）

然而，还需要补充的一点是，奴隶的特殊地位——他们不是真正的人类，但为其他人创造了成为真正人类的可能性，作为这样的存在者，他们既属于人类又被排除在人类之外——导致将身体（physis）和习俗（nomos）区分开来的界限被取消和混淆了。奴隶既是工具，也是人类；既不属于自然领域，也不属于习俗领域；既不属于司法（giustizia）领域，也不属于暴力领域。于是，亚里士多德奴隶制理论显然是模棱两可的，就像一般的古代哲学那样，他的理论似乎不得不辩护它必须谴责的东西，又不得不谴责它无法否认其必然性的东西。事实在于，奴隶尽管被排除在政治生活之外，但却与政治生活有一种非常特殊的关系。实际上，奴隶代表着一种不正常的人类生活，这种生活使其他人的政治生活（bios politikos），即真正的人类生活成为可能。如果对古希腊人来说，是身体和法则的辩证关系、zoè 和 bios 的辩证关系界定了人类，那么奴隶就如同赤裸生命，处在既将二者区分开来又将二者连接起来的界限之上。

א 我们从古典哲学那里承袭而来的人类学的模型是自由人。亚里士多德以自由人为范例发展出了人类的观念，哪怕奴隶是自由人成为可能的前提条件。可想而知，如果亚里士多德把奴隶纳入考察（他从未有意否定奴隶的"人性"），那么他完全可能发展出另一种完全不同的人类学。这意味着，在西方文化中奴隶就像是被压抑者。奴隶形象在现代工人那里的重新出现，表现为——根据弗洛伊德的理论——一种病理学形式中的被压抑者的回归。

1.12

我们如何理解亚里士多德所谓的"身体使用"的人类行为的特殊范围？"使用"在这里意味着什么？是否真的如亚里士多德所说，将"身体使用"同生产区别开来，它也许就会是一个事关某种实践的问题（奴隶是一种"实践工具"）？

在《尼各马可伦理学》中，亚里士多德根据是否存在某一外在目的区分了生产（poiesis）和实践（praxis）（生产是由外在目的［telos］界定的，这个目的就是被生产出来的对象，然而在实践中，"好的行动［eupraxia］自身就是目的"，1140b 6）。亚里士多德多次直言，身体使用并不属于生产的生产范围，但人们似乎也不太可能简单地将它归于实践的范围。奴隶的确被等同于一种工具，并且被界定为一种"zoè 的工具"、一种"实践的助手"：也正是出于这个原因，对于奴隶的行动，我们不可能说——就像我们对实践中的行动说的那样——好的行动自身就是目的。

千真万确，亚里士多德十分明确地限制了将美德（aretè）

概念应用到奴隶的行动之上的可能性，美德是用来界定自由人活动的：在满足生活的必然性上，奴隶是有所助益的，因此，"他显然需要一些微小的美德，如让他们不要因为怯弱或缺乏自控能力而停下工作的意志"（*Pol.*, 1260a 35-36）。并不存在某种奴隶使用身体的美德，正如（按照《大伦理学》中的说法，1185a 26-35）不可能存在某种营养生命的美德一样（也正是出于这一缘由，营养的生命被排除在了幸福之外）。

正如它似乎逃脱了身体和法则之间、家庭（oikos）和城邦（polis）之间的对立，奴隶的活动也无法被归类到生产/实践的二分、好的行动/坏的行动的二分中去。亚里士多德认为，这两个二分界定了人类的所作所为。

א 在上文引述过的《大伦理学》的段落中，亚里士多德问道，营养生命的美德是否可能（也就是说，人类与植物都有的那部分人类生命，在古代晚期的评注者那里开始被界定为"植物生命"的那部分人类生命）："如果我们问'那部分灵魂是否具备某种美德？'，会发生什么？因为它若具备美德，那么显而易见，在这里也存在一种生长的活力（energeia），幸福就是某种完美德性的活力。现在，这个部分是否具备某种美德是另一个问题，但它若具备美德，它就没有活力。"

思考一下这个类比将会十分有趣：被剥夺了劳作（ergon）和美德的（即奴隶的）人类活动与（作为被排除在美德之外的人类生命的）植物生命之间的类比。正如亚里士多德似乎认为植物生命可能具有某种没有活力的美德（"如果存在美德，就没有它的活力"）。同样地，我们也可以认为奴隶的身体具备某种美德，该美德既不知何为劳作，也不知何为活力，但却总是被使用。或许西方伦理学的局限之一正在于它无法全面地思考一种生命的美德。

按照亚里士多德的说法，植物生命不具有刺激（hormè）、不具有冲力（impulso）和自然冲动（conatus），这就是为什么亚里士多德不会承认植物生命的行动中有某种活力和美德的原因。"因为那些没有冲动的事物，"他在上述段落中继续写道，"也不会有任何活力；而且在这个部分中似乎也没有任何的悸动，但它似乎与火差不多。因为火会将你所投入其中的任何东西都化为灰烬，但如果你不往火里扔东西的话，它也没有要烧掉它的悸动。这部分的灵魂也是如此，因为你若给它食物，它便会滋长，但你若不给它食物，它也没有要继续滋长的悸动。不存在没有悸动的活力。于是，这个部分绝不会带来幸福。"

所有迹象都表明，亚里士多德意欲将营养生命排除在伦理之外（也就是说，对于古希腊人而言，这是某种不会带来幸福的东西，也就从伦理学中排斥掉了），因此他否认营养生命具备任何类似自然冲动的东西。一种并不想排除生命的任何一个部分的伦理学，它不仅必须界定这样一种自然冲动和生命的美德，而且必须重新从头构想"悸动"和"美德"的概念。

1.13

让我们尝试在一系列的论题中来确定被亚里士多德界定为"身体使用"的活动的特征：

1. 它是一种非生产性活动（argos，"安息"［inoperosa］，用《尼各马可伦理学》的术语来说则是"无劳作"［senz'opera］），相当于使用一张床或者一套服装。
2. 使用身体界定了一个自己的身体和其他人的身体之间难分彼此的区域。主人在使用奴隶的身体的同时，也使用了他自己的身体，而奴隶在使用自己的身体的过程中，也被主人使用。
3. 奴隶的身体处在一个工具和有生命的身体（即一种活的器官［empsychon organon］）之间的不明晰区域当中，

因此，也就处在一个身体和规则之间的不明晰区域当中。

4. 用亚里士多德的话来说，使用身体既不是 poiesis 也不是 praxis，既不是生产也不是实践，但是它和现代劳动也没有可比性。

5. 被"使用身体"所界定的奴隶是不劳作的人类，他们使人类的劳作能够得以实现。奴隶这种生命存在尽管是人类，却被排除在了人性之外——也通过这种排除而被包含在了人性之中，由此，人类可以过上一种人类生活，即一种政治生活。

不过正因为身体使用处在 zoè 和 bios 之间、家庭与城邦之间、身体和规则之间的无法判定的界限之上，奴隶也许意味着我们在法则之中捕捉到了一个人类行动的形象、一个仍然有待于我们去认识的人类行动的形象。

א 自亚里士多德以降，西方哲学传统总是将行动的概念视作政治的根基。仍然是在汉娜·阿伦特那里，公共领域对应于行动的领域；在现代，制作逐渐取代了行动，生产人（homo faber）以及后来的劳动人（homo laborans）逐渐取代了政治行动者，这体现了政治的堕落。

不过，"行动"一词的词源 actio，这个最初被斯多葛学派从古希腊语 praxis 翻译过来的术语，原本是司法和宗教领域的术语，而不是政治领域的术语。在古罗马，actio 首先指的是审判。因此查士丁尼的《法学总论》(*Istituzioni*)开篇就将法律领域划分成了三大范畴：属人法(personae)、物权法(res)和审判法(actiones)。所以 actionem constituere 意思就是"开庭审判"，正如 agere litem 和 causam 的意思是"进行审判"。另外，动词 ago 最开始的意思是"举行牲祭仪式"。按照某些人的说法，正是因为这样，在大多数的古代典仪书中，大众被定为 actio，而圣餐则被定为 actio sacrificii (Casel, p. 39; Baumstark, pp. 38-39)。

正是这个来自司法-宗教领域的术语为政治提供了一个基本概念。当代政治研究中的一个假设就是，通过质疑行动和制造在政治中的核心地位，试图将使用视为一个政治的基本范畴。

2 使 用

2.1

1950年3月,乔治·雷达(Georges Redard)在进入高等研究实践学院(École pratiquede hautes études)之前,在一篇论文中了讨论古希腊词语 chre 和 chresthai 的意思。埃米尔·本维尼斯特(Émile Benveniste)主持了一个委员会,他也是这项研究的导师。这篇论文的副标题是"语义学研究",雷达将它视为一项更完整的对预言性术语的研究的一章(这里讨论的这种词汇,我们通常是指使用领域,按照雷达的说法,它们最开始在古希腊语中是属于"神谕用词"的词族)。

最令人惊讶的一点是,当我们首先检视雷达搜集的大量词汇材料时,动词 chresthai 似乎并没有一个特定的意义,而是根据语境不同,有着不同的意思。于是,雷达列举了这个词的23个意思,从"请教先知"到"发生性关系",从"言说"到"不高兴",从"打某人"到"思乡"。词典的常用策略是在同一个词下面区分"不同的"意思,以便之后按照词源将各种意思归为一个统一体,在这里,这种常用策略表现出了它的不足之处。事实是，这个动词似乎需要从与之组合的其他词那里获得它的意思，正如我们现代人所认为的那样，这并不是宾格的常规用法，而是与格，有时候甚至是属格的用法。让我们来看看下面的清单，其中很大一部分都是雷达所提到的例子：

chresthai theoi，字面意思"使用神灵" = 请教先知

chresthai nostou，字面意思"使用返回" = 思乡

chresthai logoi，字面意思"使用语言" = 说话

chresthai symphorai，字面意思"使用不幸" = 不高兴

chresthai gynaikì，字面意思"使用女人" = 与一个女人发生性关系

chresthai te polei，字面意思"使用城市" = 参与政治生活

chresthai keiri，字面意思"使用某人的手" = 打某人

chresthai niphetoi，字面意思"使用雪" = 遇到暴风雪

chresthai alethei logoi，字面意思"使用真话" = 讲真话

chresthai lotoi，字面意思"使用莲子" = 吃莲子

chresthai orgei，字面意思"使用脾气" = 发脾气

chresthai eugeneiai，字面意思"使用好的出身" = 有贵族身份

chresthai Platoni，字面意思"使用柏拉图" = 与柏拉图交朋友

相应的拉丁语的动词 uti 与这种情况完全类似：

uti honore，字面意思"使用一个职位"= 获得职位

uti lingua，字面意思"使用语言"= 说话

uti stultitia，字面意思"使用傻气"= 被愚弄（或给出了傻气的证据）

uti arrogantia，字面意思"使用傲慢"= 傲慢无礼（或给出了傲慢的证据）

uti misericordia，字面意思"使用怜悯"= 怜悯（或给出了怜悯的证据）

uti aura，字面意思"使用微风"= 一路顺风

uti aliquo，字面意思"使用某人"= 与某人相熟

uti patre diligente，字面意思"使用勤勉的父亲"= 有一位勤勉的父亲

2.2

上述例子直接表明了，我们所说的这个动词并不具有现代动词使用——"使用，利用某种东西"——的意思。它与某东西产生关系，但这种关系的本质，至少在表面上，并不太确定，

似乎不能用单一的词义来界定它。雷达在尝试查明的这个词的意思时，更多时候只能找到一个通用的、归根到底是同义反复的定义，因为他只是用法语的使用（utilisation）代替了这个词：chresthai 意味着去寻求使用某种东西（rechercher l'utilisation de quelque chose）（即便我们不会明白："遇到暴风雪"在何种程度上是"寻求使用风雪"，或者"不开心"在何种程度上等同于"寻求使用不幸"）。

现代学者很可能或多或少会把现代动词"使用"投射到 chresthai 上，这一举动让他们无法理解这个古希腊单词。这一点在这一方法——他概括这个动词所表达的主语和宾语的关系特征所使用的方法——那里十分明显：

> 如果我们试图界定这个动词所表达的过程，我们可以说，该过程是在主语范围内进行的［……］chresthai 的结构是不及物的：宾语是与格或属格［……］无论我们面对的是一个人还是一个物，每一次，宾语都确定了其之于主语的独立地位［……］被请教的神灵，人们用来装饰自己的珠宝，吃的莲子，掷出的标枪，人们用的名字，说的语言，穿的衣服，人们唱诵的赞歌，人们所做的行为，人们听从的意见，人们遵守的习俗，人们染上的风寒，人们抓住的机会，人们爆发的愤怒，人们所认定的作者，人们渴望的归乡，人们失去的高贵地位，所有这些观念都是独立于做

出这些行为的人的实际状况：宾语存于主语之外，不修饰主语。（Redard, p. 42）

十分有趣的是，雷达谈到了"外在性"，谈到了不及物性，谈到了主语和宾语之间不能彼此相互修饰，这些正是他在谈到"人们渴望的归乡"、"人们爆发的愤怒"、"人们染上的风寒"、"人们失去的高贵地位"等例子时说的，在这些例子中，主语与宾语的关系是如此切近，以至于不仅主语得到了详尽的修饰，而且这种关系的两项之间的边界似乎变得不确定了。

或许正是因为察觉到使用的主语和宾语之间的关系太过紧密，雷达才在某种程度上稍稍改变了他对动词 chresthai 的定义，他补充说，这个词表达了一种在主语立场上去"容纳"和"适用"（appropriazione）的企图：

> 这种适用关系可以体现为 arpagei iemasi chresthai（贪婪）或潜在，正如在 nostou chresthai（思乡）的例子中一样［……］无论如何，适用是偶然的，这就是它的特性。无论我们是请教先知，还是感受到一个需要，或是租用了一把犁、染上了狂犬病，它都是一个事件的一个功能。像 symphorai chresthai（不开心）这样的表达并不是这条规则的例外："不开心"的准确意思是"将不幸降临在某人自己身上"［……］主宾关系被界定为一种偶然的适用关系，借用一下本维尼斯特先生喜欢用的意象，即闪电和避雷针

类型之间的关系。（同上书，p. 44）

再说一遍，这些一点一点地掩盖了主要问题："不开心"不可能意味着偶然地将不幸适用于某人自己身上，而"思乡"也不是将返回适用在自己身上。

2.3

或许恰恰是这个主宾关系——在某人对某物的使用这个现代观念中如此明显的主宾关系——不足以让我们理解这个古希腊动词的意义。这种不充分性的迹象就在于这个动词的词形上，它既不是主动语态，也不是被动语态，而是古代语法学家所谓的"中态"（mesotes）的语态。雷达也注意到了这个事实，他在论文中谈到了同一年发表的一篇本维尼斯特的论文（《动词中的主动态和中态》[*Actif et moyen dans le verbe*, 1950]）。本维尼斯特的主旨十分清楚：在主动态中，动词代表一个从主语开始并超越主体的实现过程，"在中态中［……］动词表明了一个发生在主语身上的过程，主语内在于这个过程"（Benveniste, p. 172）。拥有中态（media tantum）的动词的例子很好地说明了内在于过程的主语的特殊情形，主语是该过程的行为者：gignomai，拉丁语 nascor，即"出生"；morior，"死亡"；penomai，拉丁语 patior，"受难"；keimai，"撒谎"；

phato，拉丁语loquor，"说话"；fungor，拉丁语fruor，"享受"，等等。在所有这些例子中，"这里的主语是过程的场所，哪怕这个过程——就像在拉丁语fruor和梵文manyate那里一样——需要一个宾语；主语就是中心，也是过程的行为者；他实现了某种在他之中所实现的东西"。

与主动态的对立在那些同样容许主动因素存在的中态动词那里十分明显：koimatai，"他睡觉"，在这个动词这里，主语内在于过程，于是这个词变成了koima，"他导致了睡眠，他入睡了"，在后者那里，这个不再在主语那里拥有一席之地的过程及物地转化为了另一个词，一个变成了它的宾语的词。在这里，"被置于过程之外的"主语"主宰着过程，进而成为行为者"，因此，行动必须将一个外在的宾语视作其目的。紧接着，本维尼斯特进一步说明了，相较主动态，中态预设了主语和过程之间的特殊关系，即他既是行为者又是场所："它们最后总是归结为，根据主语是外在于过程还是内在于过程，确定主语相对于过程的位置，以及根据主语是在主动态中产生效果，还是在中态中在被触动时做出了反应（il effectue en s'affectant），将主语定性为一个行为者。"（同上书，p. 173）

2.4

我们来看一下本维尼斯特试图用来表达中态的意思的著名

说法：在被触动时做出了反应。一方面，发出了行为的主语——正是出于主语发出了行为这一事实——并没有及物地作用于宾语，而是首先在过程中包含和触动了自己；另一方面，正因如此，这个过程预设了一种独特的拓扑学，在该拓扑学那里，主语并不代表行为，他自己就是行为发生的场所。正如中态的名称所暗示的那样，中态处在主语和宾语之间的不确定的位置上（行为者在某种意义上也是宾语和行动的场所），也处在主动和被动之间的不确定的位置上（行为者受到他自己的行为的触动）。于是，我们可以理解为什么雷达坚持使用主宾关系，坚持用现代意义上的"使用"，但却并不打算将难以解释的多义动词 chresthai 还原为一个统一体。于是，在这个我们感兴趣的问题上，研究中态在主宾关系之间、在主动态和被动态之间确立的一个独特的门槛地带，就变得十分迫切了。

从"中态"的角度出发，我们也弄清楚了动词 chresthai 为什么不可能是宾格的用法，而总是与格和属格的用法。这个过程并非从主动的主语出发走向与行动相分离的宾语，而是这样，这个过程将主语包含在了自身之中，主语在同等程度上暗含于宾语之中，"让自己"成了宾语。

因此，我们可以尝试界定 chresthai 一词的意义：它表达了某人与自己的关系，即他自己感到了触动，因为他与某个确定的存在物发生了关系。"不开心"的人让自己感受到不开心，将自己建构为一个不开心的人；"获得地位"（utitur honore）

的人让自己经受考验,并用他获得了地位这件事来界定他自己;"思乡"(nosthoi chretai)的人通过他受到归乡欲望的感触这件事来感受他自己;"使用身体"(Somatos chresthai)也就意味着,某人因与一个或多个身体产生关系而受到的触动。伦理——和政治——就是在这种用途中建构起来的主体,主体若与某个身体产生关系,则证实了他受到的触动。

2.5

或许只有在斯宾诺莎那里,我们才能看到关于这种行为者的独特地位的最伟大的描述。在《希伯来简明语法》(*Compendium grammatices linguae hebraeae*)第20章中,斯宾诺莎引入了以对一种希伯来动词的词形——反身主动动词(verbo riflessivo attivo),即在动词前加上前缀,使之变成加强词形——的意义的分析的形式进行的本体论思考。这种动词形式表达了一种行为,在该行为中,行为者和受动者、主动态和被动态达成一致。澄清一下它的意思。在斯宾诺莎看来,第一个与之类似的拉丁词是 se visitare,"探访自己",但对他来说这似乎太不充分,因此后来他明确指出了该词的如下形式:se visitantem constituere,"将自己建构为访客"。第二个例子,se ambulationi dare,让自我去漫步,"散步"也不太充分,一个从他的母语中提取出来的一个差不多的词,可以说清楚这个词。在犹太西班牙语(Ladino,即有着西班牙血统的犹太人在他们被驱逐出西班牙后说的西班牙语)中,"走"会被说成pasearse,即"让自己走"(passeggiar-sé)。这是一条自己对自己的行为的表达,在这一表达中,行为者和受动人进入了一个绝对无区分的门槛,这个犹太西班牙语单词十分贴切。

就在几页之前,在谈到与不定式名词对应的形式时,斯宾诺莎借助内在动因的观念,界定了它的语义范围:"所以,必须发明另一种不定式,它表达了将行为者当作内在动因的行为[……]这意味着探访自己,或者将自己建构为访客,最后宣告自己在进行探访。"(Spinoza 1, p. 342)在这里,自己对自己采取行动的范围对应于内在性的本体论,对应于存在的自我构成和自我表征的运动,在其中,我们不仅不可能将行为者和受动者区分开来,而且主语和宾语、构成元素和构成对象之间也变得难分彼此。

按照这种范式,我们理解了被我们称为"使用"的过程的独特本质。在希伯来动词所表达的做出一次探访的经验中,主语将自己构成为一次探访,同样,在走的经验中,每一次使用也首先是对自己的使用:要进入一段用某物来使用的关系,我必须受到该物的触动,将我自己构成为使用它的人。人类和世界在使用之中,形成了绝对的、相互的内在性的关系;在使用某物的时候,也正是这个使用者的存在首先变得至关重要。

或许想象一下主语和暗含在使用中的行为这两个特殊概念十分有用。按照主动态的意思,在探访活动中最关键的是行为者之外的行为,而在使用中(在将自己构建为探访中),最显著的并不是行为者的活力(energeia),而是行为–使用者从行为中受到的触动(于是,他变成了受动者)。同样,我们也可以说,从被动态来看,这个词是行为的对象:在使用中,他将自己变成了被探访的对象,他在被动态中是主动的。行为者从其行为中受到的触动对应于受动者从他的被动中受到的触动。主语和宾语于是都失效了,并不再起作用,在它们的位置上,使用随之成了一种人类实践的新形式。

א 从这个角度来看,我们可以理解但丁《飨宴》(*Convivio*)中的用和爱之间的显著的近似关系(Dante 1, IV, 22)。但丁肯定了自然欲望(appetito)(他也使用了一个古希腊语单词hormen)之后,首先是爱自己,通过对自己的爱,也将爱延伸到其他东西之上("这样,首先爱自己,然后因自己的缘故去爱其他东西,要更爱自己的更好的部分,这显然就是要更爱心灵,而不是爱身体或其他别的东西");然后,他写道:"然而,如果心灵总是在使用它喜欢的东西(即爱的果实)中得到快乐,那么使用它最挚爱的东西,就会获得最大的快乐。"在某种程度上,这里的爱就是使用(通常

也是对自我的使用)所提供的触动,在某种程度上,这种触动与使用难分彼此。在"使用挚爱的东西"这个句法组合中,属格既是主格也是宾格。使用的主语-宾语就是爱。

3 使用和操心

3.1

在《主体解释学》（*L'herméneutique du sujet*）的课程中，福柯解释了柏拉图《阿尔基比亚德篇》（*Alcibiades*）中间的一段话，在这段话中，苏格拉底为了辨明人们必须操心的"自我"，试图证明"使用之人"（ho chromenos）和"人使用的东西"（hoi chretai）不是一回事，此时，福柯遇到了动词 chresthai 的意义的问题。为了达到这个目的，他借助了鞋匠和琴师的例子，他们使用修鞋的刀子和琴拨，将他们的手与眼用作切割皮革或弹奏竖琴的工具。如果使用之人和人所使用的东西不是一回事，那么这意味着这个"使用他的整个身体"（pantì toi somati chretai anthropos, 129e）的人并不与他的身体相一致，所以，在操心这个东西的时候，他是在操心"一个就是他自己"（ta heautou）但"不属于他"（ouk hauton）的东西。苏格拉底在这里得出结论说，使用身体的事物和我们必须操心的东西就是灵魂（psychè）。

在对柏拉图的这段话进行评论的时候，福柯试图界定

chresthai 的意义，他的思考与我们在雷达的论文中看到的思考方式并无二致：

> 当然，chraomai 的意思是，我使用，我利用（一个工具、一个用具）。但 chraomai 也同样决定了我的行为或我的态度。例如，在 ubrikhos chresthai 这个表达中，意思是暴力地行动（正如当我们说"使用暴力"时，"使用"并不意味着利用，而是意味着暴力地行动）。因此 chraomai 也是某种态度。chresthai 也界定了我们与其他人的某种特定关系。例如，当我们说 theois chresthai（使用诸神）时，这不意味着我们为了某种目的利用诸神。它的意思是适用且将我们同诸神的关系合法化［……］chraomai，chresthai 也代表一种特定的对待自己的态度。在 epithumiais chresthai 这个表达中，意思并不是"为了某物而使用某人的情感"，而仅是"为自己的情感让位"。（Foucault 1, pp. 55-56）

福柯坚持要说明 chresthai 的语义范围，这并非出于偶然。事实上，按照福柯的说法，这个动词给出了柏拉图的论辩的一种战略功能，因为苏格拉底用这个词来回答了谁是那个作为操心自我之对象的"自我"的问题（"通过何种方式才有可能发现自我本身"——auto tauto，如下观念的专用表达："自我中的自我"，129b）。通过集中于他给出的动词 chresthai 的例子，柏拉图试图说明操心自我实际上意味着用一系列"使用"的主体来操心自我。在这里，他试图界定 chresthai 的意思，这表明了它的相关性。当——福柯认为——柏拉图使用 chresthai/chresis 的观念来辨明"操心自己"这一表达中的 heauton（自己）时，实际上他意图说明的"并非灵魂与世界其他部分或身体的工具性关系，而是主体的独特的、超越性的地位，可以说，相较他周遭的东西，相较他可用的对象，也相较其他与他有关系的人，相较他的身体本身，最终相较他自己的超越性的地位"（Foucault 1, p.56）。柏拉图在这种方式中发现的事物并非，也就是说，"灵魂-实体"，而是"灵魂-主体"：

> 操心某人自己就是关照自我，因为它是特定数量的事物的"主体"：工具性行为的主体、与其他人的关系的主体、普遍的行为和态度的主体以及与自己的关系的主体。由于他就是这个使用的主体，他拥有某些特定态度，也拥有某些特定关系，等等，因此他必须操心他自己。这是一个操心作为使用（chresis）主体的自我的问题（使用的主体这个表述有多种意思：行动、行为、关系、态度的主体）。（同上书）

3.2

所有熟悉福柯的晚期研究的人，都会在这段话中意识到他们试图定义的伦理主体性的一个关键特征。如果福柯在他的讲座中十分坚定地回到了柏拉图的《阿尔基比亚德篇》，那么这不仅是因为这篇对话的一个中心议题就是操心自我，一个他在那些年非常关注的主题。在福柯的实验室中，《阿尔基比亚德篇》最重要的是给他提供了阐明那个主体的观念的机会（尽管他面对诸多复杂性和扑朔迷离的局面），按照福柯自己的说法，他自己从来没有停止过关注这个观念。

对于福柯来说，主体不是一个实体，而是一个过程。同样，它在伦理学层面上——操心自我——也不具有一个自主的实质：它唯一的位置和连贯性就是人类和世界之间的关系。操心自我预设了使用，命名了伦理主体的自我并不是相对于主体之外的其他东西，而是内在于主体。出于这个理由，福柯在读解《阿尔基比亚德篇》时，坚持将灵魂-实体和灵魂-主体区别开来，同样出于这个理由，他可以在课程末尾处弗里德里克·格罗斯（Frédéric Gros）给出的出版注释中写道："与某人有关系的自我无非是关系本身［……］简言之，就是内在性，或者更恰当地说，从本体论上，自我被等同于关系。"[1]（同上书，

---

[1] 这里福柯的法文原文为"c'est en somme l'immanence, ou mieux l'adéquation ontologuie du soi au rapport"。在佘碧平先生的《主体解释学》的译文中，这句话被翻译为："总之，这就是自身与关系的内在性或本体论的一致性。"根据阿甘本的前后文，这里并不是内在性与本体论的并列，而是 immanence 同后面的 l'adéquation ontologuie du soi au rappor 的并列。根据这个判断，这句话应翻译为"简言之，就是内在性，或者更恰当地说，从本体论上，自我被等同于关系"。——译者注

p. 514）

福柯这些兴奋的评论背后想要解决的难点非常重要：如果被操心的东西就是与他人的使用关系的主体，那么这里的风险在于这个主动的操心的主体，反过来会被配置在一个相对客体而言的、超越的主体位置上，或者风险在于，无论如何，伦理主体性会陷入一种无限衰减（regressio ad infinitum）的局面（那个操心着使用的主体的人反过来需要另一个主体操心他，等等）。

正是在这里，我们看到治理术的难题再次出现了（这个问题是始于1970年代中期的福柯的法兰西学院课程的重要主题），因此，上述问题变得十分迫切且微妙。这样，操心自我的主题让自己彻底陷入了对自我和他人的治理的问题，就像《阿尔基比亚德篇》的那段话中一样，从灵魂的角度来使用身体的问题在某个点上陷入了灵魂对身体下达的命令（archè）的问题（130a）。

这里的关键点是人们思考操心和使用、操心自我和使用自我之间的关系的方式。正如我们已经知道的那样，通过对使用的讨论，福柯引发了对与自我的关系，但操心自我的概念仍然是他分析的中心，他几乎从来没有将"使用自我"的概念当作一个讨论主题。使用的关系恰恰构建了主体性的最初维度，因此福柯仍然没有看到使用的关系，他仍然认为操心优先于使用，这似乎回到了柏拉图的态度，即柏拉图将chresisi分解成了操心（epimeleia）和命令。这产生了深远的影响，因为操心自我和使用自我的区分就是伦理学和政治学的区分之根源，至少在亚里士多德之前，古典思想都还不熟悉这个区分，而如今这个区分成了晚期福柯思想的预设。

3.3

操心和使用之间的关系似乎涉及某种类似循环的事物。一方面，"让作为使用主体的自己操心自己"，这个说法意味着，事实上，在发生-年代学的层面上，使用关系优先于操心自我。仅是因为人类作为主体引入使用关系，操心自我才成为可能。另一方面，如果"与某人有关系的自我无非是关系本身"，那么chresis的主体和操心的主体就是同一个主体。"在内在性、在本体论上自我被等同于关系"这句令人费解的话想要表达的似乎正是这一巧合。使用的主体必然操心它自己，因为它处于同物和人的使用关系之中。但同自我的关系——或者自我的触动——正如我们已经看到的那样，已经暗含在动词chresthai的中态意义之中了，这似乎恰恰质疑了将操心自我和使用区别开来的可能性。如果"使用"意味着"进入与自我的关系当中，因为我们就处在与其他东西的关系当中"，那么诸如操心自我的事物如何才能合法地界定一个不局限于使用的层面？也就是说，伦理学如何将自己区别于使用，并获得相对于使用的优先地位？为什么且如何将使用变成操心？正如福柯多次强调的那样，所有这些都说明了 chresis 的主体也可以与他自己建立起一段使用的关系，可以构成一种"使用自我"。

或许正是注意到了这些疑难，借着操心自我的主题，我们似乎看到在晚期福柯那里出现了一个明显相反的主旨，我们可以如此表述："剥除自我"（se déprendre de soi-même）。操心自我在这里让位于剥除、放弃自我，在后者那里，它再次同使用混在了一起。

3.4

从这个角度出发，我们可以准确地界定福柯对施虐-受虐实践的兴趣。这不仅是这一事实的问题，即在这里——正如福柯多次强调的那样——奴隶最终可以在主人的位置上发现自己，反之亦然；而是这样要问问题，即界定施虐受虐关系的是一种屈从结构，它的精神气质（ethos），因为某人——其身体是（或似乎是）被拿来使用的——实际上在同等程度上可以建构为被使用的主体，他预设了它并体验了其中的快感（即便在这里，从《主体解释学》来看，关键问题是人与作为某人自己的性关系主体的自我的关系）；反之亦然，任何使用其他人身体的人都可以通过某种方式被其他人所使用（为了追求他的快感）。主人和奴隶、施虐狂和受虐狂在这里并没有变成两个密不可分的实体，而是进入了一种相互使用身体的关系，他们进入彼此，且始终得不到确定。正如语言如此准确地表达的那样，受虐狂"促成了对他的施虐"，他的主动正在于他的被动性上。也就是说，施虐受虐关系展现了使用的真相，这段关系并不清楚谁是主体、谁是客体、谁是行动者，谁是受动者。由于获得了这种不确定性，因此快感并非专属于一人的快感，而是公共的快感。

奇怪的是，从弗洛伊德的角度出发的对施虐－受虐关系的分析——尽管弗洛伊德注意到了两个主体之间的角色颠倒——并没有提到主奴关系。于是，在到目前为止的谈论受虐狂的经典著作中，西奥多·雷克（Theodor Reik）多次注意到了主动因素和被动因素之间的相互转换，以及最初处于施虐位置的自我的逆转；但"主人"和"奴隶"之类的词语始终没有出现。不同于此，福柯不仅使用了这些词语，而且似乎认为正是这个两种角色的设定促成了一种新的、更令人愉快的与身体的关系。"我认为这就是一种创造，"他谈到加利福尼亚州澡堂的经历时说道，"一项创造性的事业，它的一个重要特征，我称之为快感的去性化（desessualizzazione del piacere）[……]"；"[……]遇到近在眼前却转瞬即逝的身体……遇到让你使自己去主体化、去性化的地方［……］这难道不是十分不可思议

吗？"（Foucault 2, p. 738）

那么，有可能在施虐–受虐关系中的问题是一种对主奴关系的仪式化的再生产，因为这种关系十分矛盾地让人们更自由、更圆满地使用身体。通过这种方式，主体追求着超越主客体和主动–被动二分的"使用身体"的轨迹：用福柯的话来说，他体验到了自己的去性化。

正如德勒兹所言，受虐狂通常会用戏仿式的夸张，这意味着法律秩序的中性化，倘若如此，那么我们可以提出一个假设，即我们所知的主奴关系代表着在法律秩序下，使用身体被理解为一种原始的前法律关系，而法律秩序的特定根基就是这种前法律关系的排斥性的包容（inclusione esclusiva）。在使用中，被我们称为主人和奴隶的主体处在一个"生命共同体"当中，因此法律必须从所有权角度上来界定这种关系，仿佛若不如此，这种关系就会陷入一场混淆，陷入一个法律秩序不会承认的赤裸生命共同关系（konomia tes zoes）（除非主人和奴隶之间有十分强烈的、专断的亲密关系，否则法律秩序不会承认它）。在我们现代人看来，这些十分卑劣不堪的东西——具体而言，即对人的所有权——事实上就是所有权的原初形式，即在法律秩序上捕–获（ex-ceptio）身体使用。

א 古代世界有许多节日，在这些节日中，界定了身体使用的原初的不确定关系，会由于主奴角色的颠倒而变得清晰可

见。在每年12月17日的农神节（Saturnalia）上，不仅主人要伺候奴隶，而且整个社会生活的秩序也发生了颠倒。在这些秩序紊乱的节日中，不仅代表着某种古代法律体制的律法被悬置了，而且通过这种悬置，人的行动领域重新浮现了出来，在行动领域中，不仅主人和奴隶，还有主体和客体、主动者和受动者之间的关系都变得不确定。

3.5

所以，我们可以理解为什么在《精神现象学》（*Fenomenologia dello spirito*）中，主奴辩证法和书中所讨论的承认具有一种基本的人类学功能。在这里，最关键的点不仅在于黑格尔不停地向我们强调，对自我意识的承认只有通过另一个自我意识才能发生，而且在于在主奴关系中，攸关之处是被黑格尔毫无保留地称作"享受"（der Genuss）的事物：

> 同样，主人也是通过奴隶间接地与物发生关联。奴隶是一般意义上的自我意识，他同样也是以否定的方式与物相关联，将物扬弃（hebt es auf）。但物同时也是独立于奴隶的，所以奴隶在他的否定活动中不可能一劳永逸地将物消灭掉，换言之，他仅仅对物进行加工改造。同时，通

过这个中介活动，主人与物之间的关联转变为一个直接的关联，转变为对于物的纯粹否定，换言之，这个直接的关联是一种享受。主人做到了欲望没能做到的事情，即以享受为目的，在享受中得到满足，而欲望之所以做不到这一点，是因为物的独立性。但是主人把奴隶放在他和物之间，这样一来，他仅仅与物的非独立性联系在一起，尽情地享受着物［……］

在以上两个环节里（换言之，奴隶的劳动及其使之成为可能的享受），主人都认识到自己得到了另一个意识亦即奴隶的承认［……］[1]

黑格尔看到了主人和奴隶之间的亲密关系，我们试图将这种关系界定为使用身体，然而，在这里谈到的"生命共同体"中，主人的身体和奴隶的身体，在法律秩序上有所区别，但在这里难以分辨。黑格尔恰恰十分精准地让对这两种立场的区分和辨别成为可能：奴隶的劳动和主人的享受之间的区别。自然，正如在福柯的施虐受虐关系那里一样，这两极会相互逆转，最终，"主人意识的真理就是奴隶意识"，[2] 而奴隶的劳动则是"被

---

[1] 中译参见黑格尔：《精神现象学》，先刚译，人民出版社 2013 年版，第 122—123 页。译文有所改动。——译者注
[2] 中译参见黑格尔：《精神现象学》，先刚译，第 124 页。译文有所改动。——译者注

克制的欲望和被阻止的飘飘欲仙式享受"，[1]相对于主人那飘飘欲仙式享受而言，奴隶的劳动获得了独立性。

即便在这种辩证的颠倒中，我们仍然失去了另一种人类实践的可能性，在该实践中，享受和劳动（克制的欲望）最终难分彼此。从这个角度来看，施虐受虐关系似乎不足以仅通过戏仿地在其中找到身体使用的轨迹（现代性似乎丧失了所有身体使用的途径），从而让主奴辩证法失去作用。

---

[1] 中译参见黑格尔:《精神现象学》，第125页。译文有所改动。——译者注

4 使用世界

4.1

尽管福柯有不去读《存在与时间》的想法（boutade），但很难想象福柯不了解《存在与时间》有一章的标题是"作为操心（die Sorge）的此在之存在"。这一章几乎是该著作第一部分的结论和总结，其关键是一个类比——同样是一个难题——即让操心先于使用。此处的操心不能简单理解为关注（Besorgnis，即不操心［Sorglosigkeit］的对立面，Heidegger 1, p. 192），而应理解为本体论意义上的此在的基本结构，即"此在的整个结构的原初总体性"（die ursprüngliche Ganzheit des Strukturganzen des Daseins；同上书，p. 180）。归属于操心的"在先性"（Vorrang）就是"原初的总体性"，这种"在先性"意味着它出现在"所有的事实性'态度'（Verhaltung）和此在的'状况'（Lage）"（p. 193）之前，即"在本体论上'早于'（früher）诸如"意志和意、敦促和沉溺"之类的想象（p. 194）。

然而，如果我们试图说明在本体论上如何阐明操心的优先性，我们就会意识到，这种优先性既不是时间上的优先性，也不是发生性的优先性，恰恰相反，它拥有找到那个总是业已存于其他事物中的自我的显著形式。我们刚刚不完整地引用的那段话的完整版是这样的："操心，作为一种原初结构的总体性，'先于'所有的事实性'态度'和此在的'状况'，在实存上也具有优先性（existential-apriorisch）。"操心在实存上的优先性，就像所有优先性一样，通常已经蕴含在操心本身之外的某种东西中了。然而，先于它而存在的操心结构的定义暗示出这个"在当中存在"（Sein-bei）的特征："此在意味着作为在当中存在的自身（在世界中）的已经存在（Sich-vorweg-schon-Sein-in [der Welt] als Sein-bei）。"（p. 192）

按照海德格尔界定的"世界之为世界"，此在有着操心的结构，此在发现自己事实上总是被抛入世界，被塞入一系列参照物和关系的。随后，他立即说明了这种在当中存在的"场所"："此在自身（在世界中）的已经存在本质上包含了某人的堕落和在当中存在，这些东西在世界中处于上手状态，我们借助这些东西来关注自身（besorgten innerweltlichen Zuhanden）。"（p. 192）

在《存在与时间》的第12和22节，海德格尔特地给出了"上手性"，上手状态（Zuhandenheit）的定义；但始于第12节、终于该书第3章的对在当中存在的整个分析试图界定"使用和处置的亲缘性"（der gebrauchende-hantierende Umgang），这种亲缘性构成了此在在这个世界上的原初关系。

4.2

在题为《与神交道》（*Umgang mit Göttlichem*）的著作中，克雷尼（Kerényi）使用了一个难以翻译的德文词交道（Umgang），他用这个词表达了人类与神的原初关系。英文词 intercourse（交往）似乎对他来说是不充分的，因为"这个词仅限于主客体之间的完全的可交换性，仅限于"在关系的两个项之间的"事件中来来回回穿梭"；在法语和意大利语中，我们一方面可以选择 commerce（交往）和 commercio（交往），另一方面可以选择 familiarité（亲缘）和 dimestichezza（亲缘），而德文词本身就统一了这两层意思。交道一词的特殊性就在于它既可以是主客体之间的可交换性（"亲缘的客体可以在任何时候将自己变成同样亲缘的主体；培育了与它的亲缘性的我们必须能够变成它的客体"，Kerényi, p. 5），也可以是直接性（"主客体之间的关系处于亲缘性的基础上，排斥了任何第三性的中介"，同上书，p. 8）。

正是从这一语义学角度出发，我们必须定位《存在与时间》中的"使用和处置的亲缘性"。就像克雷尼的交道一样，它是直接的，因为没有任何东西可以将它与世界分开，与此同时，它又是一个主客体难分彼此的地方，因为此在总是先于自身而存在，在它所操心的事物的力量中找到业已存在的自我。我们也可以用类似的方法考察其他两项，海德格尔借助这两项概括了此在和世界之间的在当中存在的直接的原初关系："上手状态"和相关性（das Bewandtnis，即相对于其他东西来说，对某物的满足和充足）。无论如何，对于此在来说，这是最直接最基本的东西，此在完全不能被视为一个主体，"有时候它倾向于与世界产生'关系'"（Heidegger 1, p. 57）；亲缘性、上手状态以及相关性命名了此在与世界的原初关系的结构。

4.3

这种关系必须面对使用的范围，其中的关键在于在上手状态是一个装置（das Zeug，有点类似于亚里士多德的工具[organon]或财产[ktema]）的事实，这一事实暗含"使用世界"之类的东西，最典型的例子就是锤子：

> 打交道一向是顺适于用具的，而唯有在打交道之际用具才能依其天然所是显现出来。这样的打交道，例如用锤子来锤，并不把这个存在者当成摆在那里的物进行专题把握，这种使用（das Gebrauchen）也根本不晓得用具的结构本身。锤不仅有着对锤子的用具特性的知，而且它还以最恰当的方式占有着这一用具。在这种使用着打

交道（gebrauchenden Umgang）中，操心（das Besorgen）使自己从属于那个对当下的用具起组建作用的"为了作"（Um-zu）。对锤子这物越少瞠目凝视，用它用得（gebraucht）越起劲，对它的关系也就变得越原初，它也就越发昭然若揭地作为它所是的东西来照面，作为用具来照面。锤本身揭示了锤子特有的"称手"（Handlichkeit），我们称用具的这种存在方式为上手状态（Zuhandenheit）。（同上书，P. 69）[1]

与世界之间的原初和直接的关系——海德格尔为了强调这种关系的不可避免的特性，称之为实际性（Faktizität）——与我们如此相关、如此绝对，以至于为了表达它，我们必然要求助于在法律语言中代表羁押状态的同一个词语："实际性这个概念本身就含有这样的意思，即某个'在世界之内的'存在者在世界之中存在，就是说，它能够领会到自己在它的'天命'中已经同那些在它自己的世界之内向它照面的存在者的存在缚（verhaftet）在一起了。"[2] 正是由于此在的这种从未听说过的涉入，海德格尔才得以谈论此在和世界之间的原初的"亲缘性"（Vertrautheit）："任何操心（das Besorgen）想来都已经如其

---

[1] 中译参见海德格尔：《存在与时间》，陈嘉映、王庆节译，商务印书馆2016年版，第102—103页。译文有所改动。——译者注
[2] 中译参见海德格尔：《存在与时间》，陈嘉映、王庆节译，第83—84页。译文有所改动。——译者注

所是地依据于对世界的亲缘性。在这种亲缘性中，此在可能迷失在世界当中，并为之神魂颠倒（benommen）"（P. 76）。[1]

在与世界的亲缘性当中，我们发现存在着多元的意义和形式，多种"在当中存在的方式"（Weisen des In-Seins），我们已经看到，这就是古希腊单词 chresis 的多义性："与某种东西打交道（zutunhaben mit etwas），制作（herstellen）某种东西，安排照顾某种东西，使用（verwenden）某种东西，放弃或浪费某种东西，从事、贯彻、探查、询问、考察、谈论、规定，诸如此类……。"（P. 56）[2] 所有这些在当中存在的样态都包含在"与世界的亲缘性和在世界之中的实体当中"，海德格尔明确将这些实体定义为"我们首先遭遇到的那些实体"（nächstebegegnenden Seienden, p. 66）。首先而直接遇到的那些实体是先于课题的实体，因为它们"不是对世界理论认识的对象，而是被使用的东西（das Gebrauchte）、被制造的东西，等等。它们作为这样照面的存在者先于课题而映入'认识'的眼帘，而这种认识作为现象学的认识原本着眼于存在，它从这种把存在作为课题的活动出发，而把当下的存在者也共同作为课题"（P. 67）。[3] 此在不需要将自己转换（sich versetzen）成

---

[1] 中译参见海德格尔：《存在与时间》，陈嘉映、王庆节译，第 112 页。译文有所改动。——译者注

[2] 中译参见海德格尔：《存在与时间》，陈嘉映、王庆节译，第 84 页。译文有所改动。——译者注

[3] 中译参见海德格尔：《存在与时间》，陈嘉映、王庆节译，第 100 页。译文有所改动。——译者注

这种亲缘性:"日常的此在总已经在这种方式中了。譬如,在开门之际,我已经利用着门把。"[1] 再说一遍,使用世界就是与此在的最先和直接的关系(die nächste Art des Umganges,同上书)。

א 使用和操心之间的关系可以与马克思从经济学家那里得出来的使用价值和交换价值的关系作比较。马克思赋予使用价值优先性,其基础就是如下事实,生产过程本身就是以使用价值而非交换价值为导向的,只有使用价值超过需求,才有可能将其转化为交换手段和商品。然而,马克思一方面并没有清楚地说明人们要通过剩余价值来理解什么事情,另一方面又认为使用价值仅仅是对物体的使用。现在很清楚,一旦物体被带到市场上销售,我们便不再使用它,这意味着在某种程度上,使用价值从根本上超越了实际的使用。交换价值建立在包含在使用价值本身之中的可能性或剩余之上,这种使用价值可以在潜在状态中得到悬置和维持,按照海德格尔的说法,这就好比对上手状态的悬置让操心得以出场。从那个我们感兴趣的角度来看,这就是

---

[1] 中译参见海德格尔:《存在与时间》,陈嘉映、王庆节译,第100页。译文有所改动。——译者注

从可利用性的角度来思考使用的剩余(或变更)的问题,与需求的剩余无关。

4.4

在"使用和处置的亲缘性"问题上,操心必须肯定它的优先性。一方面,在第 39-43 节中,在对其进行主题分析之前,海德格尔就已经将操心预设并置于在当中存在的结构中了,这一结构界定了此在和世界之间的原初关系。在第 12 节,他概括了此在的空间性特征和在世存在的方式,在这一点上,海德格尔通过以下文字,预示了操心的问题:

> 在当中存在的这些方式都具有操心(Besorgen)的方式[……]我们选用这个名称倒不是因为此在首先、通常是经济的和"实践的",而是因为应(soll)使此在本身的存在作为"操心"映入眼帘。我们且必须把"操心"这个词把握(istzu fassen)为本体论上的结构概念。(P. 57)[1]

倘若上手状态、相关性或者其他什么概念都无法界定与世

---

[1] 中译参见海德格尔:《存在与时间》,陈嘉映、王庆节译,第 85 页。译文有所改动。——译者注

界的亲缘性,那么这似乎暗指某种"操心"之类的东西(事实上,在它们的直接性和"亲缘性"中,它们似乎预设了某种相反的事物,参看《存在与时间》第22节),在这里,操心是作为一种必然性出现的,它无须任何辩护,对它的解释被延后了一段时间。

不过,事实证明,另一种装置在这个直接确定了操心的优先性的策略中十分重要。我谈的是畏(Angst)。在第16节中,亲缘性已经暴露出裂痕:一个可能被毁坏、无法使用的工具,也正因如此,它可以让我们感到惊奇;它可能会遗失,也正因如此,它会变得有侵入性,最后,它可能会错位或成为障碍,仿佛它反抗着所有可能的使用。在所有这些情况下,亲缘性让位于单纯的可用性(Vorhandenheit),但也正因如此,亲缘性不会消失。由于它成了一个辅助性或次生性的现象,不会质疑上手状态的特征,于是海德格尔写道:"上手状态并非简单地消逝了,而仿佛是,它在不能用的东西触目之际道别。上手状态再一次显现出来,恰恰是这样一来,上手事物的合世界性也显现出来了"(P. 74)。[1]

相反,在畏中,专属于亲缘性的与世界的首要和直接关系遭到了彻底质疑:"在世界之内的上手事物和现成事物的因缘整体本身也一样无关紧要。这个整体全盘陷没在自身之中。世

---

[1] 中译参见海德格尔:《存在与时间》,陈嘉映、王庆节译,第110页。译文有所改动。——译者注

界有全无意蕴的性质"（P. 186）。[1] 这并不仅仅是之前的例子中的偶然的无法使用的情形。畏有一种特殊的力量，这种力量消除了上手状态，并产生了"上手事物的虚无"（Nichts von Zuhandenheit, P. 187）。在消除上手状态的过程中，畏并没有从世界中退却，而是揭示了一种与世界的比亲缘性更为原初的关系：

> 在畏之所畏中，"它是无而且在无何有之乡"公开出来［……］这种上手状态的"无"就根植于最原初的"某种东西"中，即根植于世界中［……］那么就等于说。畏之所畏就是在世本身。有所畏原初地、直接地把世界作为世界开展出来。（同上书）[2]

正是因为上手状态中立化了，彻底地颠覆了"使用和处置的亲缘性"的优先地位（直到那一刻，它都是在先的），海德格尔才可以提出一个惊人的命题，根据这一命题，与世界的亲密关系"是此在之茫然失所（Unheimlichkeit）的一种样式，而不是倒转过来。从生存论本体论来看，这个"不在家"（das Un-zu-hause）须作为更加原初的现象来理解"（P. 189）。[3]

---

1 中译参见海德格尔：《存在与时间》，陈嘉映、王庆节译，第 261 页。译文有所改动。——译者注
2 中译参见海德格尔：《存在与时间》，陈嘉映、王庆节译，第 262 页。译文有所改动。——译者注
3 中译参见海德格尔：《存在与时间》，陈嘉映、王庆节译，第 265 页。译文有所改动。——译者注

由于畏让操心得以出现，亲缘性的优先地位被清除了，在接下来的章节中，它成了此在的原初结构。也就是说，通过掏空原初性和使之中性化的造作，操心的原初地位才成为可能。操心的原初地位就在于上手状态的失所，它的在先性会让使用的在先性消失。

א 在本书第二部分，操心相对于使用的在先性对应于时间性相对于空间性的在先性。在《存在与时间》第22–24节中，"使用和处置的亲缘性"范围界定了此在的"空间性"，界定了作为"在当中存在"的它的基本特征。海德格尔在这里使用的概念全部都是空间秩序的概念："去远"（die Entfernung）、"相邻"（die Nähe）、"区域"（die Gegend）、"腾出空间"（Einräumen）。空间性并非此在发现自己的场所，也不是在某个特定的点上出现在此在之中的："此在一开始就具有空间性"，而且在与它操心的"上手之物的每次相遇中"，"与作为区域的空间的相遇"已是内在的了（p. 111）。

与之相对，从第65节开始，构成操心的本体论意义的是时间性，而不是空间性，而且后者的结构（在世界中业已先于自身而存在作为这个人在世界上遇到的诸多存在物当中的存在）需要从时间性的三个"狂喜"（estasi）中获得其特定的意义:未来、过去、当下。这并不是偶然:当"业已存在"和"业已先于自身而存在"直接指得是过去和未来时,海德格尔发现"我们缺少这样一个指引"(p. 328),一个操心的第三个构成瞬间所特有的指引——界定上手状态的范围的在当中存在。试图以"当下化"(Gegenwärtigen, p. 328)的形式让在当中存在回到时间性似乎是必要之事,因为在第22-23节中,在当中存在界定了此在的空间性,即一种空间上的相邻而非时间上的当下。也正因如此,在第69-70节中,海德格尔坚持让空间性回到时间性("只有根据绽出视野的时间性,此在才可能闯入空间"[1])。显然在多年之后,在一次题为"时间与存在"的讨论班上,我们读到了一个简洁的说法:"在《存在与时间》第70节中,用时间性来推出空间性的尝试是行不通的。"(Heidegger 2, p. 24)

4.5

操心相对于使用的优先性可以毫无困难地被铭刻在界定

---

[1] 中译参见海德格尔:《存在与时间》,陈嘉映、王庆节译,第500页。译文有所改动。——译者注

了此在的分析的特殊辩证法中：不适（Uneigentlich）和适当（Eigentlich）的辩证法。以原初之物的面貌出现的事物，即那个此在在其中"已然且在很大程度上存在"的维度，只能始终业已"沉沦"在不适和非本真性当中；但也正因如此，相对于不适，适当并不在另一个位置和实体当中：它"在生存论上只是通过式变来掌握沉沦着的日常生活"（nur ein modifiziertes Ergreifen dieser, Heidegger 1, p. 179）。[1] 这意味着适当相对于不适的在先性（就像操心相对于上手状态、时间性相对于空间性的在先性一样）建立在存在的独特结构基础上，在该结构中，某物存在，并且只有通过把握一个先于它，消弭和祛除了它的存在物，该物才会被赋予实在。某种类似辩证过程的事物在这里被用来与《精神现象学》开篇提出的辩证法相提并论，在《精神现象学》中，感性确定性，即"原初物和我们的直接对象"，后来被展现为最抽象、最缺乏真实的经验，只有经过中介和否定的过程，这种经验才能变得真实，然而，这个过程需要感性的确定性作为开端，必须将其抽离，才能最终被理解。对于黑格尔而言，只有把握了感性确定性的非真实性，感知（Wahrnehmung，被当作真实的感知）才是可能的，所以在《存在与时间》中，适当就是对不适的式变的把握，操心则是对不

---

[1] 中译参见海德格尔：《存在与时间》，陈嘉映、王庆节译，第253页。译文有所改动。——译者注

适当的使用的把握。但为什么在我们的哲学传统中，不仅意识，而且此在本身，即人类的在世存在，都需要设定一个虚假的开端，一个必须被抛弃和祛除，并让位于真正的最适当的东西的开端？为什么人类只有在设定了什么不算是真正的人的时候才能发现自己，为什么只有通过排斥——与此同时也是包含——身体使用和奴隶的安息之后，才能理解人的自由行为和劳作？人迷失、沉沦在不适之中，唯有从中恢复自身，才能把握最适当的可能性，这意味着什么？

א 海德格尔多次提醒不要用神学用语来解释此在"沉沦"（das Verfallen）于不适，仿佛它指向了人类本质的败坏堕落（"在存在者的层次上无法决定：人是否'沉溺于罪恶'，是否处在'堕落状态'［status corruptionis］之中；人是否在纯洁状态［status integritatis］中转变着抑或是现身在一种中间状态［status gratiae］之中",[1] 同上书，p. 180）。然而，我们很难相信他不是故意（另一方面，和黑格尔一样，他已经用自己的方式阐释了救赎教义）用此在的分析方式，将神学的堕落与原罪的教义变成了世俗化的版本。但再说一遍，或许——对于他或对于黑格尔来说——问题在于"适当地"

---

[1] 中译参见海德格尔：《存在与时间》，陈嘉映、王庆节译，第253页。译文有所改动。——译者注

在本体论的层面上把握在存在者的层面上被"不适地"理论化的东西。在世俗化所制定的层面上的转换并未弱化这个教义,而是用一个世俗化的范式将它绝对化了。

4.6

在 1946 年的《阿那克西曼德箴言》(*Der Spruch des Anaximander*)中,海德格尔似乎希望恢复使用的中心地位,在《存在与时间》中,他又以操心的名义取消了使用的中心地位。他在翻译一个与 chre 和 chresthai 密切相关的古希腊语时,得到了阐明这点的机会:to chreon 这个词通常被翻译为"必要",但海德格尔毫无顾忌地将这个词翻译为了"用"(der Brauch)。首先,根据布雷亚尔(Bréal)给出的词源(绝大多数语言学家都不同意这个词源解释),海德格尔将这个词置于了上手与处置的语义背景(通过这种方式,他十分隐晦地与《存在与时间》的上手状态建立了关联):

> Chreon 源于 chrao, chraomai。这意味着 he cheir,即手。Chrao 的意思:我处置某物(ich be-handle etwas),触摸它,伸手去触碰它(gehe es an und gehe ihm an die Hand)。与此同时,chrao 意味着:放在某人的手中,移交(in die

Hand geben, einhändigen），让某物归属于某人。然而，将某物放在某人手中（Aushändigen，"移交"），也是一种手中的转移（in der Hand behält），借此，东西转移了。（Heidegger 3, p. 337）

不过，这里的关键在于，某种根本的本体论功能归属于使用，由此被带入了手的范围，因为这它命名了存在和存在者、在场（Anwesen）和在场之物（Anwesendes）之间的差别，而海德格尔反复提醒我们说：

> 这个词（to chreon）有着在属格中——十分明显地——被宣示的关系，它只能命名在场的在场之物的本质含义（das Wesende im Anwesen des Anweseden）。所以 to chreon 就是在场状态的移交（das Einhändigen），即从手中交出（aushändigt）处在当下的在场状态，因此，换句话说，也就是在手中，在在场状态中保留此刻之当下。（同上书）

海德格尔用"用"（Brauch）来翻译 chreon，将使用置于本体论层面。现在，存在与存在者、在场和将要出场的东西之间出现了使用关系。很自然，这意味着"用"（Brauch）和"使用"（brauchen）都脱离了利用的语义范围，正如我们在 chresis 和 chresthai 那里看到的那样，它们恢复了它们的原初语义的复杂性：

一般来说，我们理解的"使用"意思是利用，即在某个我们对其享有使用权利的东西的范围内去利用和需求。在利用行为中我们需要的东西变成了常用的（üblich）。被用之物在使用之中（das Gebrauchte ist im Brauch）。正如 to chreon 的翻译一样，不能从常用意义，而要从次要的意义上去理解"用"。相反，我们还注意其根本意义：使用（brauchen）就是承受（bruchen），即拉丁语中的 frui，德语中的 fruchten, Frucht（结出果实，果实）。我们很随意地将它翻译为"享受"（geniessen），这个词的最初形式（niessen）意味着在某物中获得快乐，在使用中享受。只有在次要的意义上，"享受"才会意味着消费和狼吞虎咽。我们看到了将"使用"的最初意义理解为 frui 的文献，当奥古斯丁说："如果我手上没有什么特别有价值的东西，当我说 frui 时，还能意味着什么别的东西？"（Quid enim est aliud quod dicimus frui, nisi praesto habere, quod diligis?）frui 蕴含着 praesto habere。praesto、praesitum 在古希腊语中是 hypokeimenon，即已经在我们面前以公开状态给出的东西，即实质（ousia），业已在那里存在的东西。与之对应，"使用"意味着让当下存在的某物像这样出场。frui、承受、使用、用意味着：将某物移交给它自己的本质，如同在当下一样，让其在庇护之手中得以保存。在翻译 chreon 时，"使用"可被理解为存在本身的本质化。承受、frui 现在不再指作为人类行为的享受；也不是说它与任意实体——即便是最高的实体（fruitio dei as beatitudo hominis）——有什么关系。相反，"使用"现在代表存在本身作为与在当下存在的关系而出场，在当下存在被视作当下之物而受到观照和处置：to chreon。（同上书，pp. 338–339）

4.7

被理解为最基本的本体论层面（在这一层面上，存在呈现为各种存在物）的"使用"与《存在与时间》中命名了此在最早在世界上遭遇的存在物的存在模式的"使用和处置的亲缘性"之间的关系如何？

当然，这不仅仅是这两者之间的一个类比：对"使用手段，即让当下的某物像这样出现"的确认和《存在与时间》的第 18 节的一个说法。根据该说法，"让某物具有相关性在存在着层面上意味着，让某物随意地在手，仿佛它已经存在，因此如其所是地存在"（文本立即说明了"我们在存在者意义上的'随意'基本上就是一种本体论的方式"）。然而，相对于"使用和处置的亲缘性"，使用从此在分析的层面转向了本体论差异的层面，这似乎剥夺了使用的具体性和独特性。存在使用存在者，原初的本体论关系具有使用的形式，这些实际上意味着什么？

在某个特定的点上，海德格尔将使用等同于活动（energeia）。他写道，当下的存在物得以出场并直接呈现出来，"是因为它浮现出来，让存在自己出现"，与此同时，"它让存在出现，仿佛它是由人类生产出来的一样"。从这个角度来看，出场的东西具有产品（ergon）的性质，即"从古希腊的角度来看，产品，某种让其产生的勃兴（Hervor-gebrachtes）"的性质；正因如此，当下之物的出场，存在物的存在，在古希腊语中被称为"活动"（energeia）（p. 342）。依据使用（chresis）和活动（energeia）之间的近似关系（我们已经在亚里士多德那里遇到了这个近似关系），用（chreon）和活动（energeia）"命名的是同一样东西"（同上书）。

被理解为"用"（Brauch）的 chreon 一词的特殊性似乎在这里消失了。如果相对于潜能而言，使用反而意味着某种不同于活动（energeia）的关系，那么这会如何呢？如果我们必须思考并不单纯意味着让其存在物得以产生的潜能的使用，思考它通往行动的道路，那么这会如何呢？如果使用事实上暗含着一种不能被还原为亚里士多德的潜能和行动的二元性的本体论（这种二元性在它的历史转化中仍然支配着西方文化），那么这又会如何呢？

5 使用 – 自我

5.1

在斯多葛学派的思想中，"用"和"使用"这两个术语有一个十分关键的作用，即它们确定了，归根结底斯多葛学派就是使用生命的学说。在托马斯·贝纳杜伊（Thomas Bénatouil）专门研究这个问题的文章中，他已经说明了使用问题——尤其是动物使用自己的身体的某些部分的时候——与熟悉（oikeiosis）问题（自我对自我的占有或熟悉的问题）有所交叉，学者们很久之前就知道后者在斯多葛学派的伦理学中有着根本意义（"它是斯多葛伦理学的开端和基础"，Pohlenz, p. 11）。

我们倾向于假设，这不仅仅是一个简单的交叉，唯有在将熟悉的学说理解为一个使用 – 自我的学说之后，该学说才能得到理解。

第欧根尼·拉尔修的这段话（Diogenes Laertius, VII, 85 = SVF, III, 178）已经为我们说明了我们所了解的熟悉的学说的精要所在：

生物的第一冲动［hormè］是自我保护，因为从一开始，自然就让其熟悉［oikeios出自oikos，即家庭或家族］了自己［oikeiouses autoi tes physeos ap'arches］，正如克律西波斯（Chrysippus）在他的第一本书《论目的》（*Sui fini*）中肯定了，所有的生物最初熟悉的东西［proton oikeion］就是其自身的架构［systasin］和关照［syneidesin，但在克律西波斯的文章中，这个词或许应该读成synaisthesin，即"共-感"或"共-情"，转引自Pohlenz, p. 7］。自然不太可能让生物与它自己相分离［allotriosai］，产生了它的自然也不太可能让它外在于自己，不熟悉自己。于是，我们必须得出结论，在构造生命的过程中，自然让生命体自己熟悉自己［oikeiosai pros heautò］，这样它就可以击退危险的东西，并自由地靠近熟悉的东西［ta oikeia］。

按照这段话的说法，首先最初熟悉的东西就是每个生物从一开始就十分熟悉的东西，就是它自己的架构和对它拥有它自己的感受。同样，希耶罗克勒斯（Hierocles）在他的《伦理学基础》（*Fondamenti di etica*）中也表达了："生命体从一开始就感受到了自我，并且十分熟悉自我和自我的构造"（aisthanesthai te hautou kai oikeiousthai heautoi kai tei heautou systasei; 7, 48；转引自Pohlenz, p. 1）。在这个意义上，唯有在自我同自我的构造"共感"的基础上,才能理解对自我的熟悉(oikeiosis)。所以,斯多葛学派十分关注后一个观念,为的就是不惜一切代价去保护它的实在。

正是在这里,使用的概念发挥了一个关键作用。希耶罗克勒斯证明了动物拥有对其身体各部分的感觉,它们非常熟悉它们的功能,知道它们的功能是什么,如何使用它们:于是,"有翅膀的东西感受到它们的翅膀是用来飞翔的,感受到它们拥有身体的每个部分,与此同时,也知道它们的使用"(chreia,即专用功能;Bénatouïl, p. 28)。我们在某种程度上感受到我们的眼睛、我们的耳朵以及我们身体的其他部分,这一点已经得到证明了,希耶罗克勒斯继续说道:"如果我们想看某种东西,我们就会让我们的眼睛而不是我们的耳朵去注视它,当我们想听的时候,我们让耳朵而不是眼睛去倾听,如果我们想走路,那么我们不会用[chrometha]我们的双手,而会用双脚和双腿去走路。"(同上书,p. 29)在后面的段落中,对自我感知的进一步证据是动物被赋予了蹄子、牙齿、獠牙或毒牙,会毫不犹豫地"在与其他动物对阵时,使用它们来保卫自己"(p. 34)。

盖伦(Galeno)的一篇原题为《论身体各部分的功能》(De usu partium)的文章的一段话坚持认为,为了理解身体每部分的功能,使用具有关键作用:他谈到大象的长鼻,说"当我第一次看到这个东西的时候":

> 我认为它很多余，没有用，但当我看到动物像使用手一样使用它，它就不再如此了［……］如果动物不能使用它的这个部分，它就是多余的，形成了它的自然就并没有完美的技能，但现在，动物用它展现了最有用的行为，这表明这个部分本身是有用的，自然是精妙的［……］在穿越河流和湖泊时，它的整个身体都会被淹没，动物高高耸起长鼻子是用来呼吸的，当我也认识到这一点的时候，我感觉自然就是恩泽，不仅因为大自然完美地构造了身体的各个部分，也因为她教会了动物去使用它们。（Galeno 1, pp. 438-439）

在所有这些文章中——无论对于医生盖伦来说，这是否是个承认自然的恩泽的问题，也无论对于希耶罗克勒斯来说，这是否证明了每一个动物都熟悉自己——最关键的要素事实上一直是使用。唯有因为动物使用自己身体的各个部分，某种东西才能自我察觉，它才会熟悉它自己。生物体对自己的熟悉（okieiosis）可以毫无保留地溶解在自我感知之中，后者进而与生物体使用其身体的各个部分和身体构造的能力一致。因此，我们必须澄清的正是熟悉和使用-自我之间存在的这种基本关联。

א 卢克莱修（Lucretius）比斯多葛派更为激进，他似乎将使用

完全从各种预先决定的目的下解放了出来,为的是将自己视作生命体与其自身身体的纯粹关系,超越任何目的论。他将伊壁鸠鲁对所有的目的论的批判推到极致,因此,卢克莱修肯定了没有一个器官是从目的角度被创造出来的,眼睛不是为了看,耳朵不是为了听,舌头不是为了说话:"任何事物诞生都会产生它自己的用途[quod natum est id procreat usum]。在眼睛诞生之前不存在看,在舌头被造出来之前并不存在口头辩护。舌头的起源先于言说,耳朵的创造先于声音被听到。所有的肢体,我十分有把握,都先于对它们的使用而存在。"(IV,835-841)

器官与功能之间关系的颠倒实际上等于将使用从任何预定的目的论中解放出来。在这里展现了动词 chresthai 的含义的相关性:生命体并不是为了某种预定的功能而使用身体(卢克莱修并不谈论器官),而是通过与身体发生关系,凭感觉发现和创造身体的用途。身体先于使用,使用先于并创造了功能。

就好像手通过手势的比画,最终找到了它的乐趣和"用途",眼睛通过观看,爱上了视觉,腿和大腿有节奏地弯曲,而实现了行走。

> 西塞罗的说法与卢克莱修的说法相吻合:"[斯多葛学派]主张,生命体一旦出生(因为出生是生命的适当的起点),就会熟悉一切,并且能照料自己[sibi conciliari et commendari,西塞罗用这个词来表示 oikeiousthai],为的是保护自己,感受自己的构造[status,这个词被翻译成了 systasis],感受那些倾向于保护这种构造的事物、让其远离[alienari,对应 allotriosai]自己的死亡的事物以及对它的生命造成威胁的事物"(Cicero 2, III, 16)。随后立即出现了自我意识的问题:"它们若不拥有自我感觉和爱自己的感觉,就不太可能感受到欲望"(nisi sensum haberent sui eoque se diligerent)。

5.2

我们有一篇短文,这篇短文的主题恰恰是熟悉、感觉和使用自我的关系:这就是塞涅卡写给卢基里乌斯(Lucilius)的第 121 封书简。书简要回答的问题是:"是否所有生物都能感受它们的构造"(an esset omnibus animalibus constitutionis suae sensus)。塞涅卡的回答说明了所有生物的内在能力就是"使用-自我"的能力:

这种情况尤其可以为这一点所证明,即它们的移动矫健而灵活,仿佛它们曾受过训练以达到此目的一样。它们没有一个不对它自己的各个部分展现出敏捷。受过训练的工匠熟练地使用工具;舵手知道如何轻车熟路地驾驶他的船只;画家心灵手巧,运用各种颜色,心手合一地将调色盘上的各种颜色落笔在画布上,让画作变得惟妙惟肖。同样,动物也非常自然而然地使用自己的身体[sic animale in omnem usum sui mobilest]。我们会惊叹于翩若惊鸿的舞者,因为其舞姿天衣无缝地契合于作品的意义和作品附带的情感,其舞步与对白的语速和谐一致。不过,技艺所赋予匠人的东西也被自然赋予了动物。动物可以毫无困难地控制其身体的各个部分,也不会有动物不会使用自己[in usu sui haesitat]。

针对认为动物之所以动是因为害怕疼痛的反对意见,塞涅卡回答说,动物尽管会受到疼痛的阻碍,但仍然会自然地运动:

尝试站立、开始习惯于负重前进的孩子开始测试他的力量,他一次次摔倒,又一次次地含泪爬起来,经过痛苦的努力,他学会了自然的技艺[……]背部着地的乌龟没有痛苦,但它会感到不安,因为它掌握不了它自己的自然构造[naturalis status],它会不停地晃动,直到它能再一次靠它的腿站立起来。所有的生物都能感受到它们的构造［constitutionis suae sensus］，因此，它们会尽其所能去支配四肢［membrorum tam expedita tractatio］，动物拥有这种知识［notitia］的最佳证据就是，没有动物会笨拙地使用-自己［nullum animal ad usum sui rude est］。

在肯定了使用自我和自我意识之间、使用自我（usus sui）和感受自己的构造（constitutionis suae sensus）之间的基本关系之后，塞涅卡进一步深入探讨了熟悉（oikeiosis）的问题（根据西塞罗给出的例子，他用和解［conciliatio］和洞悉［conciliari］来处理这个问题）：

> "你固执己见，是吧，"反对者说道，"所有的生物打一开始，就洞悉自己的构造［constitutioni suae counciliari］，人类的构造是一个理性的构造，于是人类知道自己不是动物，而是一个理性存在物。对于人类来说，爱自己就是尊重自己是人类。那么，一个小孩何以可能会在毫无理由的情况下熟知自己的理性构造呢？"但每一个年龄段都有自己的构造，婴儿的身体和老年人的有所不同。婴儿没有牙齿，他熟悉这个构造。那么随着牙齿长出，他也会熟悉这个构造。农作物也是如此，它们会长成谷物和水果，在生长初期，看不到麦垄的顶部的时候，它

们有一种特别的构造，随着它们茁壮成长，茎秆变得柔韧结实，可以承受其重量的时候，它们会有另一种构造，最后麦子颜色变得金黄，就快要脱粒了，在麦壳里变得坚硬，这种时候它们又会有另一种构造——无论植物具有了什么样的构造，它都会保有它的构造，并与之吻合。婴儿期、童年、青年和老年，各个时期不尽相同；我曾经是婴儿、男孩、青年，但我现在仍然是我。因此，尽管每一个人在不同时候都有不同构造，但人都会洞悉自己的构造［conciliatio constitutioni suae eadem est］。自然让我感到亲近［commendat，这是西塞罗用来翻译 oikeiosai 的另一个词］的不是我的童年、青年或老年，而是我自己。所以，孩子熟悉的是他现在的构造，而不是他青年时期的构造。因为，即便对他来说，进入更高的年龄段需要改变一些东西，他出生的状态仍然是自然赋予的。动物首先洞悉的就是自我［primum sibi ipsum conciliatur animal］，因为所有其他东西都需要一个参照的模式。我寻求快乐：为了谁？为我自己。所以我照料自己［mei curam ago］。我趋利避害：为了谁？为我自己。所以我照料自己。由于我做任何事情都在照料自己，所以照料自己优先于一切［ante omnia est mei cura］。所有生物都有这种秉性，这不是后天增添的东西，而是天生如此。

让我们来考察一下塞涅卡在这段非常凝练的文字中（尽管这段文字中不可能没有悖谬）发展出来的熟悉和自我照料、意识和使用-自我之间的特殊关系。熟悉（oikeiosis）或洞悉（conciliatio）的终极对象并不是个体构造（个体的构造会随着时间的推移而发生改变），而是通过熟悉而达成的个体自我（让我们感到亲近的不是我的童年、青年或老年，而是我自己［non enim puerum mihi aut iuvenem aut senem, sed me natura commendat］）。所以，自己——尽管斯多葛派多次将自己预设在自然或内在知识当中——并不是实体或先定的目的，而是与生物体对它的使用（usus sui——塞涅卡也将其弱化成关怀-自我［cura mei］）完全一致的。

如果我们接受斯多葛派的这种关系性的、非实体性的解释，那么——无论问题在于自我感觉、自我和解（sibi conciliatio）还是使用-自我——自我都与关系性的自我相关，而非与先定的目的相关。在我们所了解的意义上，如果使用意味着感受，意味着构造-自我，因为人与某物有关系，那么，使用-自我就与熟悉（oikeiosis）完全一致，因为这个词命名了所有生物体的存在模式。生物体使用自我，在这个意义上，在其生命中，在它与自我之外的食物的关系中，每一次它都必须面对自我、感受自我、用自我来熟悉自我。自我就是使用-自我。

א 阿佛洛狄西亚的亚历山大（Alessandro di Aftodisia）在《论灵

魂补遗》(De anima libri mantissa)中谈到了斯多葛派的这个意义上的熟悉(oikeiosis)学说:"斯多葛派[……]申明动物自己第一样熟悉的东西[to proton oikeion einai to zoon hautoi],每个动物(也包括人)出生之后第一件事就是要熟悉自己[pros hautò oikeiousthai]"(Alessandero, p. 150);亚里士多德几乎用同样的词语说出了一个同样的原理("有些人说,按照亚里士多德的说法,我们自己的第一件事就是要熟悉我们自己"——einai proton oikeion emin emas autous, 同上书)。

有意思的是,亚历山大坚决认为熟悉和自我是一回事。熟悉和同自我的关系是一回事。

א 斯多葛学派所谈到的熟悉和自我感知并不会产生理性意识,不过它们似乎隐晦地与使用 - 自我相关。塞涅卡在前述的书简中写道:生物体"不知道构造是什么,但了解其自身的构造,不知道生物是什么,但可以感受到这是一个生物[……]我们所有人都理解,存在某种引发了这种冲动的东西,但不知道这种东西是什么,来自何方"(quid sit constitutio non novit, constitutionem suam novit…quid sit animal nescit, animal esse se sentit…conatum sibi esse scit, quid sit aut unde sit nescit）。通过对一个无意识的区域的阐明，自我开始意识到自我。

5.3

或许正是在《九章集》（*Enneadi*）的一段话中（VI, 8, 10），使用－自我的特性找到了一个确切表达，也就是说，它在本体论上的确切表达。为了对太一的存在模式给出一个临时性的表达，普罗提诺（Plotino）在否认了太一可以偶然地成为它所是之后，在这里将使用与实体，即 chresthai 与 ousia，对立起来：

> 好吧，假定他并未曾成为他所是，而是这样，他如同他所是，并非他的实体。如果他并非他的实体的主人［ouk on tes autou ousias kyrios］，而就是他所是，如果他并没有将他自己的实质化，而是如其所是一般地使用－自己［ouk hypostesas heauton, chromenos de heautoi hoios estin］，那么，他就是他必然之所是，不可能是别的样子。

对我们来说，关键之处是普罗提诺的策略，他想同时将偶然性和必然性从太一中排除出去，如此一来，他就将使用和实质严格地对立起来了。多利（Dörrie）已经说明了，自新柏拉图主义开始，实质（hypostais）就包含了"实现"的意思：那么，实质化（hyphistamai）则意味着"在实存中的实现"（Dörrie, p. 45）。使用－自我并不意味着预定自我，也不意味着为了在独立的实体中让自己成为主体，让存在从属于自己。正因如此，使用所用的自我只能用"一些这样的人"（anaphora hoios）来表达，这样的表达可以避免实质化，将存在恢复为主体。正是因为太一在使用－自我时维护了自身，所以太一不仅摆脱了模态的范畴（这既不是偶然的，也不是必然的："他既不是这样的存在，也不是偶然碰巧发生在他身上的存在。他就是这样，而不是别的样子……现在他并非他所是，这并非因为他不可能是别的样子，而是因为他就是他所是的最好的样子"）；也摆脱了那些存在和对那些存在的基本区分（"超越存在意味着……他不再是存在，也不再是他自己的奴隶"—Ⅵ, 8, 19）。

让我们试着推进一下非实质的观念，非实体化的使用－自我的观念，在普罗提诺概括了它之后，他就将这个问题悬置起来。在整个意义上，使用－自我先于存在（或者说超越了存在，因此，它也超越了本质和实存的区分）——如普罗提诺在讨论过太一之后，故意用了一个悖谬的表达写道——"一个没有存在的原初活动（energeia）"，在这个表达中，自我本身就取代了实质的位置（"它本身，亦即它的实质"，autò touto ton hoion hypostasin—Ⅵ, 8, 20）。或者说——我们也可以说，颠倒一下这个说法——在原初的形式中，存在并不是本质（ousia），而是使用-自我，它并非在实质中的实现，而是停留在使用之中。在这个意义上，"使用"这个原形动词界定了其在实存/实质的本体论差异中得到阐明之前的存在，或无论如何，界定外在于这种阐明的存在，这个动词也超越了它的各种形态：或然性、不可能性、偶然性、必然性。自我必定首先是在外在于所有实质的使用之中构成的，这是为了让主体之类的东西——一个实质——可以说：我是、我可以、我不可能、我必须……

5.4

正是从这个角度出发，我们可以解读圣保罗在《哥林多前书》中谈到的使用的弥赛亚理论。他写道："你是作奴隶蒙召的吗？不要因此忧虑。若能以自由，就求自由更好。"（mallon chresai，即你作为奴隶的条件—*I Cor.*, 7, 21）也就是说，在事实条件和司法-政治条件下，每一个人都发现自己既没有被实质化，也没有单纯发生改变。弥赛亚的蒙召并没有带来新的实质身份，而是首先在于有能力"使用"事实条件，在该条件下，每一个人都会发现自我。在后面一点的几段话中，我们必须理解的这种新的使用能力得到了阐述："弟兄们，我对你们说，时候减少了。从此以后，那有妻子的，要像没有[hos me]妻子；哀哭的，要像不哀哭；快乐的，要像不快乐；置买的，要像无有所得；用世物的，要像不用世物；因为这世界的样子将要过去了。我愿你们无所挂虑。没有娶妻的，是为主的事挂虑，想怎样叫主喜悦。"（ivi, 7, 29-32）圣保罗的"要像不"，通过将事实条件与自我紧密地关联起来，在不改变形式的条件下，消除了它并让其失效了（哀哭的要像不哀哭，有妻子的要像没有妻子，奴隶要像不是奴隶）。也就是说，弥赛亚的蒙召在于消除并让事实条件失效，因而它可以为新的可能用途敞开。唯有让旧人安息，才可能产生"新人"，用一种新的方式来使用它："若有人在基督里，他就是新造的人 [kainè ktisis]，旧事已过，都变成新的了。"（2 Cor., 5, 17）

从这个角度来看，我们必须理解《哥林多前书》（7, 30-31）中的反题的意义："置买的，要像无有所得；用世物的，要像不用世物。"关键在于，这里明显指向了罗马法中的所有权的定义，即使用或滥用（ius utendi et abutendi）。也就是说，圣保罗将使用（usus）与支配（dominium）对立起来：在"好像不"的形式中，这标志着绝不将世物当成拥有的对象，而是将其当成使用的对象。

6 习惯使用

6.1

亚里士多德主义传统在经院哲学那里达到了顶峰，他们将使用理解为活动（energeia）的同义词，因此试图将它与潜能和习惯分开。阿奎那写道："使用代表着一些习惯或其他事物的行为 – 存在［usus significat actum cuiuslibet habitus］。任何习惯的行为和潜能的使用均归属于行为所属的人（或物）。那么'使用'一词则意味着行为，而绝非潜能或习惯。"与这种传统相悖，我们有必要将使用 – 存在与行为 – 存在区别开来，与此同时，还要将其恢复到习惯的层面上，但这种习惯是作为习惯性的使用而产生的，因此，它始终在使用之中，并没有预设一种在某个点上会变成行为或付诸实施的潜能。

盖伦在他的《论身体各部分的功能》中思考过这个层面的问题，他十分明确地将使用与活动（energeia）对立起来，正如一份陈述或一个习惯对立于一个运动和一次操作一样："现在，对某个部分的使用不同于它的活动，不同于行为 – 存在，因为活动是一种积极运动（kinesis drastikè），而使用就是我们通常说的惯用（euchresstia）。"（Galeno, p. 437）惯用意味着一个部分足以发展出一种特定的功能，好的功能，也就是说，它不是操作，也没有将潜能付诸实施，而是某种类似习惯性的条件的东西。在这个意义上，我们倾向于认为，这里有一种"习惯性的使用"（chresis-chreia），一种始终已经在使用的习惯和潜能：一种与行为分不开的潜能，一种从不需要被付诸实施的潜能，因为我们始终已经在使用它了，它始终已经是惯用了。

然而，这意味着我们需要从习惯和使用开始，彻底重新思考并纠正亚里士多德主义的动力（dynamis）和活动（energeia）、潜能和行为的学说。亚里士多德——我们可以说——区分了我们在这里试图想作使用的东西，并将这种区分所产生的东西称作动力和活动。亚里士多德所思考过的习性（hexis）的概念，恰恰消除了包含在这个学说之中的难题，并让潜能具有了某些实在性。如果存在（使用）被分成了潜能和行为，那么事实上就必须有某种能让从一者向另一者的转化成为可能的东西。如果潜能始终且仅仅是一种类性的潜能，如属于婴儿的纯粹的多重潜能（我们说婴儿可以成为作家或木匠，建筑师或吹笛手），那么潜能的概念就消解了，我们也就无法思考如何让其实现。习惯就是让潜能从纯粹一般性转变成某人（这个人写作或吹笛子，做了一张桌子或建了一间房子）的实际潜能东西。习惯就是潜能寓居于其中的形式，它赋予了潜能实在性。

通过这种方式，**类性**潜能的难题被中性化了，然而，在已经给定的新的实在之中，它立即被再生产了出来。为了维持习惯和实现（being-at-work）之间的区别，为了不让习性（hexis）总是已经盲目地变成活动（energeia），事实上拥有技艺或知识习惯的人一定不能去实施它，一定不能将其付诸行动。正因如此，《形而上学》第九卷中的一个关于潜能－习惯的关键命题如下："每一种潜能都是同一性并依照同一性去行动的无能"（tou autou kai katà to autò pasa dynamis adynamia—*Metaph.*, 1046a 30）。无能（adynamia）在这里意味着不能付诸行动，正如我们已经注意到的那样，哲学家对睡眠表示出极大的反感，在这个意义上，我们可以将习惯比作睡眠，将活动比作觉醒："觉醒对应于行动中的认识，睡眠对应于没有付诸行动的拥有"（echein kai me energein—*De an.*, 412a 35）。在这里，"不去做的潜能"的观念的意义显然十分含糊：它既允许习惯得以如此存在，同时它又在根本上低于注定要实施的行为。正如亚里士多德一直反对麦加拉派（megarici）一样，真正拥有潜能的人就是既能将其实施又能不将其付诸行为的人，但活动（energeia），正在运作，仍然是潜能的目的。然而，倘若如此，被认为已经解决的难题则以更为精妙的形式重现了：如果在所有的潜能－习惯中，不可化约地固然存在一种无法转化为行为的潜能，那么如何可能将其领向这个过程呢？如何可能在梦中将其唤醒呢？

将使用等同于活动（energeia）和运作，将其与习惯区分开（就好比将觉醒同睡眠分开一样），这让他的思想误入了歧途。我们应不仅将习惯视作一种被动的样态，认为习惯滥觞于无能，滥觞于不能付诸行动的可能性，还要将其视作习惯性的使用，只有这样，这道难题——亚里士多德关于潜能的思考无法解答这道难题——才能迎刃而解。使用就是让习惯得以存在的形式，它超越了潜能和运作之间的简单对立。在这个意义上，倘若习惯已经是使用自我，倘若正如我们已经看到的那样，后者意味着主体和客体之间的对立变得中性化了，那么占有式的习惯主体——可以决定是否将之付诸行动的主体——就没有任何空间了。在与使用的关系中构成的自我并不是一个主体，而仅是这种关系本身。

6.2

在习性 – 习惯（hexis-habitus，hexis 就是"有"[echein]的名词形式）的概念那里，哲学已经思考过存在与拥有之间的基本关联了，而在本体论的历史上，这仍然是一个未被涉足的篇章。在一个优异的研究中，本维尼斯特试图界定印欧语系中的"存在"和"拥有"之间的语言学功能和关联。它们都是指向某种状态的动词："存在就是存在的状态，就是某物的状态，拥有就是拥有的状态，拥有某种东西的状态。差别在这里一清二楚。存在就是去确立它所衔接的两个项之间的内在的等价关系——它们是一种共质状态（stato di consustanzialità）。相反，两者之间的关系若是外在的，它们就成为归属关系。"（Benveniste 1, p. 198）此外，按照本维尼斯特的说法，拥有就是归属关系的颠倒，即"我拥有某物"（habeo aliquid），这个表达不过是"某物指向我，某物归属于我"（mihi est aliquid）的次生形态和派生形态。

我们必须在语言学之外来看本维尼斯特的分析。实际上"存在"和"拥有"之间的关系更为紧密、复杂。按照亚里士多德的说法，习性（hexis）——由于它是习惯下的潜能——就是言说存在的方式之一。我们知道，它表明了存在的状态，因为它归属于一个主体。习性所拥有的就是一种存在的样态，一种配置（diathesis），一种某种程度上的被安置的存在物（可被认知的存在物，即作为一名建筑师，一名吹笛手存在……）。亚里士多德认为这样的存在拥有活力，拥有"潜能"，拥有这种状态和这种存在的人就是"有活力的人"（dynatos），"具有潜能"（potent）。无论如何，拥有（echein）在这里通常就是"拥有一个存在"。

这说明习惯学说划定了一个逻辑位置，只有在这个位置上，主体性学说才能成为可能。正因如此，在《形而上学》第五卷（1022b 4-6）的哲学辞典中，亚里士多德以明显带有悖论的形式写道，习性（hexis）既意味着"某人和事物拥有的活动

(energeia)"，也意味着"一种配置（diathesis），按照这个配置，被配置的东西得到了或好或坏的安排"：它既是一个存在样态，也是主体的状态或配置。正因如此，对于物及其对立面拥有同样的理性潜能的问题，亚里士多德说道，必须有一个权威（kyrion）因素，它的地位可以决定潜能朝这个方面还是朝那个方向前进，相对于潜能，这个权威必然是"另外的东西"（heteron ti）（*Metaph.*, 1048a11）。习惯就是这样一个点，在该点上，主体性自己可以把握存在，习惯就是这样一个位置，在该位置上，通过一个完美的循环，派生于存在的拥有将后者纳入了自身。拥有不过是对存在的占有。

6.3

我们或许可以在亚里士多德的一个文本中看到一种不同的习惯的概念。在前引的《形而上学》第五卷的那段话里，我们读到了，如果习惯被界定为拥有的人和所拥有的东西之间的关系，那么"我们不可能拥有习惯，因为如果我们有可能拥有一个人的习惯，就会产生无限回归"（1022b7-10）。而现代思想就将主体放在了这个玄妙莫测的位置上，即主体是以掌握了不可能拥有的东西的面貌而出现的。

亚里士多德的警示揭示了内在于存在与拥有的相互关系之

间的难题，该难题在习惯中有一席之地。经院哲学认为"潜能的使用属于拥有习惯的那个人"，要反对这个观点，我们必须肯定，使用并不属于任何主体，主体的位置超越了存在和拥有。也就是说，使用打破了界定了亚里士多德的本体论的存在和拥有的含混的含义。我们认为格伦·古尔德（Glenn Gould）拥有演奏钢琴的习惯，但他不过是在使用他自己而已，因为他在习惯性地演奏并知道如何演奏钢琴。他并不是钢琴演奏潜能的拥有者和主人，决定要或者不要将其付诸行动，而是将他自己构成为拥有对钢琴的使用，无论他是否演奏钢琴。使用，作为一种习惯，是一种生命形式，并不是主体的知识和能力。

这意味着我们必须重新绘制空间的地图，在该地图上，现代性定位了主体及其能力。

一位诗人并不拥有创作的潜能或能力，有一天天高云淡，他有了意愿（在西方文化中，意愿是一种让人可以将行为和技艺归属于某个主体的装置），他决定——他知道如何且为什么要创作——就像神学家谈到的上帝一样，开始创作。和这位诗人一样，木匠、鞋匠、吹笛手，以及那些我们称作专业人士（professionals，这个词有神学根源）的人——最终，所有的人——都不是行为或创作能力的超验的拥有者：而是这样，他们都是活生生的存在者，在且仅在对他们身体各部分及其周遭的世界的使用中，具有了自我-经验，将自我建构为了使用（他们自己和世界）。

א 在某种意义上，潜能总是在使用之中，即便它并未付诸行动。伯拉纠（Pelagius）在慷慨激昂地捍卫人类的潜能并不是罪时，肯定了这个主题，圣奥古斯丁在他反伯拉纠主义的作品中反驳这一点时，十分苍白无力（尤其是在《论原罪与恩典》[*De natura et gratia*]中）。伯拉纠写道，潜能"内在于我，即便我不意愿做，它本身也不带有任何懈怠"。然而，由于它是上帝赋予我们的，因此在根本上，它属于我们，但并不在我们的力量之中（in nostra potestate）。

6.4

什么是习惯性的使用，如何使用一个习惯同时又不让其付诸行动，不让它运作？很明显，这并不意味着惰性，也不意味着纯粹不去劳作，而意味着与它们的完全不一样的关系。劳动并不是某种潜能———一种在劳动中实现和消耗的潜能———的结果或成就：在劳动中，潜能和习惯仍然在场，仍然在使用，它是习惯的居留，从未停止表象，可以说，在其中跳舞不停地为它重新开启新的、潜能的使用。

在《伦理学》第四卷中，斯宾诺莎给出了理解同潜能的关系的一个关键，即他所谓的"对自己的领会"（acquiescentia

in se ipso），他写道："对自己的领会是从人的自我沉思中，从去行动的潜能中涌现出来的快乐。"对于一个人来说，自我沉思和去行动的潜能意味着什么？当然，领会是一种安息（inoperosità）的形象——但安息在于沉思去行动的潜能，这种安息是什么？

沉思是使用的范式。和使用一样，沉思并不含有一个主体，因为在沉思中，沉思者是完全迷失和被消解了的；和使用一样，沉思也没有对象，因为在运作中，它沉思的仅仅是它的潜能。运作中的生命沉思它（自己）的行动或创作的潜能，仅在使用－自我中，生命在其所有劳作和生活中得以安息，过着（它的）怡然自得的生活。我们把"自己"和"它的"放在括号里，因为只有通过潜能的沉思，所有的活动（energeia）、所有的劳作才能得到安息，诸如"自己"和"它的"经验之类的东西才会成为可能。自我——它的位置被现代主体篡夺了——就是在所有的运作中作为最核心的安息来开启的东西，仿佛所有劳作中的"怡然自得"和"信手拈来"一样。如果建筑师和木匠在不建造房子的时候也保持着这样的状态，那么这并不是因为他们是建筑潜能的拥有者，他们也可以不将其付诸行动，而是因为他们习惯性地作为建筑师或木匠来使用他们自己、去生活：习惯使用就是一种沉思，而沉思就是生活形式。

6.5

在《什么是哲学？》（*Che cosè la filosofia?*）的末尾，德勒兹直接将生命界定为"无意识地沉思"。对于这种"并未行动的被动的创造"，他给出了感觉和习惯性的活动的例子。同样，在《论思想解体》（*Mémoire sur la décomposition de la pensée*）中，曼恩·德·比朗（Maine de Biran）孜孜不倦地试图理解自我和意志之外的"存在样态，也就是说非人的样态"，他称之为"可感性"（affectability），将之界定为在没有意识和人格的情况下受到触动的单纯的感官能力，它就像孔狄亚克的雕像一样，构成了它所有的变通、它所有的感受，且构成了"存在于其类型中的肯定的、完备的方式"（Maine de Biran, p. 370）。

在这里十分关键的是，沉思和意识、可感性和人格之间的区分。与我们文化中意识具有优先地位不同，我们必须一再回想起这一点，即作为使用–自我的感受和习惯性的使用阐明了一个无意识的区域，这个区域并不像神话中的令主体迷失其中的迷雾，而是一种习惯的居留，在其中，被主体化之前的生命完全是悠然自得的。如果说动物的姿态和行为十分敏捷优雅（"没有动物在使用–自我时不知所措"），这是因为对动物来说，行动和姿态都不是一种可以被归于某个负责的作者和有意识的创作者的"作品"。

正是透过这种方式，我们将沉思看成使用–自我。所有的使用都是对某个无意识区域的阐明。与精神分析的无意识不同，这并不是移情的结果，也没有剥夺与寓居于其中的生命体的关系：相反，使用－自我意味着在保持与无意识区域的关系中维持自我，与之保持亲近紧密，仿佛习惯与使用之间的关系一般。这种关系不是惰性的，它是通过持之以恒地让总会浮现于表面的活动或劳作不再起作用，通过静默地取消所有属性和所有权而得以保存和构成的：不拥有而生活下去（vivere sine proprio）。同样重要的是，取消和废除不断地消失在传统之中，沉思和使用－自我不断地在劳作和主体的历史上搁浅。沉思，无意识的区域，就是铭刻在所有传统、所有记忆中的关键——无法忘却，同时又难以追忆——它用耻辱或光荣的标记来封印它。通常那些没有资格的使用者不过是卖家（auctor）——拉丁语的见证之意——他见证了在所有姿态中的劳作，他在沉思中激活了这些姿态，不断地让它们回归使用。

6.6

中世纪的德性理论掩盖了作为风俗（ethos）和使用－自我的最典型的特征的习惯，将其变得不可企及。这种说法承袭于亚里士多德将德性（aretè）定义为习性（hexis）的学说，按照这种说法，德性就是一种"操行习惯"，它以最佳的方式让潜能和习惯付诸行动。人类的潜能——正如将潜能概括并变成了西方德性伦理学的经院哲学家们所说的那样——与自然潜能相对立,它基本上是未确定的,因为它并不想要这样或那样的对象、善和恶。正因如此,潜能中必然会产生一种习惯,它在根本上会导向善的行为:习惯即德性,即操行习惯(habitus operativus)。这里进一步确定了亚里士多德主义将活动(energeia)凌驾于习惯之上:习惯(在亚里士多德那里,这是一个本体论范畴)通过德性被转化为行动,并变成了伦理学(亚里士多德将存在区分成潜能和行为,目的就是在其中引入运动和行动)。存在和实践、习惯和活动难分彼此,正是这一点标志着十分模糊的德性的地位:它是主体存在的样态(有德性的人类),也是其行为之品质。人品行端淑,是因为他有德性,但他之所以有德性,是因为他品行纯良。

为了打破德性的恶性循环,我们必须将德性(或潜在性)视为使用,即某种超越了存在与实践、实体和行为之间的二分的东西。德性(潜在性)并不对立于真实:相反,它存在于习性的样态中,并在其中得到使用,然而,它也并不是非物质的,但因为它不断地取消运转,令其失效,因此它也不断地恢复着活动(energeia)的潜能和物质性。由于使用让潜能和行为、存在和行动、物质和形式、实现和习惯、觉醒和睡眠之间的对立中性化了,因而使用通常是具有德性的,我们并不需要为之添加任何东西,以让其得到安息。德性并不会突然变成习惯:

它总是对习惯的使用，这就是作为生活方式的习惯。和纯洁一样，德性并不是一个归属于某人或某物本身的特征。正因如此，德性的行为并不存在，正如德性的存在物并不存在一样：德性仅仅是使用，它超越了存在和行动的使用，也就是说，它居于二者之间。

7 灵性工具和技术

7.1

在《存在与时间》中，熟悉与上手状态界定了此在同世界之间的原初而直接的关系。然而，这个关系在根本上受一种无法化约工具性特征决定，这个特征将其构成了一种使用关系："当我打开门，我使用了［mache ich Gebrauch］门闩。"（Heidegger 1, p. 67）我们已经知道，人在原初地被抛入世界时所遇到的就是"工具"（Zeug），但在这个意义上，工具并不"是"一种"为了"（um-zu）的形式，而是仅以这种形式存在，它通常被置于工具性（Zeugganzes）的多样性关系之中（ivi, p.68）。这些关系中的第一种关系就是用具性（Dienlichkeit，我们感觉这个词十分类似服务［Dienst］和仆役［Diener］）。在这个意义上，熟悉世界通常意味着必须处理一种"役用性"，必须"让自己'为［um-zu］……所役用'，对于器具的工具性来说，这是最基本的东西"（p. 69）。

多年之后，在《艺术作品的本源》（*Origine dell'opera d'arte*）中，海德格尔回到了工具问题。他透过对最寻常、最普通的工具的分析谈论了这个问题：一双农民的鞋子（ein paar Bauernschuhe，显然这里的鞋子是有实指的，尽管他肯定例举了梵高的画作）。被选择的工具归属于被亚里士多德界定为"实用工具"（ktema praktikon）的类别，我们从中得到的就是它的用途。某种魔力不仅归属于《存在与时间》中提到的扳手、锤子等其他工具，也归属于农民的鞋子（这是对于那个用这双鞋子来揭示其世界，在这双鞋子上确立意义与安全感的人——或女人，因为这是一个农妇的问题——而言的）。当然"工具之所以为工具就在于对它的用具性（Dienlichkeit）"，但这并不限于简单的工具性（strumentalità）：

> 在这用具里，回响着大地无声的召唤，显示着大地对成熟谷物的宁静馈赠，表征着在冬闲的荒芜田野里大地的朦胧的冬眠。这器具浸透着对面包的确定性无怨无艾的焦虑，以及那战胜了贫困的无言喜悦，隐含着分娩阵痛时的哆嗦，死亡逼近时的战栗［……］（Heidegger 3, p. 23）

也就是说，用具的本质，即其"圆满"（pienezza），不仅仅在于其工具性，即海德格尔所谓的"可靠性"（Verlässlichkeit）。

> 借助这种可靠性，这个器具将农妇置入了大地的无声召唤；借助器具的可靠性，农妇才对自己的世界有了把握。世界和大地为她而在此，也为与她相随、以她的方式存在

的人们而在此,世界仅在此:在器具中。我们说"仅",在这里具有误解性;因为正是器具的可靠性首先为这单纯的世界带来了安全,并且保证了大地无限延展的自由[……](ibid.)

在这里,海德格尔论及了他在1929—1930年的《形而上学的基本概念》(*Concetti fondamentali della metafisica*)讨论课上提出的概念,在这门讨论课上,石头、动物和人类都是依据其是否拥有一个世界而得到界定的。通过利用工具,农妇不同于仍囿于其环境的动物和植物,她拥有了一个世界,"保持了存在者的开放性"(p. 34)。工具通过其可靠性赋予世界以必然性和亲近性,赋予事物以时间及其特有的尺度。不过,在某种程度上,它仍然局限于功用范围内。如果我们将工具与艺术作品相比较,就很容易发现工具的根本局限所在。当艺术作品揭示了存在者的本然真实(例如,表明了农鞋真实存在的梵高的绘画),器具之为器具的存在通常已经渗透在其"役用性"当中了,

> 具体的器具会用旧用废;而与此同时,使用本身也变成了无用,逐渐被损耗,变得寻常无殊。于是,器具之存在进入了萎缩过程,沦为纯然的器具。器具之存在的这样一种萎缩过程也就是可靠性的消失过程[……]现在,只

能看见纯粹的工具性。（p.24）

工具向人类开启了他的世界，然而其风险在于，它会堕落为工具性和役用。不过，工具的堕落，即"物获得了无聊生厌的惯常性"，仍然是它的"原初本质的证明"。（p.24）

7.2

海德格尔所描述的处在工具恩泽之下的人类，依赖于工具的"役用性"，唯有如此，人类才能进入他们自己的世界。在这个意义上，人类与工具的关系界定了人类的维度。不过，我们也可以说，海德格尔尝试用各种方式将人类从这个范围（即与使用相对应的范围）的狭隘限制下解放出来。在《存在与时间》中，他曾试图通过用操持取代使用来达成此目的，在《艺术作品的本源》中，他起初使用了可靠性一词，然后又让艺术作品——让存在的真理得以运行的艺术工具——高于工具，而工具往往会停留在役用性之上。

那么，在1950年的《技术的追问》（*Questione della tecnica*，这篇文章是晚期海德格尔思想的核心问题的重要文本）中，他再一次谈到工具性问题，这也就不会令人感到惊奇了。斯宾格勒（Spengler）在1931年出版了《人与技术》（*L'uomo e la tecnica*）一书，他认为不可能从工具开始去思考技术，为了反对斯宾格勒的观点，海德格尔的文章一开始就承认了技术与工具性之间具有根本性的关联。事实上，技术不过是人类走向特定目标的行为。

> 因为设定目的［Zwecke］，创造和利用合目的的手段，就是人的行为。技术之所是，包含着对器具、仪器和机械的制作和利用，包含着这种被制作和被利用的东西本身，包含着技术为之效力的各种需要和目的。这些设置的整体就是技术。技术本身乃是一种设置［Einrichtungen］，若用拉丁语来讲，就是一种工具［instrumentum］［……］对技术的工具性规定甚至是非常正确的，以至于它对于现代技术也还是适切的；而对于现代技术，人们往往不无道理地断言，与古代的手工技术相比较，它是某种完全不同的，因而全新的东西。即便是有涡轮机和发电机的发电厂，也是人所制作的一个手段，合乎人所设定的某个目的。即便是喷气式飞机，即便是高频机器，也都是合目的的手段。（Heidegger 4, p. 104）

不过，在文章的后半部分中，海德格尔认为技术的工具性规定是不充分的，从而放弃了这一说法。事实上，工具性是只因果关系的一种形式，我们唯有正确理解了后者，才能触及技术真正的本质。但原因意味着让某种东西从非存在变成存在，也就是说，这是古希腊人所谓的生产（poiesis）的一种形式。

这进而被解释为了一种生－产（pro-durre），从潜伏状态走向凸显状态，从非真实走向真实，即古希腊语意义上的"无蔽"（a-letheia）。所以，技术是无蔽的一种明显样态，此等事物属于西方的历史命运，从远古时代起，它就不断在潜伏和凸显、真实和非真实之间进行辩证运动。正因如此，若我们自己仅局限于从工具性的角度看待技术，我们就不能理解技术的真正本质，我们就仍囿于掌握技术的幻象当中。唯有当我们反过来将工具理解为一种因果关系的样态，我们才能揭示出技术的本然所是，也就是说，揭示出技术的"解蔽之命运"（ivi, p.36）。

唯在此时，当工具性再一次被搁置，当技术已经恢复了它在存在的历史命运中的划时代地位时，海德格尔才能同技术和解，并在技术中感知——用他喜欢引用的荷尔德林的话来说——危险和救赎：

> 如果技术之本质，即集—置（das Ge-stell），是极端危险的；同时，如果荷尔德林的这句诗道出了真理，那么，集—置之统治地位就不可能仅仅在于这一点：集—置一味地把每一种解蔽的一切闪烁（即真理的一切显现）伪装起来。于是我们毋宁说，恰恰是技术之本质必然于自身中蕴含着救赎的生长。(p. 32)

7.3

让我们试着反对海德格尔的看法，再次质疑作为技术的本质特征的工具性。海德格尔在将工具性追溯到因果关系（即本体论）上时，他所援引的是亚里士多德的四因说：

> 一是质料因（causa materialis），譬如银匠从质料、材料中把一只银盘制作出来；二是形式因（causa formalis），即质料进入其中的那个形式、形态；三是目的因（causa finalis），譬如，献祭弥撒在形式和质料方面决定着所需要的银盘；四是效果因（causa efficiens），银匠取得效果，取得了这只完成了的现实银盘。被看作手段的技术是什么，这要在我们把工具性的东西追溯到四重因果性时方可揭示出来。（pp. 11–12）

然而，海德格尔试图将工具性引入亚里士多德的因果关系的范围的计划，并不容易实现。在《形而上学》中，亚里士多德完整地给出了四因说，但在四因中的任何一个因都没有谈到工具。《物理学》中出现了"工具"（organa）一词，它指的不是效果因（亚里士多德将效果因称为"运动原理"［archè tes kyneseos］），而是目的因。在目的因中——并没有像海德格尔暗示的那样——工具并没有被当作原因的例子，而是明显被当成了被原因促发的例子：健康就是走路的目的因，因为它是净化（katharsis），是治疗（pharmaka），是工具（organa，在这里，这个词和其他词一样只能理解为医学意义上的"手术工具"——194b36-195a1）。古代世界——正如我们已经在亚里士多德的生产工具（如线轴和拨子）的概念中知悉的那样——的确思考过工具及其产品之间的关联，但又似乎只能以一种狭隘的、直接的方式来理解这种关联，认为工具不可能成为因果关系的自主形式。

海德格尔当然清楚，将工具性带入因果关系范畴是中世纪的神学家们已经干过的事情。从13世纪起，他们就给出了效果因之外的第五因，即工具因（causa instrumentalis）。这是一个大胆的逆转，亚里士多德从来没有将工具放在原因当中，现在，它被视为了效果因的一种特殊类型。界定工具因的——例如，正在制作木床的木匠手里的斧子——正是其行为的特殊性。一方面，其行为不代表它本身，而是代表主要行为人（即木匠）；另一方面，工具按照自身本质运作，即斧头可以砍。也就是说，它服务于另一个目的，只有在为其他目的服务的时候，它才能实现自身的目的。工具因的概念是作为效果因的分支出现的，效果因被分成了工具因和主因，这由此保障了工具性的自主状态。

7.4

经院神学在圣礼教义中发展了工具因的学说。《神学大全》第 3 卷问题 62 的标题就是《论恩典圣礼的主要后果》(*De principali effectu sacramentorum, qui est gratia*)。圣礼的功能在于承认恩典，圣礼只能由上帝推进，上帝是主因，专属于圣礼的主因，然而，圣礼是通过一个要素来产生效果的，这个要素充当了工具因（例如洗礼中的圣水）。除了区分主因和工具因，阿奎那的主要成就还在于他界定了工具的双重行为，他写道：

> 工具有两个方面的行为：一个是工具性的行为，对于工具而言，它并不通过自己的力量，而通过主因的力量来行事；另一个是它特有的行为，这属于工具特有的形式——斧子能砍，是因为它很锋利，但斧子能做一个沙发椅，则是因为它是一项技艺的工具。但若没有它特有的行为，就不可能完成工具性的行为：因为斧子能砍，所以它才能做沙发椅。同样，通过身体的操作来执行的圣礼，实施在他们所触及的身体上的圣礼，就是通过上帝施加在灵魂上的工具性操作来完成的。例如，用于洗礼的圣水有着其特有的能力，即洁净身体，因此（由于它就是神圣力量的工具）即洁净灵魂：因为从灵魂和身体中产生了同一样事物。(*S. th.*, III, q. 62, art. 1, sol. 2)

让我们来考察一下这个行为的特殊性，它似乎通过依照其自身的规则或形式来行事，实现了另一个行为，正因如此，有人认为这个特殊性是"自相矛盾的"、"难以理解的"（Roguet, p.330）。在《神学大全》第 1 卷中，阿奎那用一个经常被误解的词定义了它，这个词就是"安济[1]操作"（operazione dispositiva），他写道："次要的工具因并不参与主因的行为，除非有某种特有的东西［per aliquid sibi proprium］，让其可以对主因的效果进行安济操作［dispositive operatur，即安济式运作］"。拉丁语 dispositivo 是对古希腊语词 oikonomia 的翻译，后者意味着上帝通过其自身的三位一体的关联，为救赎人类的世俗世界而实施统治的方式。从这个角度来看，这个词有着直接的神学含义，安济操作（或者我们可以毫不强求地说，一个安济操作是这样一种操作，它按照它自己的内在规则，实现了对它的层次的超越，但实际上又内在于它，即内在于救赎的安济，基督耶稣的安济工作——按照"安济"去做事——就是对人类的救赎。正如阿奎那十分明确地指出那样："从人类角度来说，基督的受难是他的受难，他的受难是值得赞许的和实际的称义之因，它并非主因，也并非出自他自己的权柄，而是一个工具因"（q. 64, art. 3）。由于耶稣基督已经道成肉身，因此在圣礼上他成了主因，但在救赎上他不是主因，而是工具因。

---

[1] 阿甘本在《王国与荣耀》(*Il Regno e la Gloria*)中对 dispositivo、这个词的古希腊语词 oikonomia，以及现代语言中的 economy 进行了明确的词源学和谱系学分析，他认为这个概念就是上帝用来治理世俗世界，最终让人类达到救赎的方式。译者在翻译《王国与荣耀》时，为避免误解，用了一个生僻概念"安济"来翻译这个词。这个译法一方面体现了上帝对世俗世界的治理安排，另一方面体现了这种安排就是为了得到救济。——译者注

于是存在一种工具性的神学范式,而三位一体的安济和圣礼教义就是这个范式的所在之处。

> א 这个工具因的概念的新意和战略价值并没有逃过但丁的眼睛,在《飨宴》的一个关键段落中,但丁利用它奠定了帝国权力的合法性。对于那些吹毛求疵之辈,对于那些认为罗马皇帝的权威实际上不是建立在理性而是建立在武力基础上的人,但丁回应说:"武力并非那些吹毛求疵之辈强调的动因,而是工具因,就像锤子敲打是制成刀剑的原因,而铁匠的想法是效果和动因一样。因此,罗马帝国的基始并不是武力,而是理性,此外,还有神的意旨。"(*Conv.*, IV, 4)

7.5

伊万·伊里奇也注意到了暗含在工具因学说中的新意(Illich I, pp. 62-63)。神学家们第一次对工具领域进行了理性思考,并赋予了它形而上学的地位,这种做法是在用他们的方式回应 12 世纪的典型技术进步,如新型马具的应用,这种新型马具可以全面利用动物的动能,操纵利用水能运转的机械,它不仅能带动磨坊,还能带动锤子砸碎石头,带动钩锤准备纺线用的羊毛。圣维克多的休格(Ugo di San Vittore)在他的《论教学》(*Didascalicon*)中详尽列举了他的时代的 7 项主要技术(羊毛生产、武器制造、商业航海、农业、捕猎、医学及[十分奇怪]景观),他赞赏了"发明这些工具"的人,说"这个人并不认为这些东西是自然的恩泽,这十分明显地展现了他的伟大"(I, 9)。

按照伊里奇的思路,我们可以说,工具因的发现首次尝试赋予技术一个概念形象。在古代,工具在它所生产的劳作(ergon)中消失了,正如**工作**在劳作的结果中消失一样,而现在,工具设备的操作被分成了专有目的和外在目的,这样,工具性领域就可以直接服务于任何目的。作为没有任何约束的中介性和便利性的层面,技术在这里是完全开放的,因为它一直与它自己的行为有关,工具保持着相对于行为的自主性,可以服务于任何的外在目的。

事实上,在技术工具中,可能存在着某种不完全是"役用性"的东西,正如海德格尔所说,这种"其他"东西不一定与一种新的、划时代的、关键的存在的解蔽 – 遮蔽相一致,这种解蔽 – 遮蔽伴随着身体和物的使用的转型,其日常范式建立在"灵性工具"上,这些"灵性工具"就是奴隶,也就是说,实际上在使用中,这些人的身体为他人所使用。

7.6

在讨论"新律的圣礼是否是恩泽的缘由"的问题的《论真理的问题》(*Questiones disputatae de veritate*)中,阿奎那坚持认为工具因的观念中包含了这种操作上的区分,他写道:"现在,虽然锯子根据自身的形式实施了某一行为,即锯断的行为,但它有一个自身所不附带的效果,因为这个效果是一个木匠驱使的,我们知道,锯子直接按照木匠的方式锯开木头。这是一个带有两种操作的工具,一种操作属于它自己,按照它自己的形式去行动,另一种则受主要行为人的驱使,超越了它自己的形式的能力"(*Quaest. disp.*, 27, art. 4)。

重要的是,主要行为在这里是由技艺(ars)概念来界定的。实际上,由于工具是在技艺背景下被使用的,它因此获得了其特定含义。界定工具因的东西似乎与主因所推进的目的无关。如果木匠最后做好了一张床,他使用了充当工具因的斧子,那么,一方面,斧子是按照自己的功能来行动的,即砍木头;但另一方面,它也依照木匠的操作来行动。斧子对床一无所知,不过若无斧子,床就做不成。一旦工具的运行具有了自主性,且同时被分成两个有区别但彼此相关联的操作,那么所谓的技艺维度就开启了。这意味着工具的概念和"技艺"在古代世界中的地位发生了变化。

所以,工具因只是一种效果因的特殊形式:它既是目的因,也在同等程度上是目的因和某一存在物特有的功能的一种变形，该存在物（即工具）基本也必定服从于外在的目的因，而反过来，目的因若要得到实现也必然依赖于工具。在这个意义上，工具因的安济式（dispositivo）表象（我们已经知道，工具因界定了所有"安济"行为的本质）与关于使用的思考样式的彻底转变完全一致。它不再是主体和对象这两个方面，也不再是它们之间的相互影响，在工具中，主体和对象变得难以分辨，而且两种动因的等级关系不再是由使用，而是由工具性来界定。工具因（在其中，工具——在古代世界里，工具似乎与使用工具的手没有什么区别——达到了完全的自律）就是功用和工具性那些概念的人类行为领域中的首要表象，功用和工具性界定了现代人理解现代性之下的自身行为和进行制作（il suo fare）的方式。

7.7

在圣礼中，工具因的角色不仅属于质料因素（圣水、圣油，等等），它还首先涉及司仪（celebrante）本人。执事（ministro）实际上就是一个工具（我们可以在阿奎那的《神学大全》问题64的**第一条**中读到执事的定义："执事等同于工具"），然而，与那些没有灵性的质料不同的是，他们总是受到主因的驱使，执事就是一个"灵性工具"（instrumentum animatum），他"不仅受驱使，在某种意义上，他也驱使自身，因为他自己的意志驱使着他的身体各部分行动"（q. 64, art. 8）。

我们知道，"灵性工具"一词出自亚里士多德的《政治学》，他用它来界定奴隶的本质。因此，执事一词最初的意思就是"仆人"。阿奎那很好地注意到了这一点，他写道："执事以工具的方式来行为〔habet se ad modum strumenti〕，这就是哲学家在《政治学》第一卷中所说的东西。"（q. 64, art. 2）（在他的《对亚里士多德〈政治学〉的评注》中，或许受到之前的拉丁语翻译的影响，他使用了"灵性工具"〔organum animatum〕的表达，他紧接着解释道："灵性工具就是工匠的助手，家里的奴隶。"）

因此，阿奎那是故意将司仪等同于奴隶的——奴隶不具有法律人格，他的行为归于主人的"人格"，这一点的依据是阿奎那写道："圣礼的执事以整个教会的人格来行为，他就是教会的执事"（Aquinas 2, q. 64, art. 8）。这意味着，根据这个"灵性工具"的说法，圣礼的牧师不仅在词源学上，而且在谱系学上都与奴隶制密切相关。

然而，工具因和奴隶形象之间的关联至关重要。这意味着在"那些劳作就是使用自己的身体的人"的表达中，在奴隶"尽管是人，但其本质却是别人的而非他自己的"这个定义（我们已经不仅看到了这个定义的司法性，也看到了其本体论性质）中，这个关联得到了暗示。在这个意义上，奴隶构成了纯粹工具性的首要表象，也就是说，此等存在者依照自己的目的去生活，而这恰恰是为了另外的理由，并且他们为了另一个人的目的而被使用。

7.8

由于工具因的双重性，圣礼具有了特殊的"安济"效力，后来的神学家通过一系列新的区分发展了这个学说，在圣礼上，工具因进一步被分成"人事"（opus operans，作为工具的人的行为，尤其是司仪的行为）和"工事"（opus operatum，圣礼本身的效果，一定会得到实现的效果，任意一个司仪都能产生的效果）。由于执事就是仪式操作的灵性工具，其主因是基督耶稣，因此执事不仅不一定需要有信和爱，而且即便执事有着堕落的目的（因为想玷污一名女人，而为她施行洗礼），这也不可能消除圣礼的真实性，因为圣礼"因其工"（ex opere operato），而非"因其人"（ex opere operante）而产生效果。

两种工作的区分这一设定就是为了保障圣礼的真实性，事实上，它将圣礼变成了一种纯粹的机制，一种恒定地产生出其效果的特殊装置。圣礼的"工具性"特征与技术和技艺存在共性——阿奎那将技术和技艺界定为神的工具（instrumenta Dei, *S.c. G.*, IV, 56）。我们可以将它们看成一种更高的技术，即神圣技艺（technologia sacra）的范式，该技艺的核心就是工具因最特殊的行为，即"工事"的必然效果。

在这个意义上，它们是一种机械化的预言，而机械化要在五个世纪之后才会得到真正实现。就像一台机器，灵性工具的梦想的物质化在它自身基础上发挥作用，实际上它的策略无非是遵守机器本身所制定的命令的概率，这样一来，圣礼也产生了"因其工"的效果，司仪——阿奎那谈到司仪时说"他不仅是一个原因，也是一个效果，因为他受到主因驱使"（q. 62, art. 1）——也不过只是或多或少像机器一样执行了主因的意志。我们可以将这个类比拓展一下：工匠的技艺——正如马克思注意到的那样——开始贬值，工匠失去了传统的能力，而变成了机器的工具，这逐一对应了"工事"学说，即将司仪转变成一个灵性工具，事实上将司仪的职司同其个人行为和道德责任分开，对于圣礼活动来说，司仪的个人行为和道德责任不再是必要的，这些东西仅局限于司仪的内在性之中。

7.9

几个世纪之后，在经院神学末期，工具因的范式被发挥到了极致，工具本身的操作和主因的行为之间的必然关联发生了断裂，这最终导致了工具无限制地"遵从于"主因的目的，而我们对此一点也不感到意外。苏亚雷斯（Suárez）在他论圣礼的文章中写道：

> 在神的工具中，对应于先于行为的工具的行为和对应于主因效果的行为之间并不一定是一致的。原因是［……］神的工具并未增添一个本质潜能，而是增添了一个顺从［obedientialem］潜能，此外，其工事超越了自然圆满的界限，于是我们不指望在他们的行为和主因之间存在自然关联［……］于是，不同的自然工具和人工工具产生了不同的效果，因为工具的条件就是适用于某一行为，而不适用于另一行为，神的工具并不具有这种规定，因为它们是按照顺从潜能来界定的，而顺从潜能与所有东西都无关，这一点并不是自相矛盾的，而是因为神的德性是无限的。（Suárez 1, p. 149）

我们完全可以认为，这里谈的绝对工具性在某种程度上构成了现代技术的范式，现代技术生产出装置，这些装置完全听从主要行为人的操作，"遵守"他的命令（即便这些装置实际上都属于装置的功能，这样一来，一旦有人使用它们，对它们进行"操纵"，它们就会遵从预定的程序运行）。现代技术并非源于炼金术师和魔术师的梦想，而是来自这种绝对性的"魔法"操作，即仪式礼拜上的纯粹工具性的效果。

7.10

亚里士多德曾反讽地指出，如果工具像传说中的代达罗斯雕像那样可以独自完成工作，那么建筑师就不需要帮手，主人也不需要奴隶，这已经暗含了奴隶与技术之间的构成性联系。

研究古代史的历史学家经常会谈到技术和奴隶制的关系。根据主流观点，事实上，古希腊人的技术之所以如此不发达，就是因为实行奴隶制的古希腊人能够轻易地完成体力劳动。如果说古希腊的物质文明还停留在器具阶段，即只能借助简单的工具来使用人力和畜力，而并没有发明机器，那么我们可以从一部经典作品中读到这种情况发生的原因："因为不需要节省体力劳动，因为人们可以轻易得到活的机器，这些活的机器到处都是，而且十分便宜，它们与人和动物都不同：它们就是奴隶。"（Schuhl, pp. 13-14）在这里，我们感兴趣的并不是这段解释正确与否，科瓦雷已经证明了这种解释的局限（Koyré, pp. 291sgg.），就像所有其他解释一样，这种解释很容易被反转（我们也可以合理地说，就像亚里士多德最后所说的那样，由于没有机器，所以必须采用奴隶制）。

相反，从我们的研究角度来看，这里关键的问题是要问问我们自己，现代技术和奴隶制之间的关联是否仅在于它们有着共同的生产目的。的确，如果机器最早的表象就是灵性工具的范式，而奴隶给出了这种灵性工具最早的模型，那么下面的说法就完全是正确的，即机器和奴隶制的目的并不在于，或者说并不仅在于增加或节省生产劳动力，而在于将人类从必然性下解放出来，保障人类走向更舒适的国度——在古希腊人那里，就是走向城邦生活，对于现代人来说，就是掌握自然力量和他们自己力量的可能性。

奴隶制和机器之间的对称关系超越了"有生命的工具"的两种形象之间的类比：它涉及人类发生学的终极成就，即让当下生活着的人成为圆满完善的人类。但这意味着更深刻的对称关系，这次是就赤裸生命而言的对称关系，赤裸生命在 zoè 和 bios、生命（physis）和法则（nomos）的门槛上，通过包含性地排斥，得到了政治性的生命。在这个意义上，奴隶制与古代人的关系，就是技术与现代人的关系：和赤裸生命一样，两者都守候着那个通向真正的人类条件的门槛（两者都说明了它们自己不足以完成这个任务，最终，现代式的自我解蔽在非人化的倾向上丝毫不亚于古代）。

同时，这项研究已经表明了，亚里士多德对奴隶的定义的中心思想与此相关，即一种完全展现于使用范围（而不是生产范围）之内的人类生活。也就是说，在灵性工具中，最关键的问题在于，不仅要将人从劳动下解放出来，还要形成另一种人的活动范式，另一种与生命性身体的关系，我们没有办法对它进行命名，到目前为止我们只能用如下短语来谈论它，即"使用身体"。奴隶制（作为一种法律制度）和机器在某种意义上代表了在这种"使用身体"的社会体制下的理解和戏仿式的实现。我们试图描绘这种"使用身体"的本质特征。任何对使用进行思考的尝试都必然要面对这个问题，因为只有通过奴隶制的考古学，同时，通过技术的考古学，我们才能将受困于奴隶制和技术之中的古代内核（nucleo arcaico）解放出来。

在这里，我们必须恢复在人类演化的过程中，奴隶一词所包含的主要意思。一方面，奴隶是一种人性动物（或者动物－人）；另一方面，奴隶同样是一种有生命力的工具（或者工具－人）。也就是说，奴隶构成了人类演化历史上的一道双重门槛，他既是从动物生命上升为人类的门槛，也是有生命的存在（如人）通向无机体（如工具）的门槛，反之亦然。作为一种法律制度的奴隶制，允许人们俘获有生命的存在物，在生产体系中使用其身体，这暂时性地阻碍了技术工具的进步，在现代，摒弃奴隶制也就是解放了技术的可能性，即解放了有生命力的工具。与此同时，由于他们与自然的关系的中介不再是其他人，而是装置，人类将自己同动物和有机物区分了开来，使自身更接近于工具和无机物，几乎将自己等同于这些工具和无机物（即人－机器）。因此——由于他们失去了使用身体，失去了同自己的动物性的直接关系——现代人并不能真正地占有他们自己，不能从机器为他们编订的劳动中解放出来。如果奴隶制和技术之间的基本关联是正确的，那么越来越多的技术装置最终会产生一种新的、闻所未闻的奴隶制形式，也就不足为奇了。

8　无法占用之物

8.1

在"神圣人"系列四之一《至高的清贫》(*Altissima povertà*)中,我们已经说明了使用的概念就是圣方济各会的策略的核心,恰恰是就其定义而言,就区分它和所有权的可能性而言,它造成了秩序和教廷的分离。由于事先在法律层面拒绝了所有的占有形式,圣方济各会的理论家被局限在了一个非常狭隘的法律争论中,没有给出另一种使用的定义,一种并非法律秩序的纯粹消极的使用的定义。或许没有人比迪涅的休格(Hugh of Digne)的那个有些任性的自相矛盾的主体更能清楚地说明其论证的含混性,按照休格的说法,圣方济各会"唯有此权,别无他权"(hoc ius…nullum ius habere)。

圣方济各会辩护说,清贫建立在一个主体拒绝所有权(abdicatio iuris)的可能性的基础上。他们所谓的"使用"(正如在阿斯科利的方济各[Francis of Ascoli]那里一样,他们也多次谈到了"身体使用"[usus corporeus])由这种放弃所开启的一个维度。在这里,我们感兴趣的问题并不是圣方济各会的主题(他们最终屈从于教廷的口诛笔伐)是否在严格意义上已或多或少得到讨论了;相反,这里最关键的问题是使用的概念,一种并不奠基于放弃行为——归根结底,基于主体的意愿的放弃行为——而是奠基于,也就是说,物的自然本性的使用的概念(毕竟,他们反复指向自然状态)。

8.2

1916年,本雅明草草地完成了一篇题为《为写一本正义范畴著作而做的笔记》(*Appunti per un lavoro sulla categoria della giustizia*,收录于他的《笔记》[*Notizblöcke*]中的一本),这篇文章讨论了正义的概念和无法占用性(inappropriabilità)之间的关系,本雅明写道:"对于所有的善来说",

> 它都受时空秩序的限制,这产生了一种占有-属性。但占有就像被局限于有限性之内的东西一样,通常是不正义的。任何占有的秩序——无论我们如何解释它——都无法通向正义。这里的点在于,善的条件不可能是占有(das nicht Besitz sein kann)。若不再去占有物品,仅此一项,便是善的。(Benjamin 1, p. 41)

本雅明继续说道,正义与按需分配财产无关,因为主体对善的诉求并不是建立在需求基础上的,而是建立在正义基础上的,这样一来,它所针对的不是"人的所有权,而是善的权利"(ein Gutes-Recht des Gutes – Ibid.)。

在这里,伦理学和本体论明显被凝聚在了一起,正义不是作为一种德性,而是作为一种"世界状态",它对应的伦理范畴不是必须去存在,而是像这样活下去:

> 正义并不指向某个主体的善的意志,相反,它构成了一种世界状态[einen Zustand der Welt],正义决定了生存者的伦理范畴,而德性是应然的伦理范畴。我们可以诉诸德性,但归根结底正义只能是一种世界状态,或者上帝的状态。

在这个意义上,正义可以被定义为"使世界成为至善的努力"(ibid.)。

如果我们回想一下,在前面的段落里,正义与善的条件是一致的,这种善的条件不可能被占有,那么"让世界成为至善"的意思只能是:所体验的世界是一个绝对无法被占有的世界。在某种程度上,这篇短文是一篇彻头彻尾的方济各会的文献,清贫并不是建立在主体的抉择基础上的,而是对应于一种"世界状态"。倘若如同方济各会的理论家们所想的一样,使用成了随着拒斥所有权而敞开的维度,那么在这里,视角必然会颠倒过来,使用成了与无法占有之物之间的关系,它就如同与最高的世界状态之间的关系一样，在那个世界里，那个正义的世界里，绝没有任何的占有。

8.3

我们不用感到奇怪，日常生活经验为我们提供给了无法占有之物的例子，我们与之具有亲密关系，这证明了使用概念与无法占有之物非常类似。在这里，我建议我们来看看三种无法占有之物：身体、语言和风景。

长期以来，现象学的身体学说耽误了正确地提出身体问题。按照现象学的说法——我们可以在胡塞尔和艾迪特·斯坦因（Edith Stein）在反对利普斯（Lipps）的同情理论时发生的争论中找到其最典型的说法——带有主我（I）的身体经验就是最适当和最原初的经验。胡塞尔写道：

> 身体的原初给定，只能是我的，而不能是其他人的身体的给定［meines und keines andern Leibes］。在所有原初意义上［urwesentlich］，对"我的身体"的把握的基本方式，首先也只能是我们那完全原初的把握的方式。唯有当我们构筑了我们的身体，我们才能去感受其他的身体，这种把握在根本上具有一种中介性质。（Husserl 1, p. 7）

恰恰是这种十分明确地将"我"的身体的给定视作原初性的说法，不断地陷入了难题和困境。

首先是对他人身体的感知。后者实际上不能被看成静态的身体（Körper），而应被视作有生命力的身体（Leib），像我的身体一样被赋予了感性和感知能力的身体。在《胡塞尔文集》（*Husserliana*）第13、14卷组成的笔记和断篇中，胡塞尔用不少篇幅讨论了对他人的手的感知的问题。如何将他人的手感知为活生生的手，即不仅将其感知为一个物、一块大理石或者一只画出来的手，而是将其感知为一只"有血有肉的"手（尽管这不是我的手）？如果对身体的感知起初属于我，那么我在这一刻看到的、触摸我的手同我的手之间有什么区别呢？这不可能是一个逻辑推理或类比的问题，因为我"感觉到"他人的手，我辨识出它，这种感受以一种直接的当下化（Vergegenwärtigung）的方式被给予了我（Husserl 2, pp. 40–41）。那么，是什么让我们不会认为，他人的手和我的手同为原初给定的，却只有在一刹那间，才会产生区别？

这个问题十分紧要，因为在胡塞尔写下他那些笔记的时候，围绕同情（Einfühlung）问题的争论仍然十分激烈。当时，几年前出版的《心理学导论》（*Leitfaden der Psychologie*, 1903）中，西奥多·利普斯（Theodor Lipps）已经排除了这样的想法，即同情经验——在这种经验中，主体发现自己能立刻感受到其他人的鲜活的经验——可以通过模仿、联想和类比来解释。我们在看杂技的时候，完全可以感受到空中行走的杂技演员的紧张，一旦看到他们仿佛摇摇欲坠，我们都会喊叫，在某种程度上，我与他们"共在"，感受他们的身体，仿佛感受自己的身体一样，感受自己的身体，也仿佛像感受他们的身体一样。"情况并非如此，"胡塞尔写道，"我首先唯我地构筑了我的事物、我的世界，然后同情地理解了另一个我（另一个我也唯我地为他自己构筑了他的世界），只有在此之后，我才能将我等同于他人；更确切地说，我的感觉统一体——因为外在的多样性与我的统一体无法分开——被同情地感受为与我一样都东西。"（Husserl 1, p. 10）这样一来，身体原初性的公理遭到了严重的质疑。正如胡塞尔也不得不承认的那样，同情经验在身体的唯我式的构筑中引入了一个"先验性"，在该"先验性"之中，意识似乎超越了自身，将自己的活生生的经验同其他人的经验分开了，而这一点是有问题的（ivi., p. 8）。马克斯·舍勒（Max Scheler）试图将胡塞尔的现象学方法应用到伦理学上，他毫无保留地假定了——艾迪特·斯坦因认为，这个假设即便是错误的，也十分"令人神往"——一种原初的无差别的活生生经验流，在这个经验流中，我和他人的身体是以相同的方式得到感知。

无论是胡塞尔，还是他的学生，他们都一再试图恢复身体的首要性和原初性，但这些尝试最终都不太令人信服。我们十分坚信，经验可能是荒谬的，在我们每次这样想的时候，它们会陷入矛盾，这里的矛盾采用了一种矛盾修辞法的形式，"非原初的原初性"（originarietà non originaria）。胡塞尔写道："无论是外在的身体，还是外在的主体性，都不是原初给定给我的，不过，在我周遭的世界中，人类是原初地给予我的东西。"（p. 234）艾迪特·斯坦因用一种甚至更为矛盾的口吻说道：

> 当我处在他人的快乐中时，我感觉不到原初的快乐。它并不是来自我的"本我"。它也不会像回忆中的快乐那样，给出曾经鲜活的性质［……］其他主体是原初的，尽管我并不将之视作原初的东西，在那里产生的快乐也是原初的，尽管我并不将之视作原初的东西。在我非原初的鲜活的经验中，我感受到一种伴随的原初的鲜活经验，这种经验即便不是由我而生的，但也仍然在那里，在我的非原初的鲜活的经验中展现了出来。（Stein, p. 63）

在这种"非原初的鲜活的原初性"中，身体的原初性可以说是被恶意地维持着，它需要以将移情体验割裂为两个相互矛盾的要素为前提。直接分有外在的鲜活经验，李普斯强调说，杂技演员走在钢丝上传达出我"与之相伴随"的不安，很快会被抛诸脑后。无论如何，同情——与此同时，还必须提到着魔、催眠、暗示，这些年来，似乎引起了一些心理学家和社会学家的注意——说明了，无论一个人多么坚信身体"所有权"和鲜活经验的原初特征，"无法占有之物"的侵入本身就说明了在其中还有一些更为原初、更为强大的东西，仿佛适当的身体通常投射了一层阴影,而这层阴影往往与身体无法分离。

8.4

在 1935 年的《论逃离》(*De l'évasion*)中,伊曼努尔·列维纳斯(Emmanuel Levinas)经受了那些几乎无法接受的身体经验的无情考验:耻辱,恶心,需要。一如列维纳斯的典型风格,他夸大了他的老师海德格尔对此在的分析,并将其推向极致,也就是说,他展现了此在的黑暗面。如果说在《存在与时间》中,此在无可逃避地被抛入了他所不适应,且并非他情愿选择的现实世界,这样一来,他总是不得不去把握这种不适应性本身,那么现在,我们在对身体性的需要、恶心和耻辱的分析中,发现了这种本体论结构的仿制形态。事实上,定义经验的并不是我们试图填补或与之保持距离的存在的缺乏或缺陷:恰恰相反,它们建立在双重运动之上,在这场双重运动中,主体发现自己一方面义无反顾地求助于身体,另一方面又无可奈何地承担着身体的重负。

让我们想象一下羞耻的情况:由于裸体产生的羞耻。如果说我们在赤裸中体验到羞耻,那么这是因为,在赤裸中,我们发现自己陷入了无论如何我们都无法挽回的东西:

> 每当我无法让别人忘记我们最基本的赤裸时,羞耻就

会浮现出来。这涉及我们想掩盖却无法隐藏或遮掩的东西[……]于是，在羞耻中出现的东西恰恰就是这样一个事实，即被自己所束缚，完全不可能逃离、隐藏自己，坚定地将我的出场与它本身绑定在一起。但当我们的存在、我们最终的隐秘性变得透明，赤裸就成了羞耻[……]正是我们的亲密关系，即我们对自己的存在，才是可耻的。（Levinas 1, pp. 86-87）

这意味着，在那一瞬间，最隐秘的专属于我们的东西——我们的身体——无法挽回地赤裸裸地被展现了出来，在我们面前，它似乎变成了最陌生的东西，我们无论如何都无法承担这具身体，也因此想要隐藏这具身体。

这个双重且相互矛盾的运动在恶心和身体需要上更为明显。事实上，恶心就是"我们自己对我们自己的令人反感的存在"，在那一瞬间，那具鲜活的身体"似乎是无法逾越的"（ivi. p. 89）。越是恶心想吐，我就让我蜷缩在我的胃之中，仿佛胃成了我唯一的毋庸置疑的实在，于是，似乎对我来说，胃变得如此陌生、无法占有：除了恶心和呕吐，我一无所有，但我既不能接受它，也无法摆脱。"我们拒绝继续恶心下去，试图不再感到恶心。不过这种努力常常会陷入绝望[……]在恶心中——恶心意味着存在者不可能成为他所是——我们同时锁定了我们自己，被封闭在了一个令人窒息的狭窄空间里。"（p. 90）

同身体关系的自相矛盾的性质在身体需求上达到了临界点。在某一刻，我感觉我不得不尿尿，仿佛我的实在和我的在场都集中于我身体的某个部分，我们需求就来自这个部分。这种需求绝对且势必属于我的需求，也正因如此，正因我陷入其中，无法逃脱，它成了我最外在、最无法占有的东西。也就是说，在身体有需求的那一刻，它解释了身体的赤裸裸的真相：身体陷入两极张力，一端是"委身于"它，一端是"不能承受"它。我的身体作为最适当的东西被原初地给予我（但仅在这一程度上，即身体本身展现出绝对的无法占有的特性）。

> א 内在于身体之中的不可消除的无法占有和外在性的特征，在一些行为和语言紊乱的特殊病例中表现得格外明显，法国精神病学家吉尔·德·拉·妥瑞（Gilles de la Tourette）将这种病症界定为"妥瑞综合征"。"身体抽搐"、强制言说（通常带有下流词语）、无法完成某一行为、肌肉组织颤动（舞蹈症），所有这些界定了这种"妥瑞综合征"的大量症状给出了一个与身体关系的领域，即病人完全没有能力区分自愿行为和非自愿行为、自己特有的行为和外在行为、意识行为和无意识行为。

8.5

从这个角度来看,在身体和语言中存在一种结构性的相似。的确,语言——尤其是在母语的情形中——对于某些言说者来说似乎是最亲密且适当的东西。不过,谈及语言的"所有权"和"亲密",这当然具有误导性。因为对于人类来说,语言是经由一个可能十分艰辛、痛苦的传播和习得的过程,外在发生的,而且语言是被强加于婴儿的,婴儿并非自愿学习语言。对于每一个人来说,身体都是特别的,但语言在根本上是与他人共享的,因此语言是一个共用对象。就像斯多葛派所说的身体构造一样,也就是说,生命体一个或多或少长期性的熟悉(oikeiosis)过程——一个宛若自然的、天生的过程——中必然会熟悉语言,不过——正如口误、口吃、意料外的健忘和失语症所证明的那样——在某种程度上,语言外在于言说者。

对于那些其职责就是熟练掌握语言并让语言变得更适宜的人(比如诗人)来说,这一点就更为明显了。正因如此,他们必须首先放弃惯用法和共同用法,也就是说,必须让他们掌握的语言变得陌生,将其纳入一个专断的、无法改变的规则系统——将语言变得陌生到这种地步,即依据一个稳定的传统,并不是言说者,而是另一种神圣的原则(缪斯)道出了诗,而诗人不过是在为这种神圣的言说提供声音。占有他们所追求的语言,也就是说,在某种程度上让其疏离化,诗歌行为通过这种方式呈现为一种两极行为，每一次让语言疏离化必定会再一次占有它。

我们可以把双重行为在语言中呈现的方法称为风格或定式（maniera）。在这里，我们必须抛弃习惯性的等级制表达，对于这种传统表达来说，定式就是风格的扭曲和堕落，对这些传统表达来说，风格在根本上更胜一筹。而是这样，风格和定式命名了诗性行为中不可化约的两极：如果风格代表着最显著的特征，那么定式则意味着剥离和无所归属的反向要求。这里，在文学层面上谈的占有和不占有，就是一个将语言投入并传递到各个层面的过程。不仅在文学中，如在柏拉图的最后的对话中，在晚期的歌德那里，在晚期的卡普罗尼（Caproni）那里，以及在艺术中（最典型的例子是提香），我们可以看到语言领域中的张力，这种张力对语言进行了精心思考，并将其转化，使语言得到更新，变得几乎无法辨识。

8.6

如果在艺术史和精神病学中，定式论（manierismo）代表着过度依赖于用途或模式（刻板、重复），而且与此同时，我们又不可能将自己等同于它（纵情和灵巧），那么我们同样可以用它来考察言说者同他们无法掌控的语言之间的关系：它界定了在灵性特质和刻板印象之间，在极端的适切和最彻底的疏离之间的两极张力的场域。只有在这种情况下，风格和定式之间的对立才获得了真正的内涵。它们是诗人生命行为的张力的两极：风格是不适应的占用（崇高的疏忽，适切的忘我），定式是占用性的不适应（用不适合的方式来表现自我，回忆自我）。

我们可以将"使用"称作一个以风格和定式、占用和剥离为两极的张力领域。不仅在诗人那里，而且在所有言说的人那里，就他们相对于语言的存在、相对于他们的身体的生活而言，在使用中，总是存在一种与风格保持距离的定式，也存在一种在定式下无所适从的风格。在这个意义上，所有的使用都是一种极端行为：一方面，它是占用和习惯；另一方面，它是失去和剥离。对于使用来说——因此也是对于该词的词义广度来说（该词既有严格意义上的使用的意思，也有习惯上实践的意思）——这意味着不停地在家园和流放之间游荡：去居住（abitare）。

א 教宗额我略一世（Gregorio Magno）写道（*Dial.*, II, 3, 37）：圣本笃在他生命中的某个特定时刻，"回到了他钟爱的隐修之地，在那位至高无上的观众面前，独自隐修（habitavit secum），他与自己一起居住"。"与自己一起居住"是什么意思？拉丁语的 habitare 是动词 habere 的强化形式。使用，

即与不可占有之物之间的关系，表现为适当与不适当之间、拥有和不拥有之间的一个力场。在这个意义上，如果我们记得之前谈过的使用和习惯、使用和使用自我之间的近似关系，那么居住则意味着处于使用关系之中，这样一来，我们通过某种在其中能失去和忘却自己的东西，理解了居住就是将它建构为不可占有之物。

所以，与自己一起居住，寓居－自身，命名了人类生存的基本特征：用荷尔德林的话来说，人类的生活形式，就是"寓居生活"（Wenn in die Ferne geht der Menschen wohnend Leben... – Hölderlin, p. 314）。也正因如此，在1801年12月4日致伯伦多夫（Böhlendorff）的信中，荷尔德林给出了他的终极思想，使用被区分为"适当使用"和"另类使用"，其中的主旨是这样的："自由的适当使用（der freie Gebrauch des Eignes）是最为困难的事情。"

8.7

无法占有之物的第三个例子就是风景，我们必须从与环境和与世界的关系开始谈。这并不是因为，就像在艺术史学家、人类学家、文化史学家那里一样，风景问题无关紧要。相反，最为关键的是要看到一个难题,即对于这些学科来说,无论他们如何界定风景,都会陷入泥淖而不能自拔。他们不仅分不清风景究竟是自然实在还是人类的现象,是地理场所还是灵魂的场所。在第二个例子中,他们也分不清风景究竟是与人类同质的,还是现代人的发明。人们总会谈到的一个观点是,对风景的感受最早出现在彼特拉克的一封信中,他谈到登上了旺图山(Mount Ventoux)的动机,说"唯一的渴望就是看看它那壮观的高度"(sola videndi insignem loci altitudinem cupiditate ductus)。同样,人们证明了,古代世界不熟悉的那种风景画就是荷兰画家在15世纪发明的。但这些论断都是错误的。彼特拉克的信件的写作日期和地点都有可能是虚构的,不仅如此,他还引述了一段奥古斯丁的引文,来污名化他的看的渴望(cupiditas videndi),那段引文表明在4世纪时,人类就已经开始喜欢观赏风景了:崇尚那高耸入云的峰巅、广阔无垠的大海,以及汹涌奔腾的河流(et eunt homines mirari alta montium et ingentes fluctus maris et latissimos lapsus fluminum)。事实上,不少文本证明了古代人会带着真实而专注的情感,在群山之巅凝神沉思(普林尼[Plinio]写道:"若能从山巅上看到整个国家的面庞,你会感到十分惬意。"[magnam capies voluptatem,si hunc regionis situm ex monte prospexeris – Plino, Ep., VI, 13])。出乎意料的是,我们在动物王国也能发现这种现象,我们可以看到山羊、羊驼、猫科动物和灵长类动物喜欢——没有显而易见的理由——爬到高处欣赏周遭的风景（Fehling, pp. 44-48）。至于绘画，不仅庞贝城的壁画，而且其他一些资料都显示，古希腊罗马人非常熟悉风景画，他们将其称作布景画（topiographia）或背景画（skenographia），他们还提到一些风景画家的名字，如卢迪乌斯（Ludius），"他是第一个通过描绘乡间屋舍，表现出颇具魅力的绘画方式的人"（qui primus instituit amoenissimam parietum picturam），还有塞拉皮翁（Serapion），我们知道他很会画风景，而不是人物的背景画（hic scaenas optime pinxit, sed hominem pingere non potuit）。有人看到了画在被罗斯托斯福耶夫（Rostosvzev）称为田园圣地（sakral-idyllisch）的坎帕尼亚别墅墙壁上的令人瞠目结舌、如梦如幻的风景画，他们知道他们自己发现了某种难以理解的东西，但他们十分明确地认为这就是风景。所以风景是一种在根本上与人相关的现象——或与生命体本身相关的现象——我们似乎很难对它进行界定。或许只有哲学的思考才能揭示出它的真理。

8.8

在 1929—1930 年弗莱堡大学的冬季学期课程上（课程内容后来出版，成书标题为《形而上学的基本概念：世界、有限性、孤独性》[*I concetti fondamentali della metafisica. Mondo – finitezza – solitudine*]），海德格尔试图将人类的基本结构界定为这样一个过程，即从动物"世界"的"贫乏"到定义了此在的在世存在的过程。在于克斯屈尔（Uexküll）和其他动物学家的研究基础上，尤其具有深度的段落是在那些专门描述和分析动物与其环世界（Umwelt）的关系的那些段落。动物处在贫乏世界上，因为它们仍然局限于与一系列直接要素的关系之中（海德格尔称之为"去抑因子"[das Enthemmende]，即于克斯屈尔定义的"意义的承载者"[Bedeut-ungstrager, Mekmaltrāger]），它们的接受器官已经被环世界所选择。动物与这些去抑因子的关系如此严密、完整，以至于它们在表面上被去抑因子所"震撼"和"俘获"。海德格尔谈到了一个实验作为这种"震撼"的典例，即实验室里的一只蜜蜂，被放在装满蜂蜜的玻璃杯前。如果在蜜蜂开始吮吸蜂蜜后，有人剪去了蜜蜂的腹部，那么蜜蜂仍然会安静地继续吮吸蜂蜜，我们会看到蜂蜜从蜜蜂腹部被剪掉的地方流出来。这只蜜蜂是在它的去抑因子中吮吸蜂蜜，这个去抑因子不可能摆在它面前，并不能认为去抑因子客观地存在于蜜蜂那里。当然，对于被绝对地剥夺了世界的岩石来说，在某种程度上，动物可以向它的去抑因子敞开，但永远也看不到它们。海德格尔写道："动物永远不可能将某物理解为某物。"（Heidegger 5, p. 360）正因如此，动物仍然封闭在它的环世界里，无法让自己向世界敞开。

这个学期的课程的哲学问题就是人与动物之间的边界（也就是说，人与动物那截然二分又彼此接近的关系）。在何种程度上，世界是向人类敞开的？从环世界向世界的过渡实际并不是简单地从封闭向开放过渡的过程。事实上，动物不仅不能看到敞开，无法看到无蔽存在中的存在物，而且也不能思考自己的非开放性，即被它自己的去抑因子所捕获和震撼的环世界。在天空中翱翔的云雀"看不到敞开"，而且它在那个位置上也意识不到自己的封闭。海德格尔写道："动物被排斥在无蔽和遮蔽之间的冲突的根本维度之外。"（Heidegger 6, pp. 237-238）人类世界的敞开恰恰源于人类对非开放性的感知。

因此，这意味着世界并不向一个新的或外部的、更圆满、更光明的空间开放，超越了动物的环世界的局限，与环世界不再有任何关系。恰恰相反，敞开只能通过悬置动物与去抑因子之间的关系并令其失效来实现。相对于动物的非开放性，敞开或自由的存在空间并没有命名什么彻底不同的东西：它们仅仅是对去蔽的把握，它们悬置、把握了云雀看不到的敞开。敞开就是在这个世界上的敞开，在本质上，它就是向封闭的敞开，寻求敞开的人看到的仅仅是封闭，看到的仅仅是一个非看（non-seeing）。

正因如此——也就是说，只能通过让生命体与其去抑因子之间的关系中断并变得无效，世界才能敞开——从一开始，虚无就颠倒了存在，基本上世界就是由否定性和迷失来标记的。

8.9

唯有当我们理解了相对于动物的环世界和人类世界而言，风景代表了一个玄妙的舞台，我们才能理解风景是什么。当我们看风景的时候，当然，我们看到了敞开和对世界的欣赏，看到了构成世界的诸多要素（古代文献列举了这些要素，如树林、高山、湖泊、村庄、岬地、春光、河流、沟渠、兽群和羊群、步行或乘舟而行的人们，猎人或丰收之人［……］），但这些事物已经不再是动物环世界的一部分了，也就是说，现在它们一个接一个地在存在层次上失去了效力，在一个新的维度上构成了一个整体。和以往一样，我们能够十分清晰地看见它们，但我们已经看不到它们，迷失——快乐地、永恒地迷失——在风景中了。在风景状态下（en état de paysage），存在物被悬置，不再起作用，世界已经变得完全无法占用，也就是说，世界超越了存在与虚无。正在欣赏风景的人看到的不再是动物和人，看到的仅仅是风景。人们不再寻求理解，而仅是在看。如果世界是动物的环世界得到安息，那么可以说，风景就是安息的安息，即让不再起作用的存在物得到安息。以虚无和非开放形式内在于世界的否定性——因为它来自动物的封闭性，所以它只是一个悬置——现在被消除了。

由于在这个意义上风景超越了存在，因此它变成了最卓越的使用形式。在其中，使用 - 自我和使用世界天衣无缝地对应了起来。正义，即作为无法占用的世界状态，在这里就是最关键的经验。风景作为生命－形式、作为正义是一种不可占用之物之中的拘留。正因如此，如果在世界中，人类必然是被抛入的，是迷惘的，那么他似乎在风景中找到了家园。故土！"家乡！"（源自 pagus，即村庄），按照词源学家的说法，这些词一开始就是那些生活在同一村子里的人彼此相认时的问候。

8.10

我们将使用自我和无法占用之物之间的关系称为"亲密性"。无论这是一个有关身体的各个方面的问题（可以理解为我们看到的撒尿、睡觉、排泄、性交、赤裸等基本生活状态），还是一个有关我们在孤寂地生活时相对我们自己的特殊的在场－缺失（presenza-assenza）状态的问题，我们都体验了一种亲密性，这就是我们与一个无法占用的无意识的区域之间的紧密关系。在这里，对自我的熟悉达到了最高的程度，因为这种关系绝对不能被转译为我们可以理解的东西。

也正是这个无意识的暧昧不清的地方，在现代性当中，成为"隐私"的最独特、最琢磨不透的内容。现代个体首先是由他那控制通向其亲密性的道路的能力（这种能力的形式可以是一种真实、适切的权利）定义的。按照英语学界的一位学者的简洁定义，"隐私可以被界定为：对通向自我的道路的选择性的控制［……］这是一个人际分界的过程，在这个过程中，人们随着环境的改变，选择与他人保持开放或封闭"（Altman, p. 8sgg）。实际上，在选择性地分享使用－自我，其中的关键就是自我的构成。也就是说，亲密性是一种循环装置，个体通过亲密性，选择性地控制接近自我的道路，将自己构成为一种他自己的"隐私"的预设和所有者。也正是这位作者说道，尽管这并非个体有意为之，但对自我的界定的关键并不在于对他人的包容或排斥，而在于这一点，即一旦有人希望"隐私机制可以用来界定自我的界限和边界"（Altman, pp. 26-28），它就有能力控制接触的路径。所以，隐私的维度代替了主体性的构成，即使用－身体（在其中主体和对象难分彼此）。

因此，我们能理解，在由不同个体组成的社会中，使用自我，以及自我同无法占用之物之间的关系如何变成了一种令人钦羡的财富，事实上，这里有一个非常重要的仍然被严密地遮蔽着的政治意义。在萨德（Sade）的著作中——在独特的生命体变成新国家主权的承载者的时刻——这个政治意义才会大白于天下。在《闺房中的哲学》（*Philosophie dans le boudoir*）中，浪子多曼斯（Dolmancé）宣称"法国人若想成为共和党人，尚需努力"（Français encore un effort si vous voulez être républicains），在这句宣言中，最卓著的政治场所就是这幢房子，在这幢房子里，任何公民都有权利召来其他人，自由地使用他们的身体。在这里，亲密性变成了政治的关键所在，闺房完全取代了城邦。如果主权主体首先是对他自己的身体的主宰，如果亲密性——无法占用的使用 - 自我——成为类似基本生命政治实体的东西，那么我们就可以理解，在萨德那里，亲密性成为首要对象，成了未公开的公民权利：所有个体都有权利分享他对其他人的无法占用之物的喜爱。共有首先就是共同使用身体。

在多曼斯的小册子里，有一份基于共和派互惠的法律性的宪法条约，在《索多玛120天》（*120 giornate di Sodoma*）里，它反而成了统治和无条件的暴力的纯粹对象（当然，这一点完全不是偶然的：根据那些被驱逐者的证词，完全失去对自己的亲密性的控制，就是纳粹集中营暴行的一个组成部分）。统治着西棂城堡的罪恶条约将4位权贵及其捕获的40名受害者一起关在了城堡中，确定了他们的绝对控制，即主人对他们的努力的亲密性的绝对统治——即便在生理机能上也严格控制到分钟——从总体上无限制地使用他们的身体。与无法占有之物的关系，构成了所有个体的生命政治的实质，那些认为自己就是亲密性的领主的人暴力性地占用了这些关系，他们自由使用这些身体，用荷尔德林的话来说，这表象为"最困难的事情"。

反对通过权利和武力来占用某人自己的不可占用之物，为的就是将它构成为主权的奥秘。我们必须记住，唯有当它是无法占用之物时，亲密性才保留了它的政治意义。共有的东西从来不是财产，而只能是无法占用之物。无法占有之物的分有就是爱，在萨德的时空中，"使用所爱的对象"成了最严肃也最具启迪的诗文。

א 在我进行使用身体的研究的过程中,有一个词一直出现:安息(inoperosità)。在之前的几本书里,我已经概括了安息理论的原理(参见我的《王国与荣耀》第 8.22–8.24 节,《裸体》第 9 节);唯有在安息理论的背景下,我们才能完全理解我这里界定的使用概念。使用在本质上是一种安息实践,唯有在亚里士多德式的潜能/行动的装置(这个装置决定了活动[energeia]、运作、潜能之上的首要性)失效的基础上,使用才能发生。在这个意义上,使用是内在于潜能的原则,它避免了在行动中将潜能简单地消耗掉,让潜能再次转向自己,让自己成为潜能的潜能,能够发挥自己的潜能(因此,它就是自己的无能)。

安息工作源于对潜能的悬置,它在行动中展现的潜能已经得到实现:如果是一首诗,那么它会在诗中展现语言的潜能;如果是一幅画,那么它会在画布上展现绘画(看)的潜能;如果是一个行为,那么它可以在行动中展现出行为的潜能。只有在这个意义上,我们才能说安息是诗歌之诗、画作之画、实践之实践。让语言、艺术、政治和安济得到安息,这说明了人的身体能做什么,令身体敞开,朝向新的可能使用。

作为人类特有实践的安息也让我们理解了，这里的使用概念(就像生命-形式概念一样)与马克思的"生产方式"概念究竟有多大程度的关联。马克思曾说过，一个时代的生产方式在一定程度上决定了那个时期的生产关系和文化，这毫无疑问是正确的。但在与生产方式的关系中，可以有个别化的"安息方式"，当存在者与生产方式关系紧密时，"安息方式"就不再受生产方式的规定，恰恰相反，它令生产方式的工作安息，赋予它们新的使用。从这个角度来看，逐步推进与对生产方式的分析对应的生活形式和安息形式的现象学，是至关重要的。

间奏一

1

皮埃尔·阿多（Pierre Hadot）与米歇尔·福柯自1980年相识后一直定期保持联系。在福柯去世4年前，阿多出版了一本简要的著作，在一篇很快就被打断的对话中，阿多小心翼翼地说明了他的思想和他挚友思想之间的"共同点"和"分歧"。如果说，一方面，他提到他在福柯那里发现了相同的主题和旨趣，尤其是在作为一种"修炼"或"生活风格的古代哲学——一般意义上的哲学——概念那里，那么另一方面，他则与他的挚友的主题保持了一定的距离：

> 在自我对自我的劳动中，在自我的修炼中，我也承认，从我的角度来说，这是哲思生活的一个重要方面：哲学就是生活的艺术，触及其生存所有方面的生活风格。然而，我并不像福柯一样，我对作为哲学家之任务的——无论是与古典时代相关的，还是一般意义上的——"生存美学"的说法有所迟疑。米歇尔·福柯理解［……］在此意义

上，即在我们自己的生活就是一门我们必须承担的艺术的意义上的这一说法。对于我们现代人来说，"美学"一词的确产生了一种共鸣，这种共鸣完全不同于"美"（kalon, kalos）在古典时代的意义。现代人倾向于认为美是独立于善与恶的自主性的实在，而对于古希腊人来说，恰恰相反，当这个词涉及人的时候，它就暗含一种道德价值。［……］正因如此，与其谈论"自我修养"，不如谈论"克服自我"的转生、转型。为了描绘这种状态，我们不可能回避"智慧"一词，似乎对我来说，福柯那里很少出现这个词（如果有的话）［……］奇怪的是，福柯能正确对待作为治疗术的哲学概念，但他似乎没有注意到这种治疗术首先在于获得灵魂的平和［……］在柏拉图主义那里，在伊壁鸠鲁派和斯多葛派那里，我们从焦虑之下解脱出来，靠的是这样一种运动，它让我们从个别的激情澎湃的主体性过渡到了普世宇宙视角下的客观性。这并不是什么自我构建，恰恰相反，这是对我的克服，至少是通过一种修炼，将我置于天道当中，让我体验到自我不过是天道中的毫末而已。（Hadot 1, pp. 231-232）

2

乍看上去，其中的对立似乎很明显，这个对立似乎代表着一种真正的分歧。正如阿多自己看到的那样，关键问题是"生存美学"，即福柯对哲学的最终概括，这种"生存美学"极可能对应于"他终其一生所践行的哲学"（ivi., p. 230）。在此之前不久，阿多引述了一篇文章以支持他的论断，即古代史学家保罗·维纳（Paul Veyne）的一篇文章（福柯与维纳非常接近，至少表面看来，他们走在同一个方向上）：

> 在福柯的对话中，毫无疑问，也在他生命弥留之际的最后几个月中的内在生命里，生存风格占据了十分重要的地位。在这里，风格并不意味着区别，我们应该从古希腊人的意义上来理解这个词，对古希腊人来说，一名艺术家是一名工匠，艺术作品首先是一件作品［……］将自我作为一件有待完成的作品，这样一来，支撑伦理学的就不再是传统或理性；作为一位独立的艺术家，自我享有这种自主性，现代性不再能在缺乏这种自主性的情况下行事。（Veyne, p. 939）

3

1993年詹姆斯·米勒出版的英文版福柯传记的标题《福柯的生死爱欲》（*The Passion of Michel Foucault*）很有意义，书中的很大一部分内容都在谈福柯的私生活，尤其是他的同性恋身份和他在美国停留期间会定期造访澡堂和施虐－受虐的同性恋酒吧（例如旧金山的"温室"［Hothouse］一样）。在福柯去世几年之后，一位在他生命的最后几年与他交往甚密的一位青年作家埃尔维·吉贝尔（Hervé Guibert）在两本书中（即1988年的《人的秘密》［*Les secrets d'un homme*］和1990年的《致没有拯救我生命的朋友》［*À l'ami qui ne m'a pas sauvé la vie*］）提到了福柯在临终之前给他讲的童年记忆和隐秘创伤。甚至在更早些时候，在福柯第一次待在加利福尼亚的时候，一位年轻的学者西蒙·瓦德（Simeon Wade）也陪这位哲学家一起经历了一次令人难忘的死亡谷之旅，他小心翼翼地在他的手写笔记本上记下了福柯在服用LSD药物实验中的反应，仿佛这些东西对于理解福柯的思想和著作来说十分重要。

当然，福柯自己曾经加入过FHAR组织（即同性恋革命行动阵线［Front homosexuel d'action révolutionnaire］，公开宣布过他的同性恋身份，尽管根据他故友的证词，他是一个相当稳重谨慎的人，但他似乎从来没有将公共生活和私人生活截然对立起来。因而，在许多访谈中，他认为施虐－受虐关系是一种新快感和新生存方式的发明，在更一般的意义上讲，他将旧金山和纽约的同性恋圈子看成一个"实验室"，在那里，"人们试图从创造新的生活方式的角度，探讨所有性行为的内在可能性"（Foucault 2, p. 331；亦可参见 p.

737）。因此，可能恰恰是福柯的生存技艺的观念（可能他已经在1980年代初期清楚地概括过这个观念了），以及他对实践的日益增长的关注（人类试图通过实践改进自身，将他们自己的生活变为某种类似艺术品的东西）让我们在生存方面的兴趣获得了合法地位（通常人们认为这并不属于对福柯思想的理解）。

4

阿多认为生存美学是福柯"对哲学的最终概括"，他依据这种生存美学的现代共鸣，将它理解为"一种不依赖于善与恶的自律性实在"，对立于伦理维度。通过这种方式，阿多在某种程度上将一项生存的美学化的计划归于了福柯，在这项计划中，主体超越了善与恶，主体更像于斯曼（Huysmans）笔下的德泽森特[1]（Des Esseintes），而非柏拉图笔下的苏格拉底，将他的生活塑造成了艺术的生活。如果我们看一下福柯使用"生存美学"这个表达地方，就会毫无疑问地发现，福柯坚定不移地、不断地将生存美学定位在伦理学的范围中。在他1981—1982年的法兰西学院讲座《主体解释学》

---

[1] 德泽森特是于斯曼小说《逆流》（À rebours）的主角，德泽森特出身于没落贵族，巴黎的堕落生活让他感到厌倦，并患上了严重的神经症。在医生的建议下，他去乡下疗养，过上了清心寡欲的隐居生活，在那里他过上了属于自己的"人造天堂"般的生活。——译者注

（*L'ermeneutica del soggetto*）中，他仿佛已经预见了阿多的反对意见，他告诫人们不要在审美和非道德的意义上解读诸如"关怀自我"或"关注自我"之类的表达。他写道："现在你们注意到，有一种传统（或者毋宁说，好几种传统），试图劝阻我们（今天的我们）赋予这些表达任何正面的含义［……］就像一种挑战和反抗，一种彻底实现伦理变革的欲望，同谋求道德上的新鲜时髦一样，它坚定地挑战固化的审美和个体的舞台。"（Foucault 1, p. 14）也就是说，为了反对这种对关怀自我的审美化的解释，福柯反而强调说："毫无疑问，恰恰是这种对'关怀自我'的控制成了西方人们熟知的最严格、最苛刻、最压抑的道德构成的根基。"（ibid.）

5

"生存美学"的表达——作为艺术作品的生活问题与之相关——经常被福柯用于伦理学问题的领域。在1983年与德雷福斯（Dreyfus）和拉比诺（Rabinow）的一次访谈中（阿多也参考了这篇访谈），他宣布，"bios的观念就是艺术的一个审美片段的材料，我十分喜欢这个观念"；但为了进一步说明，他立即补充道，他看重的是一种非规范的伦理形式："这个观念也是伦理学的观念，是一种非常强烈的生存结构，它在根本上与法律、权威体制以及规训结构没有任何关系。"（Foucault 2, p. 390）在1984年5月的另一篇访谈（编辑给出的标题是《生存美学》）中，福柯用一个类比进一步说明了这个表达："将我们自己的生活打造为个人的艺术作品（尽管它依然遵循集体的规范），对我来说，在古典时代，这种观念位于道德经验、道德意志的中心。然而在基督教那里，在经文宗教那里，在上帝的意志那里，在信守教义那里，道德更多采用的是清规戒律的方式。"（Foucault 2, p. 731）在《性史》第2卷的导论中，福柯首先毫无疑问地将"生存美学"划入了伦理范畴。如果在这里福柯倾向于认为，性快感在古代被问题化了，即"通过让生存美学的尺度发挥作用的自我实践"被问题化了（Foucault 3, p. 17），它的发生对应了真正的伦理问题："为什么性行为，为什么与性有关的活动和快感成了道德关怀的对象？"（ivi, p. 15）福柯这本书所关注的"生存艺术"和自我技术（人们试图借助自我技术，让他们的生活变成"一部带有审美价值的作品，从而达到某种风格上的标准"）实际上就是"意向性和意志性的行为"，人类借助这两种行为确定了自己的行为规范，服务于福柯所界定的"伦理－诗学"功能的行为规范（pp. 15-17）。关键在于，这并非一个不合常理的美学谱系，而是一种"道德的新谱系"（Foucault 2, p. 731）。他在伦理学中引入了这样一个问题，即"一个或多或少在我最早的研究中被放在一边的问题［……］目的在于说明主体问题何以经由这个性问题而不断地出现"（ivi, p. 705）。事实上，对于古希腊人来说，关怀自我并不是一个美学问题，它"就是伦理本身"（p. 714）。

6

阿多承认自己对福柯著作的认识有些不全面（"我必须有点惭愧地承认，我太专注于我自己的研究了，那时［1980］，我对他的著作知之甚少"）。这部分解释了为什么阿多谴责的另一个"分歧"似乎也出于他那不太准确的理解。他写过"与其谈论'自我修养'，不如谈论'克服自我'的转生、转型"，为了描述这一状态，他还写过"我们不可能回避'智慧'一词，似乎对我来说，在福柯那里这个词很少出现（如果出现过的话）"；最终，他注意到，"福柯能正确对待作为治疗术的哲学概念，但他似乎没有注意到这种治疗术首先在于获得灵魂的平和"，在他写下这些话的时候，每次每个地方都存在事实上不太准确的问题。在《主体解释学》的课程讲座中，可以说福柯尝试研究关怀自我，在该课程的索引中，事实上"智慧"一词出现了18次，"贤人"一词也出现了很多次。同样在这门课上，在福柯打算重构一个精神性的国度这一点上，我们还可以读到"真理启迪了主体，真理让主体感到至福，真理让主体获得了灵魂的安宁。简言之，在真理中，在通向真理的途中，有着某种充盈了主体，充盈了他的存在或使之蜕变的东西"（Foucault 1, p. 18）。就在此前不久，福柯写道，精神性"为主体给出了通向真理的道路，他必须发生蜕变、变革、转化，在某种程度上，在某个阶段上，必须超越他自己"（p. 17）。

7

他们的分歧并不在在这一点上，即将审美范畴替换为伦理范畴，也不在于用词上的差别，而在于他们的伦理和主体概念。阿多并没有摆脱这样的主体概念，即超越自己的生活和行为的超越者的概念，因此，他按照通常的主体 – 作者的表达（即将他的作品塑造为外在于自己的对象）来理解福柯的作为艺术作品的生活方式。不过，在1969年的一个著名的段落中，福柯特意质疑了这个概念。他将作者还原为一种法律 – 社会上的拟制（finzione），认为我们在作品中看到的并不是先于或外在于作者的主体的表达，毋宁说，我们看到的是一个空间的敞开，主体不断地消失在这个空间中，并且就作者而言，福柯将无差分看作"当代写作的一个基本的伦理原则"（Foucault 4, p. 820）。在这里，他再一次表示了对尼采的教谕的忠诚，尼采在1885—1886年的一篇格言（海德格尔也注意到了这篇格言—Heidegger 3, p. 222）中写道："艺术作品，作为身体［Leib］、作为组织（普鲁士军士团［preussisches Offizierkorps］、耶稣会），在没有艺术家的情况下出现。在某种程度上，艺术家只出现在预备阶段。作为艺术作品的世界自我孕育了自己。"同样，在与德雷福斯和拉比诺的访谈中，福柯谈到作为艺术作品的生命恰好质疑了将艺术家作为艺术作品之唯一创造者的范式："让我感兴趣的是如下事实，即在我们的社会中，艺术变成了某种只与对象有关，而与个人或生活无关的东西。艺术变成了由那些被称为艺术家的专家们所创作或把玩的东西。难道不是任何人的生活都能变成艺术作品吗？为什么是灯或房子，而不是我们的生活成了艺术的对象？"（Foucault 2, p. 392）

8

那么，如何理解"将自己的生活作为艺术作品来创造"这句话呢？对福柯来说，这个问题与他对主体问题的关注密不可分。作为艺术作品的生活的观念源于他对主体的概括，即主体不再是一个独立的要素，而是处于日常的构成性的地位上。在前面提及的访谈中,他说道:"我认为这种观念只有一种实践后果,即主体并不是之前给定的,我们必须像创造艺术作品一样来创造出我们自己[……]我们不要将某人的创造行为直接指向他与自己的关系,而是要将他自己与创造行为联系起来。"(ivi, pp. 392-393)与自己的关系,可以说,基本上拥有创造自我的形式,主体无非就是这个创造过程。因此,福柯与那种将主体概括为经验的基础和可能性条件的观念决裂了。恰恰相反:"经验就是过程的理性化,这个过程本身是临时性的,是过程产生主体,而不是在主体之中形成过程。"(p. 706)这恰恰意味着没有主体,只有主体化的过程:"我将这个过程称为主体化过程,通过这个过程,主体得以构成。"(ibid.)他又说:"我并不认为那里实际上存在一个至高无上的、奠基的主体,一个我们随处可见的普遍形式的主体[……]恰恰相反,我认为主体是通过主体化实践构成的,或者说,通过一种可以说不知名的方式,在解放或自由的实践中形成的[……]"(p. 733)

9

很明显,在这里我们无法区分构成性的主体和被建构的主体。只有一个并非预先给定的主体,创作出来的作品也构成了主体本身。这就是阿多无法理解的关怀自我的悖论,阿多写道:"这并不是什么构建自我,恰恰相反,这是对我的克服。"对福柯来说,"自我"既不是实在,也不是某一操作的客观化的结果(即与自我的关系):它就是操作本身,即关系本身。也就是说,在与自我的关系之前,在使用自我之前,不存在任何主体:主体就是关系,而不是其中的一个项(参看本书第一部分,第 3.2 节)。对于那种从本质上将主体归属于第一哲学——主体意味着一种本体论——的说法,福柯认为,它既非亚里士多德式的基底主体(hypokeimenon),亦非笛卡尔式的主体。或许是遵循了海德格尔的告诫,福柯尤其与后者保持了距离。事实上,笛卡尔的特殊贡献在于,"他成功地用作为认识实践之奠基者的主体替代了在自我实践中构成的主体"(Foucault 2, p. 410)。

10

伦理学并非与规范的关系,而首先是"与自我的关系",福柯反复强调了这个观点。在他关于古代世界的"关怀自我"(souci de soi)的研究中,他所揭示的仅仅是这个观点:"对于古希腊人来说,所谓的伦理并非对他人的关怀。关怀自我才是伦理的本道。"(ivi, p. 714)当然,所有的道德行为都涉及"与现实的关系,人就是在这种关系中形成的,或者涉及与人们相关的规则的关系",但不可能将伦理还原为一个或一系列遵守规则的行为,因为在任何情况下,它都意味着"同自我的某种关联"(p. 558)。福柯指出,绝不能将这种关系简单理解为"对自我的关注",而是要将其理解为"将自我构成为一个道德主体"(ibid.)。"这就是你应该同自己建立的关系〔……〕它决定了个体如何去将自己建构为自己行为的道德主体。"(p. 618)在福柯看来,伦理就是人同自己的关系,人发出行为或进入与他人的关系之中,每次都将自己建构为自己的行为的主体,无论这些行为属于性、经济、政治还是科学等领域。因此,在《性史》中,最重要的问题绝不是性行为的社会史或心理史,而是人类通过何种方式将自己构成为自己性行为的道德主体。同样,在旧金山或纽约的同性恋社区让他着迷的东西,再说一遍,是同自我的关系,即这种关系所涉的新鲜感以及新的伦理主体所产生的结果。

11

在他去世之前几个月,在最后一次法兰西学院的课程,即《说真话的勇气》(*Le courage de la vérité*)中,福柯联系犬儒学派,谈到了作为真正生活(alethes bios)的哲思生活的问题。

在对1981—1982年的《主体解释学》的课程概要中，福柯通过解读柏拉图的《阿尔基比亚德篇》，提出了关怀自我的问题，福柯写道："关怀自我不仅是为自己生活而做的简要准备，也是一种生活方式。"（Foucault 1, p. 476）现在，在哲思生活的范式中，他将真理问题与生活样态问题紧密结合了起来。他写道，犬儒主义提出了一个很重要的问题，该问题恢复了哲思生活这个主题的激进性："为了让生活成为真正的生活，它是否必须是另一种生活，一种彻底不同的且含有悖谬的生活？"（Foucault 5, p. 226）也就是说，在古典哲学传统中有两种不同的、建立了自我实践同说真话的勇气之间的联系的模式：一种是柏拉图式的模式，强调数学和知识，另一种是犬儒主义的模式，不同于前者，它提出自我实践是一种考验（épreuve），认为不应在教条学说当中，而应在生活方式当中寻求人的真相，这种生活方式要颠覆当下的社会模式，创造出哲思的生活（bios philosophikos），它是一种挑战，一种声名狼藉的生活（ivi, p. 243）。

在犬儒主义的脉络中，福柯也提到了"一种战斗，即在生存风格的形式下通过人们自己的生活去见证一切"（p. 170），这就是他们那一代人非常熟悉的左派的革命运动传统。他用带有鲜明的情境主义国际（他在著作中从来没有提到过情境主义国际）特色的词写道："左翼是欧洲革命思想和规划中的长期趋势,它的复兴并不是建立在自己的组织层面上的,而是建立在与秘密社团或生活风格相融合的战斗基础上[……]在声名狼藉的生活中,它昭示并创造了自己。"(p. 171)与这一主张并肩前进的是现代性下的艺术家的范式,他们的生活,"他们所采用的形式构成了真正意义上的某种艺术的证据"(p. 173)。

在对"贯穿整个19世纪的如此重要的艺术家的生活问题"进行分析时(ibid.),福柯再一次发现了他曾经在《快感的享用》(*L'usage des plaisirs*)中归纳过的艺术、生活和"生存美学"观念之间的近似性。如果说,一方面艺术将真理的形式赋予了生活,那么另一方面,真正的生活则保障了根植于生活的作品,即真正的艺术作品。这样一来,生活和艺术就变得难分彼此了,倘若生活方式作为一件艺术作品出现,那么艺术也展现为生活方式。

无论如何,哲学家的生活与艺术家的生活一样,在二者的生活中,自我实践建构了另一种生活方式,这就是课程的真正主题,在手稿末尾,这一点得到了确认,或许我们可以将这个确认看成福柯最后的意愿和证言:"只有在另一个世界,在另一种生活方式中才可能有真相。"(p. 311)

12

为理解这种由自我实践所构成的主体的特定的本体论地位，我们或许可以类比公法领域中的这一对范畴：制宪权（potere costituente）和宪定权（potere costituito）。这里也有一个困扰公法理论的难题，这个难题源于这两个术语的区分。传统观念认为制宪权是源头，在不断的循环过程中，制宪权创造了宪定权，并与之相分离。真正的制宪权并不会产生分离于自己的宪定权，宪定权反而会指向制宪权，将它作为自己不可触及的基础，然而，制宪权唯一的合法性仅源自它创造出了一种宪定权这一事实。事实上，制宪权仅是这样一种权力——或主体——一种能将自己建构为一个制宪权力的权力。自我实践就是这样一种实践，即在这种实践中，主体让自己适应于自己的构成性关系，并内在于这种关系："主体让自己停留在关怀自我的操作之中"（Foucault 1, p. 504）。也就是说，主体就是关怀自我的关键所在，关怀无非就是主体构成自我的过程。那么，伦理学就不是这样一种经验，即在这种经验中，主体将自身置于其自身的生活背后或之下，而是这样一种经验，该经验的主体通过过着自己的生活，在与自己的生活的无法消解的内在关系中，构成并改变自我。

13

但"构成-自我"是什么意思？在这里，我们拥有某种类似"探访式的自我构成"或"自我漫步"之类的东西，即斯宾诺莎用来说明内在因的东西（参看本书第一部分，第2.5节）。主动与被动的同一性对应于内在性的本体论，对应于自动构成运动和存在的自我展现，在这个过程中，不仅我们完全无法区别主动行为者和被动行为者、主体和对象、构成元素和被构成元素，而且甚至手段和目的、潜能和活动、工作和安息也变得难分彼此了。自我实践，即福柯意义上的伦理主体，就是这种内在性：作为自我漫步的主体。在自我实践中形成的自我从来不会——或者不应当——处于自我之下或之前，也从来不会——或者不应当——从自我之中分离出一个主体或"实体"，而是内在于它自己的，它就是它的构成，它不停地构成自我、展现自我、使用自我、去行动、去探访、去漫步、去爱。于是，出现了各种各样的困难和难题。福柯式的主体的问题就是存在者的自我构成的问题，在这里，一种正确的对伦理学的理解必然涉及对其本体论地位的界定。一种类似"主体"的东西是什么时候被分离出来的，是什么时候得到实体化，存于一个构成性的位置上的？西方本体论从一开始就是依靠二分和分隔来阐释和运作的，二者在主体（hypokeimenon）和本质（ousia）、原初实体和次要实体、本质和生存、潜能和活动之间作出了区分和定位，唯有对这些最基本的分隔进行追问，我们才能理解所谓的"主体"问题。

14

正是因为主体理论涉及一个本体论的问题，我们在这里发现了一个难题，这个难题从一开始就在第一哲学中标明了它的地位。我们已经明白，与自我的关系决定了个体将自己构成为自己的道德行为的主体的方式。然而，按照福柯的说法，自我并没有任何实质的连贯性，它与自我的关系一致，绝对内在于这种关系之中。不过，这种自我，仅作为一种关系的自我是如何为了把握这些行为并将他们界定为一种生活风格或"真正的生活"，被建构为自己行为的主体的呢？由于自我与同自我的关系一致，因此不能将它作为关系的主体单独提出来，也不能将在关系中建构出来的东西等同为主体。它只能将自己建构为一个构成性元素，但绝不会将自己等同为所建构的东西。不过，作为被建构的主体，也就是说，它是诺斯替学派或新柏拉图主义的位格，自我实践允许它作为一个无法消除的残余物被搁置一旁。

在自我和道德主体之间的关系中发生的事情，类似萨特描述的在意识和自我之间的关系中发生的事情：建构了主体的自我自身具有了位格，并在主体之中被主体所吸收。或者再这样说一遍，按照鲁道夫·伯姆（Rudolf Boehm）的说法，这有点像本质和实存的二分：这个对子界定了存在的统一体，归根到底将它分裂为了非实存的本质和非本质的实存，二者不断彼此照应，也不断互相分离。也就是说，在一个构成性关系中，自我和主体是循环地连接在一起的，与此同时，正因如此，它们发现彼此之间绝对不可能完全契合。主体必须以一种生活方式的形式主宰和主导它的行为，这样的主体恰恰是在自我实践中被构成的，而自我不过就是这种构成及其生活方式。

15

我们可以预见，在实践层面上，在权力关系理论中，以及在其中所实现的人类治理的关系中，福柯发现了这个本体论的难题。权力关系并不像统治状态，它必然会产生一个自由主体，这个主体是"引导"和治理的材质，由于它是自由的，因此它也抵抗着权力。不过，正因为主体的"自由"引导和治理其自身，因此主体不可避免地会进入权力关系，这个权力关系就在于引导他人的行为（或者说让某人自己接受他人的引导）。通过"引导"这个人的生活，他被建构为自己行为的主体，这样一来，他就可以被其他主体所"引导"，或者试图去引导其他主体：主体化为某种生活方式，与此同时，臣服于权力关系。民主制及其对人类的治理的难题——统治者和被统治者之间的同一性关系，二者绝对地彼此区分，与此同时又被统一在一个难以分割的关系当中——就是一个本体论的难题，它涉及主体的构成。作为制宪权和宪定权的自我和主体的关系既相互超越，也内在于彼此。以一种生活方式的形式存在的自我同主体的内在性关系，就是福柯终其一生试图思考的问题，这个问题令他陷入了一个异常艰难的难题，无法自拔；与此同时，他又有力地指出了某种类似伦理学的东西对他来说何以可能成为唯一方向。

16

在去世前不到一个月的一次访谈中（访谈文字稿在 1984 年 6 月 28 日，福柯去世后发表于《新文学》[*Les nouvelles littéraires*]），福柯转向了主体问题，这个问题界定了他最后的研究，他在最后的研究中写道：这就是"重新引入主体的问题，一个在早期研究中被我搁在了一旁的问题 [……] 为的是表明主体问题如何贯穿在整个性问题当中"（Foucault 2, p. 705）。不过，他紧接着立即指出，在古典时期，关怀自我的问题就被有力地提出了，但主体问题则鲜为人所谈论：

> 这并不意味着古希腊人并没有试图界定某种经验的条

件，但他们界定的不是主体的经验，而是个人的经验，因为他们试图通过自我把握来构建自己。在古典时期，人们从来没有将自我构成为主体，借助主体理论来处理道德是从基督教开始的。不过，从根本上讲，今天的我对建立在主体基础上的道德经验不再感到满意。（ivi, p. 706）

如果说古代给出了没有主体的关怀和自我构成的例子，基督教的道德彻底将与自我的伦理关系转化为了主体，那么，福柯的机会就在于把握两种要素之间的相互归属的关系。

17

从这个角度来看，我们便可以理解福柯对于施虐－受虐经验的兴趣。对福柯而言，施虐－受虐首先是一种流体化的权力关系的实验。在1982年的一次访谈中，他宣称：

> 我们可以说，施虐－受虐就是权力的情欲化，即策略关系的情欲化。权力的特征就在于这是一种策略关系，体制使它变得稳固。因此权力关系的流变性是有限的［……］人民之间的策略关系变得严苛。在这里，施虐－受虐的游戏之所以十分有趣，是因为这就是一种策略关系，但这种关系总是流变的。当然，那里有各种角色，但所有人都十

> 分清楚这些角色被倒置了。有时候一开始的场景是主人与奴隶，最后奴隶却变成了主人。或者说，即便各种角色是稳固的，你们也十分清楚这通常是一场游戏。要么是规则遭到践踏，要么是达成某种（直白的或默示的）协议，让他们注意到某些界限。(Foucault 2, pp. 742-743)。

在这个意义上，施虐-受虐关系完全内在于权力关系（"施虐-受虐关系并不是受害者和施害者之间的关系，而是主人与主人对其施加控制的人之间的关系"——ivi. pp. 331），这种权力关系利用了施虐-受虐关系，将其变成了一种权力功能。"一种策略关系利用了施虐-受虐关系，将其用作一种快感（生理快感）的来源。"（p. 743）

如果说福柯对施虐-受虐关系感兴趣，那么这是因为它表明了，人们可以在这些关系上行动，无论目的是让这种关系发生流变，反转它的角色，还是将它从社会层面转移到性或肉体层面上，为了创造出一种新的快感而使用它。但无论如何，即便这种权力通过这种方式开启了新的辩证法（它不同于福柯曾经界定过的权力和抵抗的辩证法），它也依然如故。权力关系和治理术的视野依然是无法超越的，而且在某种程度上，它与伦理学不可分割（在1984年1月的一个长篇访谈中，他写道："治理术的概念可能会激发主体的自由，形成与他者的关系——构成了伦理学的材料的与他者的关系"—p. 729）。

然而，施虐 - 受虐关系中的权力关系的变化不可能不涉及本体论层面上的变化。施虐 - 受虐关系，即两种角色的变化，就是一种本体论的关系，对此，福柯的说法以（据此，"一个人与之建立关系的自我就是关系本身"）一种范式的方式得到了坚持。福柯并没有揭示"自我在本体论上的对这种关系的适应性"的诸多含义，他只对其进行了粗略考察。当然，主体，即他所说的自我，不可能被置于亚里士多德的主体（hypokeimenon）传统，不过，福柯——也许他有充分的理由——一直避免与海德格尔那作为预备任务的本体论的历史直接碰面。

尽管古典时代似乎在某种程度上给出了范例，但福柯似乎并没有看到，同自我的关系和生活方式的可能性并不会预设一个自由主体——也就是说，如果权力关系必然指向一个主体，那么也可能会出现一个完全与这种策略关系无关的伦理学领域，一个无法治理的、超越了统治状态和权力关系的东西。

第二部分　本体论考古学

在接下来的这个部分，我们来研究如下问题：走向第一哲学，即走向本体论，在今天是否仍然（再次）可能。因为我们将会说明，至少自康德以降，这条路径已经变得荆棘密布了，除非采用考古学的形式，否则这会是一个无法思考的进路。事实上，第一哲学并不是一个概念表述的集合，一个无论多么复杂、多么精练，都无法避开学说的局限的集合：每次，它都打开并定义人类的行为和认识，人类可以做什么，人类可以知道什么、说些什么。本体论之所以背负着西方的历史命运，并非因为它是归属于存在的无法解释的、元历史的神秘力量，而是因为本体论是语言和世界之间的历史关联的原初场域，它保存着人类发生的记忆、语言和历史的原初关联产生的那一刻的记忆。所以，本体论上的每次变化都不对应于"命运"的变迁，而对应于各种可能性的扭结，即对于智人（Homo Sapiens）这一物种来说，语言和世界的各种可能的关联都被展现为一种"历史"。

人类发生学，即人类成为人类的过程，事实上并不是一个在过去一次性完成的事件；或者毋宁说，这是一个不断发生着的事件，这是一个仍在继续的过程，在这个过程中，人类始终在成为人类，也始终仍然是（或成为）非人。第一哲学就是对该事件的记忆与重复：在这个意义上，它考察了智人这一物种的历史先天，而考古学研究需要追溯的通常就是这个历史先天。

在《词与物》(*Les mots et les choses*, 1966)的序言中，福柯使用了"历史先天"(a priori storico)的说法来界定在一个不确定的历史时代里，限定知识形成和发展的可能性的条件。这个表达是有问题的，因为它将两个明显互相矛盾的要素结合在了一起：先天(a priori)代表范式性和超越性的维度，而历史则指向实际的实在。或许福柯借用了胡塞尔的《几何学的起源》(*Origine della geometria*)(1962年，德里达将这本书翻译为了法文)中的这个说法，但福柯肯定没有借用胡塞尔这个术语的概念，因为胡塞尔的历史先天(historisches Apriori)确定了一种普世的历史的先天架构，不同于此，在福柯那里，它指向一种明确的知识和明确的时代。不过，如果它没有回溯历史之外的某个原初的维度，而且是内在于历史之中的，那么这个自相矛盾的表述表达了如下现实，即所有历史研究都不可避免地会反对基本的非同质性(disomogeneità)，如下二者间的非同质性：一方面是事实和文献的集合，即历史研究的对象；另一方面是一个我们可以界定为考古学的层面，一个尽管无法超越历史研究，但又无法被化约为历史研究，且使历史研究的理解成为可能的层面。奥弗贝克(Overbeck)

在他的每一项研究中，都区分了前历史（Urgeschichte）和历史（Geschichte），以此表达这种异质性，前历史的含义并不是我们通常使用这个词时所表达的意思——即某种时间线索上的古代（uralt）——而是事件发生点的历史（Entstehungsgeschichte），在这一点上，研究者必须考察某种原生现象（fenomeno originario，即一种歌德意义上的原始现象［Urphänomen］），与此同时，还有这样一个传统，它将过去传递给我们，不断地遮蔽其发生（sorgività）的事实，并使得那个事件变得难以理解。

我们可以将历史考古学定义为揭示不同的历史先天的尝试，这些历史先天界定了人类历史的条件，并定义了人类历史的时代分期。在这个意义上，我们可以建构出不同历史先天之间的层次，随着时间的推移，这个层次关系会越来越接近一般形式。多个世纪以来，本体论或第一哲学建构了西方思想的最基本的历史先天。

不过，试图重新开启通往第一哲学的道路的考古学必须面对这样一个惊人的事实，即从以康德的名字为代表的那个时代开始，第一哲学就已经变得不可能了，它沦为了那个时代的历史先天，在某种程度上，我们仍然生存在这种历史先天当中。

康德批判中的真正的哥白尼式的革命并不在于主体的地位,而在于第一哲学——康德称之为形而上学——的不可能性。正如福柯早前就看到的那样:"或许我们属于一个批判的时代,这个时代缺乏第一哲学的批判,这件事每时每刻都在告诉我们第一哲学的统治和命运"(Foucault 6, pp. xi-xii)。当然,康德裁定形而上学是不可能的,在这个时候,他将它置于了先验的庇护下,以让它苟延残喘。但是,先验——在中世纪的逻辑中,它指人们在谈到"存在"时,已经说过和认识到的东西——必然涉及历史先天的位移,即从人类发生事件(语言和世界的原初关联)到知识的位移,从一个不再是动物,但也尚未成为人的存在者,到认知主体的位移。于是,本体论变成了灵智学(gnoseologia),第一哲学变成了认识哲学。

几乎所有海德格尔之前、康德之后的职业哲学家都停留在先验维度上,仿佛这一套东西是毋庸置疑的,他们相信自己通过这种方式拯救了哲学的名誉,而事实上他们让哲学深陷那些科学和知识,他们认为他们可以用这些科学和知识来界定可能性的各种条件,特别是在后者——毫无保留地走向技术发展道路的科学和知识——证明了它们实际上丝毫不需要哲学的时候。而一些非职业的哲学家——如尼采、本雅明和福柯,还有另类意义上的语言学家埃米尔·本维尼斯特——则在寻找走出先验王国的道路。他们改变了历史先天,从知识回到语言,从而达到了这个目的:这样一来,他们并不期待有意义的命题,而是每次都分离出一个维度,该维度先于或超越了语言的语义内涵,质疑了语言的纯粹事实、所说的话中的纯粹给定的东西。于是,言说的存在者或表述者取代了康德的先验主体,语言取代了作为历史先天的存在的地位。

今天,本体论在语言学上的衰落似乎达到了极点。当然,语言从未像今天这样无所不在,弥散在各个领域——不仅在政治学和传播学中,也尤其在自然科学中——凌驾于存在者之上,显然不留任何余地。然而,发生变化的是不再作为历史先天而发挥作用的语言包,这种历史先天仍然未得到思考,它决定且限定了言说的人类存在者的历史可能性。现在在存在者那里,它被完全等同于存在者,被视为一个中性的非历史或后历史的效力,它不再给出关于历史生成或时间的历史分期的任何可知的含义。这意味着我们生活在这样一个时代里,它不再(或者至少装作不是)由任何历史先天所决定,也就是说,这是一个后历史的时代(或者毋宁说,这个时代恰恰是由这种历史先天的缺失和不可能性所决定的)。

我们正是从这个角度出发,试图勾勒——哪怕仅用一种粗略概括的方式去勾勒——一种本体论的考古学,或者更准确的说,一种本体论装置的谱系学,2000多年来,这个本体论装置一直作为西方人的历史先天发挥作用。如果本体论首先是一种路径学(odologia),也就是说,是存在者历史地向自己敞开的道路,那么我们所要探索的就是当下的某种类似道路

（odos）的东西的存在，为此我们应自问，我们是否还可以再次走上这条业已中断或失却的道路，还是说，我们应该明确抛弃这条道路。

1 本体论装置

1.1

第一哲学的考古学必须从界定了亚里士多德本体论的存在区分的装置开始。这个装置——区分并同时关联了存在着，归根结底它就是所有本体论差异的根源——在《范畴篇》(*Categorie*)有着非常重要的地位。在这里，亚里士多德指出了"最严格、最原初，最原初"（kyriotata te kai protos kai malista legomene）的 ousia（即实体或本质）与次生实体（ousiai dueterai）之间的区别。前者被定义为"并非属于主体［hypokeimenon，即位于下方，sub-iectum］也不在主体之中"的东西，它是独特性（即专用名词）和指称（deixis，"某个特别的人，如苏格拉底；这匹特定的马"），后者则是这样一种东西，"那些被称为第一本质的物种，以及这些物种的属——例如，'这个人'属于'人'这个物种，而这个物种的属是'动物'"（*Cat.*, 2a 10-15）。

无论用什么样的词语来进行区分，都涉及它的历史过程（原初本质／次生本质、实存／本质、其是［quod est］／所是［quid est］、既有［anitas］/ 本有［quidditas］、共有本性 / 预设、即是［Dass sein］/ 何是［Was sein］、存在 / 存在者），最关键的是，在西方哲学传统中，我们经常会用对它进行的区分来追问存在者（就像追问生命一样）。

א 我们用"主体"（sub-iectum）翻译 hypokeimenon。从词源学上讲，这个词的意思是"处在下面或被当成基础的东西"。在这里并不适合用来说明亚里士多德的 hypokeimenon 是如何经历了历史的沧海桑田，变成现代哲学的主体的。无论如何，可以确定的是，《范畴篇》的这段话的拉丁语译文成了决定西方哲学词汇变迁的关键所在。在阿奎那的术语中，亚里士多德对存在的解释变成了这样：

> 按照这位哲学家的说法，可以用两种方式来谈实体。第一种方式意味着存在的本有（quidditas），因此，我们说定义意味着事物的实质，实质就是古希腊人的 ousia 或我们所说的 essentia。第二种方式即主体［sub-iectum］或预设（suppositum）［ "处在下面的东西" ］的方式，它们存留［subsistit］于实质的属之中。可以用带有意向含义的词来表达它，即我们所说的预设（suppositum）。也可以用这三个标示了事物的名称来表示它：即本性的事物［res naturae］、持

存［subsistentia］、本位［hypostasis］。因为它因其自身而不因他者而存在，因此我们可以称之为持存，又因为它在共有本质的基础上存在，因此我们可以称之为本性的事物，例如，"这个人"就是人的本性的事物。最后，由于它是由某个事件所预设的［supponitur accidentibus］的，因此我们可以称之为预设或实质。(S. th., I, q. 29, art. 2, Resp)

无论不同时期用什么样的词来表达存在，对存在的区分就是"本体论差异"的基础，按照海德格尔的说法，这个"本体论差异"界定了西方形而上学。

1.2

《范畴篇》或论述谓称的论文（古希腊语的范畴［kategoriai］一词具有法律意义上的"控告、指控"的意思）在传统上被划分为亚里士多德的逻辑学著作。不过，毫无疑问。它具有本体论的特征（例如，在前引的段落中）。所以，古代评注者对这篇文章讨论的对象（skopos，目的）是什么有过争论：是词语（phonai）、物（pragmata）还是概念（noemata）。费罗普勒斯（Filopono）在一篇评注的序言中写道，按照某些人（如阿佛洛狄西亚的亚历山大）的说法，这篇文章的对象就是词语；

按照另一些人的说法（如尤斯塔提乌斯［Eustazio］），这篇文章的对象是物，最后还有一些人（如波菲利［Porfirio］）认为这篇文章对象是概念。按照费罗普勒斯的观点，这篇文章的对象是词语——这一判断的根据是杨布里科斯（Giamblico）的说法（他作出一番澄清后接受了后者的说法）——因为它们意味着通过概念得到的事物（phonon semainouson pragmata dia meson noematon—Filopono, pp. 8-9）。

因此，我们不可能在《范畴篇》中的逻辑学和本体论之间作出区分。亚里士多德在这里所面对的是事物和存在物（因为这些东西都被语言标识出来了），是语言（因为这是指向事物的原因）。他的本体论预设了如下事实，即正如他反复强调的那样，被言说的存在物（to on legetai…）通常是已在语言之中的存在物。就这篇文章而言，逻辑学和本体论之间的模棱两可的性质是同一的，因此在这西方哲学史上，范畴既是谓称的等级，也是存在物的等级。

1.3

在文章的开头，亚里士多德立即界定了同名异义词、同名同义词、同源词（即这些词所命名的事物），亚里士多德根据主体化或预设的结构对存在物进行了分类，用这种方式说明了存在和语言之间的本体 – 逻辑（onto-logical）含义。

> 有的东西可以用来言说一个主体［kath' hypocheimenou，字面意思是"置于其下的预设"］，但不在任何一个主体之中［en hypocheimenoi oudenì］。例如，在预设（主观化）的基础上，"人"可以用来言说一个个别的人，但它并不在任何主体之中［……］有的东西则在一个主体之中，但不能用来言说一个主体［……］例如，某种语法知识存于一个心灵之中，但它并未言说任何主体［……］还有其他一些东西既言说主体又在主体之中。例如，知识可以言说语法，也存于心灵之中。不过其他还有一些东西既不在主体之中，也没言说主体：例如，某个人或某匹马。（*Cat.*,1a 20-1b 5）[1]

言说（言说某个主体）和存在（存在于主体之中）之间的区别并不对应于语言与存在之间、语言学和非语言学之间的对立，而对应于动词"去存在"（einai）的两种意义，即实存意义和谓称意义之间的混合状态。这两种情况都保留了主观化/预设的结构：语言所建立的关联通常预设了谓称关系（普通/特殊），或预设了相对于主体的内在关系（实质/偶然），即置于其下并作为基础的实存物。在古希腊语中，legein（"言说"）的意思是"通过词语将存在物关联起来"：本体 – 逻辑。但是

---

[1] 中译参见亚里士多德：《范畴篇 解释篇》，方书春译，商务印书馆1986年版，第10页。译文有所改动。——译者注

正因如此，言说与存在之间的区别并没有遭到质疑，亚里士多德将两者之间的暧昧关系传给了西方哲学，而西方哲学接纳了这个区别，而这并没有带来任何助益。

א 众所周知，在印欧语系中"去存在"一般来说有两种意思：第一种意思对应词语功能，它表达了某种东西的实存和实在（"上帝是"，即上帝存在），而第二种意思则是纯粹的逻辑－语法功能（系词功能），它表达了两个词语之间的同一性（如"上帝是善的"）。在许多语言中（如在希伯来语和阿拉伯语中），或者在不同时代的同一种语言中（如在希腊语中，最初系词功能是由一个非动词的命名标语来表达的：ariston hydor，"最好的事物是水"），相反，这两种意思在词汇上是有所区别的，正如埃米尔·本维尼斯特所写的那样：

> 关键在于，我们要十分清楚地看到，在"去是，真实地存在"的动词观念和"系词"功能之间没有天然的或必然的联系。我们不需要追问为什么可以省略动词"去是"。这是反向推力。恰恰相反，真正的问题是动词"去是"如何在一个肯定性的言说中为逻辑关系赋予动词表达和词汇上的连贯性的？（Benveniste, p. 189）

正是这两种意义间的含混成了西方本体论历史上的许多难题和困难的根基,也就是说,西方本体论的历史成了一个双重机制,它作出区分,与此同时,也将两种观念放入了一个等级秩序或一段偶然一致的关系。

1.4

几行之后,即介绍完次生实体和原初实体的关系之后,亚里士多德写道:

> 由上述内容可以很清楚地看出,那些言说主体的[kath'hypokeimenou,字面意思是"一个在其之下的预设"]其名称和描述都必然谓述[kategoreisthai]主体。例如,"人"主观化(预设)地言说了这个人,当然它的名称也得到了谓述(因为你必须限定这个特殊的人的"人"),对"人"的定义也谓述了该人(因为这个特殊的人也是一个人)。于是,名称和定义都是主体的谓称。(*Cat.*,2a 19-25)

所以,存在物的主观化,即在其之下的预设与语言学上的谓述密不可分,他就是语言结构和它所阐明与解释的世界结构的一部分。在《范畴篇》中,亚里士多德是从语言学谓述的视角来看待存在物的,它的存在遭到了语言学的"控诉"(在古希腊语中，范畴［kategorein］一词首先意味着"控诉"），它表现得"十分适切，特别是"以主观化的形式表现得十分适切。控诉（即对语言直接指向存在物这一点进行的审判）主观化了它，在主体（hypokeimenon）——在其之下作为其基础的独特的实存之物——的形式下预设了它。

原初本质既不是在主体的预设之上的言说，也不是主体之中的言说，因为主体本身就是被-预设的——作为一个纯粹的实存者——它位于所有的谓称之下。

1.5

在这个意义上，预设的关系就是人类语言的特殊潜能。只要存在语言，被命名的事物就被预设为一个非语言关系，或者说，一个与语言所建立起来的关系无关的关系。这种预设的力量十分强大，以至于我们认为非语言是某种不可言说的东西，或者某种与我们所理解的东西毫无关联的东西，但我们没有注意到我们试图通过这种方式去理解的东西只不过是语言的阴影。显而易见，非语言、不可言说之物恰恰是一个真正的语言学范畴：事实上，它是最典型的"范畴"——即由人类语言所控诉和召唤的东西，不会说话的存在物根本无法设想的东西。也就是说，这种本体-逻辑关联在语言预设的存在物和语言中的物的存在之间运行。这样一来，非关系首先是语言学关系本身。

在预设的结构中，存在与语言、本体论和逻辑之间的交织的关系构成了西方形而上学。从语言学的角度出发，存在物受到了质疑，存在物从一开始就被区分为实在存在物（实存、原初本质）和谓称存在物（次生本质，言说的东西）：于是，思想的任务就是将思想（即语言）所预设和区分的东西重新凝结为一个整体。"预设"一词标示了位于其原初意义中的主体：即在其之下并作为其基础，构成了"其上"（我们在"其上"言说，即在预设的基础上言说），亦即反过来我们无法对其进行言说的东西。在词源学上，"预设"一词关系重大：事实上，hypokeisthai 被用作 hypotithenai 的完成时态的被动态，它的意思是："那些被置于其下的东西"。在这个意义上，柏拉图——或许是他最早概括了语言的预设力，即在语言中，在名称（onomata）和逻各斯之间的对立种表达出来的力量——写道："原初的命名在一定程度上也预设［hypokeitai］了其他名称，它又是通过什么样的方式向我们展现世界万物的呢？"（*Crat.*, 422d）他还说"这些名称预设［hypokeitai］了一种特殊本质［ousia］"（*Prot.*, 349b）。存在物就是在语言的预设下展现自己的东西，存在物在预设的基础上，说出了所要说的东西。

（如果黑格尔——这既是他的成就，也是他的局限——试图通过辩证法来同时把握和消除语言的预设结构；不同于此，谢林则通过悬置思想，在震惊和惊愕中来把握它。但即便如此，他那仿佛被震惊的心灵也没能将预设结构中性化。）

א 亚里士多德多次表明，他注意到了存在与言说之间的彼此纠缠的本体-逻辑关系："那些东西透过自己的方式被言说出来，被范畴的规定所标明；按照其言说的方式，这就是存在的意义。"（kath' autà de einai legetai osaper semanei ta schemata tes kategorias: osachos gar legetai, tosautachos to einai semanei——Metaph.,1017a 22sq.）"可以用许多方式来言说存在物［……］因为一方面它意味着事物之所是或事物即为'此'，另一方面它意味着事物具有某种性质或数量，所有其他事物都可以通过这种方式得到规定。"存在物基本上就是"被言说"和"意味着"的东西。

1.6

所以，亚里士多德用这些术语奠定了主观上的本质规定性的优先地位：

> 所有其他事物，要么在原初实体的预设［kath' hypokeimenou，即主体化］基础上言说，要么它们就在这些预设之中［……］例如，"动物"是由人来谓述的，因此，也指向了特定的人；因为这个谓述没有谈到个别的人，所

以它完全没有谓述人类[……]所以,倘若原初实体[ousiai]并不存在,那么其他事物也不可能存在。于是,所有其他事物要么在位于其之下的预设的基础上言说,要么已经在预设中限定了后者[……]。

几行之后,亚里士多德肯定了原初实体的优先地位——通过专用名词或实指代词在语言中表达出来的优先地位:"这原初本质,由于它是由所有其他东西预设[hypokesthai]的,所有其他东西都是在它基础上并在它之中得到谓述的,所以它就是最典型的实体"(2a 34-2b 6)

原初实体是"最适切的、处于第一位的最初的"实体,因为它就是主体化,是语言中的存在物的极限所在,因此一旦跨越了这个极限,我们就无法命名、谓述或意指,而只能指示。于是,如果"所有实体似乎都意指着某种'此'(tode ti)",那么在某种意义上,的确只有原初实体展现了"个体和一是什么"(atomon kai hen arithmoi),而次生实体(例如,"人"或"动物")则"反过来代表着某种性质:主体(在其之下的基础)事实上并不是一,正如在原初实体中,'人'是由诸多事物规定的,'动物'亦如此"(3b 10-16)。

1.7

正是因为作为原初主体（hypokeimenon）的存在物的主观规定具有优先地位，正如无法称谓的独特性处于语言学谓述的之下并作为其基础而存在一样，因此在西方哲学传统中，实体（ousia）一词被翻译为了拉丁语的 substantia。事实上，从新柏拉图主义开始，《范畴篇》在亚里士多德的整个著作集中获得了一个特殊地位，在拉丁语译本中，它对中世纪文化产生了重大影响。中世纪时期十分熟悉《范畴篇》拉丁语译本的波爱修斯（Boezio），尽管他认为 ouisa 更准确的拉丁语翻译应该是 essentia（ousia 是动词分词 einai 的动词派生形式，在他那篇反欧迪奇［Eutyche］和聂斯托利［Nestorius］的神学论文中，波爱修斯用 essentia 对应 ousia，用 substantia 翻译古希腊语的 hypostasis），但他没有使用 substantia 一词，这样一来，他主导了词汇的使用，并对西方本体论的理解产生了重要影响。存在者可以这样来表象，即从语言学的谓述角度来看，它是位于其下、作为基础的存在，也就是说，它始于作为源初主体（这是亚里士多德《范畴篇》的核心所在）的实体（ousia）的主观规定的优先地位。西方本体论的全部用词（substantia, subiectum, hypostasis, subsistentia）都是赋予作为主体的源初实体优先地位的结果，因为它位于所有谓述的之下并且是它们的基础。

1.8

在《形而上学》第 7 卷中，亚里士多德问："什么是实体（ousia）？"然后，他区分了这个词的 4 种意思，此处，亚里士多德明显参考了他在《范畴篇》中提到的存在的主观规定的问题。

> 在主体（hypokeimenon，即在其之下作为基础）的基础上，其他事物得到言说，而并不是它说其他事物，正因如此，我们需要将主体界定为原初的，因为原初主体似乎就是最首要［malista］的实体（ousia）。（1028b 35-1029a 1）

然而，在这一点上，他似乎质疑了主体的优先地位，认为事实上主体是不充分的：

> 现在我们说的是一般意义上［typoi，"简而言之"］的本质是什么，我们知道，在主体基础上，它并不存在（也不会被言说），而是在整全基础上（存在和被言说）。但我们不需要用这种方式来定义它，因为它不太充分［hikanon］，它不仅是模糊的［adelon］，而且在这种情况下，质料也成了实体（ousia）［……］。（1029a 9-12）

从这个角度来看，存在者的主观规定的优先地位让位于另一种本质的规定性，即亚里士多德所谓的是其所是（to ti en

einai，中世纪时期的拉丁语翻译为 quod quid erat esse）。要理解亚里士多德的本体论，就意味着正确地确定两种本质规定之间的关系。

1.9

海德格尔的一个学生——鲁道夫·伯姆对亚里士多德思想中这个带有明显矛盾的问题进行了彻底分析，这个矛盾就是亚里士多德同时肯定又否定了主体的优先地位。他批判了传统的解释，从中世纪开始，人们坚持认为，"在其之下作为基础"（das Zugrundeliegende）具有优先地位，这一点说明亚里士多德引入是其所是恰恰是为了回答隐含在这个优先地位中的难题。事实上，本质上的主观规定认为实体（ousia）并不在它自身中，因为还存在其他某种需要它充当在其之下作为它自己的基础的东西。也就是说，亚里士多德的主体与这样的说法是一致的，即按照这种说法，实体（ousia）问题唯有与其他东西联系在一起时才有意义，也就是以"用某物是什么将某物谓述为某物"的形式。然而，这种规定在存在物中引入了一个区分，使得存在物被划分为非实存的实体和非实体的实存。换句话说，如果我们从"在其之下作为其基础"出发思考存在物，那么，一方面，我们会拥有一个非实体的实存（无存在者的"是其所是"，

a quod est without quidditas（无实体的存在者），另一方面，我们会拥有非实存的实体："本质［Wesen］和存在［Sein］彼此互不相干，这样一来，它们在这两层意思上彼此分离：它们彼此决裂，支离破碎。"（Boehm, R., p. 169）

亚里士多德试图通过是其所是（ti en einai）的概念思考实存和本质之间的统一和同一性关系，思考原初实体的实存存在物和次生实体的谓称存在物之间的统一和同一性关系，但倘若这样做，说到底，在其之下作为基础的主体就会变得难以触及，本质就会成为某种并不实存着的东西。也就是说，"是其所是"（ti en einai）表达了存在与实存之间的无法消除的相互对立（Widerspiel），从伯姆的老师海德格尔的视角来看，伯姆的分析说到底回到了这样一个问题上，即"想知道现存的存在物是什么"，对此，唯一的最适当的表达是如下问句："为什么存在物存在，而不是一无所有？"（ivi, pp. 202-203）

1.10

对 ti en einai 进行解释的前提条件是对它进行语法结构的分析，奇怪的是，伯姆恰恰没有做这个工作。的确有很多人用了不同的方式来翻译这个句子，如伯姆将其翻译为"是其所曾是"（das Sein-was-es-war），纳托普（Natorp）将其翻译为"曾去成为什么"（das was es war sein），阿奎那和中世纪经院哲学家翻译为"曾是之物"（quod quid erat esse），罗斯和其他一些人简单翻译为"本质"。只要这句话那非同一般的语法结构——最不同寻常的地方是过去时的 en（"曾是"）取代了现在时 esti——没有得到澄清，那么，我们就不可能给出对这段话的哲学解释。

1938 年，一位年轻的古典学家库尔特·阿尔佩（Curt Arpe，1942 年死于战争）给出了一个十分精彩的对 ti en einai 的分析，一个语法学的分析。他说明了，为了理解 ti en einai 的意思，我们必须在心理上用两个与格（纯粹与格和谓述与格）完善这个表达。事实上，亚里士多德用了一个谓述与格来表达本质性的谓称——因此，人们正是在这段话中寻找 ti en einai 的定义（1029b 12-20）："成为你自己"（toi soi einai，字面意思是"走向自己的存在"）、"得到培养"（toi mousikoi einai，字面意思是"成为受过培养的存在"），"表象之存在"（toi epiphaneiai einai），还有在其他地方出现的"成为人"（toi nthropoid einai）——或者说"去做人"。然而，由于亚里士多德在这里谈论的并不仅是一般意义上的成为人，而是这个特定的人成为人，因此我们必须在这个表达中插入一个纯粹的或具体的与格。阿尔佩写道："借此，我们可以说明 ti en einai 这个问题的语法形式；为了理解这个表达，我们需要借助一个由同化所产生的纯粹与格和谓述与格来完善它。通过将冠词放在

前面，这个表达获得了对应于该问题的含义。"（Arpe, p. 18）

也就是说，ti en einai 意味着（在人的情况下）："对 X（例如苏格拉底、爱玛）来说，曾去成为什么（苏格拉底、爱玛）。"通过将"对于某个存在者而言，要去成为什么"的问题变成对"对于某个存在者而言，曾去成为什么"的回应，这句话表达了某种实体的本质（ousia）。

א 事实上，《范畴篇》也证明了阿尔佩的说法的正确性，亚里士多德写道："如果有人想要指出，对于他们［也就是说，人和牛］各自［ekateroi，纯粹与格］来说，作为动物［zooi，谓述与格］是什么［……］。"（1a 5）不过要注意，在《范畴篇》中，动词还是现在时（ti esti）。

我们已经看到，ti en einai 这句话有两种翻译："曾去成为什么"和"是其所曾是"。在某种程度上，这两种译法都是可以的，因为这个说法表达的正是从其中一种说法向另一种说法的过渡，而这两种说法不可能完全一致。正如我们已经注意到的那样，"亚里士多德用 hypokeimenon 和 ti en einai 这两个表达来说明含糊不清的实体（ousia）一词"（Tugendhat, in Boehm, R., p. 25）。不过"对 X 来说，曾去成为什么"从来不是它曾所是的真实"存在"。

1.11

如果通过这种方式，这个说法的语法结构和语义都得到了澄清，那么还有一个问题，即非完成态的"曾是"（en）：为什么亚里士多德必须用过去时态来定义本质，为什么要用"其所曾是"而不用"其所是"？这是一个界定了本体论装置的关键问题，也是亚里士多德留给西方哲学的一项重要遗产。

学者们已经给出了一些解释，在某种程度上，这些解释是正确的，但他们都没有抓住这个问题的复杂性。特兰德伦堡（Trendelenburg）认为这个非完成时态源自艺术家心灵中的方案相对于作品的优先性（Arpe, p. 15），当阿尔佩反对特兰德伦堡的柏拉图式的解决方案时，他处在一个非常有利的位置上。但是，即便是阿尔佩认可的纳托普的解决方案——无论它有多么正确——也无法穷尽这个问题。按照纳托普的说法，ti en einai 意思是"如果将某个主语与这个或那个谓语放在一起，那么对这个主语来说，在任何情况下，它始终'曾是'并曾代表着同一样事物。或许过去时态的'曾是'隐含某种更为深刻的东西，但它首先仅仅代表这样一个事实，即通过使用，这个必须得到明确定义的词被预设为某种已知的东西，即便它的含义事实上被预设为同一的，现在尤其需要减轻这种同一性，并意识到这种同一性"（ivi, p. 17）。至于伯姆，他认为存在和本质之间的统一和同一性的表达是非完成时态的，在这个意义上，一个实存着的是其所是的存在的同一性,必然需要"它是其所曾是的存在的同一性":也就是说,这个问题保障了某个存在物与自己的连贯一致性。"存在和本质的根本的同一性同时也不断重新确认了一般意义上的某个无名存在物的同一性。"(p. 171)。

如果亚里士多德希望表达的仅是这样一个平庸的事实,即被预设的主体必然是业已被认识的东西,或者该主体确认了自身与所有根本性的实体的同一性(当然,这两种情况都与亚里士多德的思想是一致的),那么他或许应该使用更简要的表达方式,而不是这个简单非完成时态的 en。这里最关键的问题反而是亚里士多德的本体论装置,这个装置通常将存在物区分为实存和本质,区分为一个已经预设好的主语(人们在主语基础上言说某物)和谓述(即所说的东西)。一旦这个区分成立,问题就会变成这样:言说原初实体,言说在其之下的东西如何成为可能?如何理解已以主体(hypokeimenon)形式预设好的东西(即苏格拉底作为苏格拉底存在,爱玛作为爱玛的存在)?正如伯姆的研究所说明的那样,存在被区分为非本质的实存和非实存的本质,倘若真是如此,那么我们要怎样才能消除这个区分,单纯地去追问与"成为这样的东西是什么"一致的"某物是什么"?

"对于这个存在物而言,曾去成为什么"正好回答了这个问题。如果由于个体已经被预设好了,我们只能将其理解为过去的曾是,那么唯一能把握它的真正独特性的方式就是时态。在 ti en einai 这个表达中,过去式的"en"当然无疑表达了存在的同一性和连贯性,但无论亚里士多德是否注意到了这一点,他最主要的成就是将时间引入了存在物。"隐含"在过去时态的"曾是"中的"更为深刻的东西"就是时间:语言所划分的存在的同一性——如果有人想要思考这个问题的话——必然会牵扯到时间。只要语言划分了存在物,它就会产生时间。

1.12

对"曾去成为什么"这个问题的一个回应是:在一个主体(sub-iectum)——一个位于其之下的非实体的实存物——与一个非实存的实体之间既然存在区分,那么我们如何能够理解独特的实存?这里的问题类似柏拉图在《泰阿泰德篇》(*Teeteto*)中提出的问题,即在苏格拉底说原初的单纯元素并不具备定义(logos),但可以被命名(*onomasai monon*, 201a 1sqq.)时提出的问题。在《形而上学》(1043b 24)中,亚里士多德认为是安提斯泰尼(Antistene)的弟子们提出了这道"难题",他们认为我们只能给出合成实体的定义,但无法给出单纯实体的定义。

这个问题非常重要,因为按照亚里士多德的说法,可以这样概括那种引导着所有研究的逻辑工具："人们经常以如下方式提出'为什么'的问题，即'为什么某物是［或归属于，hyparchei］另一样东西'"（1041a, 11sqq.）。也就是说，它消除了所有这一类的问题：用"为什么某物是（归属于）另一样东西"的形式说明了"为什么某物是某物"问题（这样一来，问题不是"为什么一个有教养的人是一个有教养的人"，而是"一个人通过何种方式成为这样或那样的生命存在物"，不是"为什么一座房子是一座房子"，而是"这些材料、砖块和房瓦通过何种方式成为一座房子"）。

一旦某物在谓述上没有指向另一样东西，这个装置就会遇上麻烦，就像当我们问"人是什么？"的时候那样。事实上，在这种情况下，我们发现自己有一个简单的表达（haplos legesthai——1041b 2），一个无法分析出主语和谓语的表达。对于这个问题，亚里士多德给出的解决方案说明，ti en einai 恰恰是用来理解一个单纯的或原初的实质的存在物的。在这种情况下，他提出，例如"什么是房子？"这样的问题必须以如下形式来提出："为什么这些东西叫房子？"这或许是"因为所出现的东西（或归属于它们的东西）是曾是房子的存在物"（hoti hyparchei ho en oikiai einai——1041b 5-6）。"曾是房子的存在物"（ho en oikiai einai）这个表达让我们联想到了 ti en einai，过去时的"en"当然代表房子是我们业已知道的、十分明晰的实存着的某物（亚里士多德已经在几行之前说过："实存的东西十分明晰"〔hoti hyparchei, dei delon einai〕——1041a 22）；但如果我们不理解这种实存方式在根本上是时间性的，具有一个过去，那么我们就无法理解这个装置的功能。

1.13

现在，如果我们问这究竟是一种什么样的时间性，那么显然，这并不是一个依照年代顺序的时间性问题（仿佛预先存在某个可能用小时或天来衡量的主体），而是一个类似操作时间的东西，它指的是这样一种时间，即心灵用它来实现了预设主体与其实体之间的关联。正因如此，两种可能的 ti en einai 的翻译都应得到坚持："对 X 来说，曾去成为什么"指的是预设的主体（hypokeimenon），"是其所曾是"则试图把握它，让主体和实体保持一致。能让它们保持一致的东西就是时间："对 X 来说，就是它曾去成为的东西"。这种装置对存在物的区分有助于让存在物发生运动，赋予存在物时间。本体论装置也是一种时间化的装置。

在西方哲学传统中，这是一种内在于主体的时间，自康德开始，人们以自身感触（autoaffezione）的形式来思考这种时间。"作为纯粹自身感触的时间构成了主体性的根本结构"（Heidegger 7, par. 34），当海德格尔写出这句话的时候，我们不要忘了，亚里士多德已经通过暗含的与格，通过 ti en einai 中的过去时的"en"，在主体（hypokeimenon，拉丁语文 subiectum）的位置上，指出在过去成为现代主体性的逻辑位置，一个不可避免地涉及时间的位置。

1.14

在 ti en einai 表达中，隐含了将时间引入存在的问题，亚里士多德并没有明确将这个问题主题化。然而，当他在解释这个问题时，即（*Metaph*., 1028a 30sqq.）实体（ousia）——在什么意义上首先是原点时，他区分了这种原初性的三个方面：根据概念（logoi）、根据知识（gnosei）和根据时间（chronoi）。根据概念，因为在每一样东西的概念中都出现了这个东西的本质（ousia）；根据知识，因为一旦我们知道了它的本质是什么，便可以更好地认识该物。亚里士多德似乎缺少对原初性的第三个方面，即时间性的阐释。作为替代，亚里士多德用如下说法，阐释了思想的任务："而实际上，那个人们过去和现在一直在寻找的，并且始终不确定的问题就是实体是什么。"（kai de kai to palai te kai nyn kai aei zetoumenon kai aei aporoumenon, ti to on, touto esti tis he ousia.）按照逻辑顺序，如果这个句子可以被解读为对原初实体的时间意义的说明，那么它不可能只涉及年代顺序的时间。在这里，亚里士多德的含蓄地引用了柏拉图《智者篇》（*Sofista*）中的一段话，海德格尔在《存在与时间》中也将这句话用作题记："当你们用到'存在着'这样的词时，显然你们早就很熟悉这些词的意思了，不过，虽然我们也曾以为（pro tou）自己是懂得的，现在却感到困惑不安（eporekamen）。"（244a）存在就是这样，如果我们想去把握它，就会把它区分为我们相信我们能理解的"之前"（palai）和成为问题的"当下"（nyn）。也就是说，对存在的理解已经产生了时间（海德格尔再一次提出了存在问题，这是对亚里士多德的本体论的复兴，海德格尔始终与他的问题保持一致）。

1.15

本体论装置是亚里士多德留给西方哲学传统的遗产，它将存在划分成实体和实存，将时间导入了存在，这些是语言的作品。语言将存在者主观化为主体（hypokeimenon），客观化为让我们得以言说的根基，这种主观化让装置运转了起来。另一方面，我们已经看到，主体（hypokeimenon）通常已经被专用名词所命名（如苏格拉底、爱玛），或者已被代词"这"所指示。那么 ti en einai，即"对于爱玛来说，曾是爱玛的东西"，则表达了在实体与其语言中的存在物之间运行的关系。

由于独特的存在物让自己脱离了谓述,因此如同被预设的主体(sub-iectum,所有的话语都建立在主体预设的基础上),它退回了过去之中。作为我们言说的根基的、确定了什么东西不能言说的存在物通常已经被预设了,通常拥有一个"它曾是什么"的形式。在被预设的存在物中,主体一方面坚持它的优先地位,另一方面又是无法触及的。用伯姆的话来说,它之所以无法触及是因为——与此同时,尽管如此——它的优先地位,他之所以具有优先地位是因为——与此同时,尽管如此——它无法触及(Boehm, R., pp. 210-211)。正如黑格尔用意义的辩证法来理解《精神现象学》开篇的确定性一样,过去正是那让我们在语言中直接将此时此刻理解为时间和"历史"的东西。除了对它进行命名,言说独特存在物的不可能性也会产生时间,并将存在物吸纳到时间当中。(黑格尔认为的绝对之物就是主体,而不是实体,这恰恰意味着:在预设中,作为hypokeimenon 的"主体"被消灭了,被推到了后台,成了预设。与此同时,通过辩证法和时间,它被理解为一个现代意义上的主体。)于是,语言的预设结构得到了揭示,变成了辩证法的内核。不同于此,谢林(Schelling)则试图寻找能抓住语言学的预设并使其中性化的方法,但他没有成功。

1.16

现在，我们能理解，当我们肯定本体论从根本上与人类发生学有关时，我们所说的是什么意思，同时也能理解亚里士多德的本体论装置——或者更一般意义上的本体论的历史演变——的关键所在。在这个装置中，就像在每一次新的历史衰落中一样，问题就是语言和世界之间的关联，即在智人这个物种的生物面前，将人类的发生过程展现为"历史"。本体论装置将纯粹实存之物（其是）与实体（所是）分离开来，在它们之间塞入时间和运动，这一装置重新实现并重复了人类发生的事件，通过——在它已经被视为历史先天的意义上——限定人类能做什么，能认识什么，能说什么，它在行为和认识的层面重新开启并界定了每一个时代。

根据那个特定的预设的语言结构（根据马拉美［Mallarmé］的准确概括："语言就是通过否定其他一切原则来发展自己的原则"——它将所有的原初之物变成一个预设），在人类发生的过程中，语言事件预设了人类发生之前的非语言和非人的存在。也就是说，我们必须以生物的主观化形式来把握装置，将它预设为我们言说的基础，就像语言在发生过程中所预设并奠定的基础一样。在亚里士多德的本体论中，主体（hypokeimenon），即纯粹的"其是"，命名了预设，即独特的不可谓述的实存，它必须同时既被排斥又被包容在装置之中。

在这个意义上，ti en einai 的"曾是"（en）有着更古老的过去，比所有动词的过去时都更古老，因为它指向语言事件的源初结构。在名词（尤其是专有名词，所有的名词最开始都是专有名词）之下，语言始终已经预设了存在物会指向语言。正如黑格尔曾十分完美地理解的那样，在这里在先性（precedenza）就是关键所在，它不是年代顺序的在先性，而是一个语言学预设的后果。

因此居于主体之位（subject-hypokeimenon）的状态是模糊的：一方面，由于主体不可言说，只能被命名和指示，因此它受到排斥；另一方面，只有在它的基础上，所有其他东西才能被言说。在这个意义上，这就是"其是"和"所是"之间的区分：ti en einai 的表达试图消除这个分裂，为了消除它而包含着它（在中世纪的一个拉丁语表达 quod quid erat esse 中，将"其是"［quod est］和"所是"［quid est］结合起来的意图十分明显）。

א 按照亚里士多德在《论灵魂》（415b 13）中提出的公理（"对于生命体而言，存在就是活着"［to de zen tois zosi to einai estin］），他用一种纯类比的方式将存在层次上的问题转化为了生命层次上的问题。和存在物一样，"我们也可以用诸多方式来谈论生命体"（pleonachos de legomenou tou zen—ivi, 413a 24），在这里，其中的一个意思——营养生

命和植物生命——与其他意思不同，它是其他意思的预设。我们已经在其他地方说过，营养生命成了必须被城邦排斥的东西——与此同时也是被城邦包含于其中的东西——即将单纯的生命同获得了政治资格的生命区别开来。本体论和政治是完全对应的。

1.17

柏拉图的本体论范式则完全不同。他是第一个发现了语言的预设结构并将这个发现视作他的哲学思想的根基的人。下面这段引文摘自《理想国》（511b），在这段话中——这段话非常有名，但也经常遭到误读——柏拉图用辩证的方法描述了：

> 那么也理解了可理解之物的其他部分，我的意思是，语言本身［autos ho logos］通过会话的潜能［tei tou dialegesthai dynamei］所能触及的东西。它并不是将这些预设［hypotheseis，从词源学上讲，"那就是被置于其下，被当成基础的东西"］当成原型［archai］，而是真正地将其当作预设——作为一个站立于其上的垫脚石，它能让我们触及非预设的东西［anypotheton］，通向万物的原理，预设一旦触及它［a psamenos autes］，就会反转回来，并

去把握从它那里得出的东西，它可以完全不依赖任何可见物，仅依赖理念本身而得出结论，从理念到理念，并终结于理念。

语言的力量就在于将原型（archai）变成预设（"假说"，即被词语预设为参照的东西）。这就是我们在所有非哲学的话语中所做的事情，在非哲学的话语中，我们想当然地认为名称指向某种非语言的东西，因此，我们将这个非语言的东西当成给定的东西，当成我们从此出发去探索知识的原点。相反，哲学家是这样一种人，他们意识到了语言的预设的力量，他们并不将假说看成原型，而是将其看成预设，他们只能将这些预设看成立足点，以触及那些非预设的东西。一点也不含糊其辞，重要的是，要理解柏拉图的方法与神秘主义实践没有丝毫关系，这种方法是严格限定在语言范围之中的（正如他坚定不移地指出的那样，关键在于"语言本身通过会话的潜能所能触及的东西"）。也就是说，一旦我们意识到语言（logos）的预设的力量——它将思想必须触及的实在变成了由一个名称或定义所指称的给定物——问题就成了通过在非预设的事物那里使用语言，也即是说，使用非参照性的方式（正因如此，一旦涉及关键问题，柏拉图宁可求助于神话和笑谈），意识到并消灭预设的假说（柏拉图称之为"阴影"［skiai］和"影像"［eikones］——*Resp.*, 510e）。

也就是说，哲学家将语言从它的阴影中解放出来，他们不会将这些假说当成自然而然的东西，而是试图从这些假说——我们知道，这些假说就是指意性质的词语——走向非预设的东西。这就是从阴影下解放出来的词语的理念，它不会预设某种给定物的原型，而是试图触及它，仿佛它并没有被名称和话语所预设一般。哲学话语通常也只能在那些非预设的词语的推动下从感性的参照系中解放出来，柏拉图称这种参照系为理念，重要的是，他通常会在前面加上一个形容词"本身"（autos）来表达这个参照系：如圆本身（autos ho kyklos—*Epist.*, VII, 342a-b）、物本身。在这里的物本身并不是一种蒙昧不清的、并非由语言所预设的非语言的东西，而是在——一旦我们注意到语言的预设性力量——语言从它的阴影下解放出来之时出现的东西。"圆本身"就是"圆"这个词，因为它不仅指向那个感觉上的圆形，也指向它本事，因为它本身也表示着它。唯有消除语言的预设性力量，我们才有可能让沉默的事物呈现出来：物本身和语言本身（autos ho logos）在这一点上发生了接触——他们仅通过一个意指关系和再现关系的空缺而统一起来。（一个词只能通过一个再现性的空缺来表示它自己——因此会有"触碰"的隐喻：这个理念是一个并不指意，而是"触碰"的词语。也就是说，就像在接触中发生的那样，它展现了某物，也揭示了它自己——回想一下《论灵魂》对于触碰的界定（423b 15），即它不是"通过媒介"［metaxy］而是"同时［ama］

作为媒体"来感知的。)

在这个意义上,科耶夫(Kojève)是对的,他说哲学是一种话语,在谈论某物的时候,哲学话语也谈到了这样一个事实,即它正在谈论该物。然而,显而易见,这种说法并没有完全表达出哲学的任务,因为这只是一个出发点,从此开始,各种不同的甚至彼此对立的角度才成为可能。按照柏拉图的说法,只有消灭了语言的预设性力量,我们才能触及非预设的东西,而亚里士多德——以及他之后的黑格尔——则相反,他们的辩证法的基础恰恰就是语言的预设性力量。

1.18

本体论所思考的存在物,是被言说的存在物,在语言中被追问的存在物,也就是说,在根本上它是一种本体-逻辑。在亚里士多德的装置中,这一点在这一区分中一览无余:存在被区分为主体(hypokeimenon),即置于其下作为根基的东西(被命名或被指示的独特存在物,它先前没有被一个主体言说,而是成了所有话语的预设)和在它的预设基础上言说的东西。在ti en einai 那里,亚里士多德试图思考它们之间的同一性关系,将被他区分开来的东西再次联系起来:存在物就是曾在语言中并被语言所预设的东西。也就是说,实存和同一性是一致的——

或者说，它们通过时间达成一致。

这样一来，这个装置，即作为历史先天的装置，为西方历史开启了一项任务，这项任务既是思辨的，也是政治的：如果存在物在语言中被区分，且难以挽回地分裂了，如果可以思考独特的实存之物的同一性，那么这种既被区分又彼此关联的同一性关系也可能奠定了一个政治秩序、一个城邦，而不仅是一个动物的牧场。

但是，真的存在这样一种存在的关联（既彼此区分又相互统一的关联）吗？或者说，在存在中难道不是有一道明显无法弥合的裂口吗？这个统一体产生了一个过去，并且，为了让它不至于有明显的问题，它需要引入时间。在 ti en einai 那里，它有着这样的形式："对于这个实存物而言，它曾是什么（或怎样活着）。"过去衡量时间，而时间必然会让自身慢慢浸入作为主体（hypokeimenon，这个实存物，tode ti，或第一主体）的存在的实存规定和保留在存在中的东西，即存在物与自身的同一性。实存与本质之间的同一性是通过时间的方式实现的。也就是说，存在与实存之间的同一性关系是一项历史 - 政治任务。与此同时，它也是一项考古学任务，因为它必须理解的东西是一个过去（一个"曾是"）。历史——由于它试图接近当下——总是已经成了考古学。本体论装置——由于它是以年代顺序发生的——也是一种"历史发生学"，它生产出历史，并让历史运转起来，只有通过这种方式才能获得历史。政治与本体论、本体论装置与政治装置紧密地凝聚在一起，因为它们为了实现它们自己，需要彼此依存、相辅相成。

א 在这个意义上，存在和历史密切相连、不可分割。这里也证成了本雅明的公理，按照本雅明的说法，所有拥有自然本性的东西（即存在物）都有历史。再看一遍亚里士多德的问题，按照亚里士多德的说法，"自然正在通向自身的路上"，由此我们可以说，历史就是自然通向自身的道路本身（和日常生活中的说法不同，它并不是某种与自己相分离的东西）。

1.19

在"神圣人"系列一的末尾，我在政治的划时代的状况和本体论的划时代的状况之间作了类比，这个类比是在一场激进的危机的基础上得到界定的，这场危机挑战了我们将本体论－政治装置的各个项既区别开来又关联起来的可能性：

> 今天，在海德格尔对此在的界定中，bios 恰恰是作为本质处于 zoè 之中的，即处于（leigt）实存之中。谢林认为一个存在物仅就是它的纯粹实存，这个思想表达了他的

思想的典例。不过，一个 bios 何以仅是它自己的 zoè 呢？一种生命形式如何把握那种既构成了西方形而上学的任务又构成了其难题的单一性（haplos）呢？（Agamben 3, pp. 210-211）

如今，实存和本质、实存存在物和系词存在物、zoe 和 bios 被完全分开了，或者说它们完全彼此崩裂了，将它们关联起来的历史任务似乎不可能再进行下去了。神圣人的赤裸生命是一个无法还原的本位（hypostasis），这个本位出现在它们之间，证明了我们不可能将它们等同起来，也不可能将它们区分开来："对 X 来说，它曾是什么或怎样生活"现在仅是赤裸生命。同样，在时间中——既是在年代顺序时间中，也是在操作时间中——它们曾被联系在一起，现在时间不再能被理解为历史任务的中介，在这个中介中，某个存在物可以实现与自己的同一性关系，人类可以保障他们作为人的条件，也就是说，维持他们的政治性实存。亚里士多德本体论装置在 2000 多年的时间里担保了西方的生命和政治，现在它无法再作为历史先天而发挥作用，在某种程度上，它也不再能反映人类发生过程（我们试图从语言和存在的关系的角度谋求稳定的人类发生过程）。这种投向历史的本体论（或神学）的投射已经达到了世俗化的顶点，似乎已变得不再可能。

正因如此，海德格尔试图——他的模式完美地对应于与亚里士多德的模式——将存在理解为时间，但他最后失败了。在他对康德的解释中，海德格尔肯定了时间是一种内在张力的形式，是一种纯粹的自身感触，他将时间等同于主我（Ｉ）。但正因如此，主我无法在时间之中理解自身。时间和空间让经验成为可能，而这样的时间本身确实我们无法经验的；它仅仅揭示了它的自身体验的不可能性。因此，理解主我和实践的意图包含一种偏差。这个偏差就是赤裸生命，它不可能与自我完全一致，在某种意义上，它经常迷失，从来不会过上真正的生活。或者，如果你们喜欢的话，可以说，去生活恰恰就是这种自身体验的不可能性，这种不可能性让某个人的实存和存在达成一致（这就是詹姆斯的小说的奥秘所在：我们之所以能生活，就是因为我们错失了我们的生活）。

我们可以用"成为你所是"这句格言表达亚里士多德的装置的意图（稍微调整一下这句话："成为你所曾是"）。这句格言——因为它赋予了时间一项永远没有尽头的任务——是矛盾的。按照科耶夫的说法，不如重新用如下方式来表述这句格言："成为你向来所不是"（或"成为你从未成为的东西")。只有以疯癫为代价,尼采才能在形而上学的历史终结处,相信他能够在《瞧,这个人》(*Ecce homo*)中说明"人如何成为那个人之所是"(wie man wird, was man ist)。

2 本位理论

2.1

西方本体论的划时代变迁发生在2—3世纪，完全对应这一个词进入第一哲学词汇表的时间，一个完全没有出现在古代思想中的词（在柏拉图那里这个词没有出现过，亚里士多德只在其原初意义上使用过这个词，即"沉淀，残余物"）：这个词就是本位（hypostasis）。在一项对这个词的语义史的研究中，多利已经说明了这个第一次出现在斯多葛学派的本体论中的词如何，从新柏拉图主义开始，逐渐变成真正的流行语（Dörrie, p. 14），在诸多不同的哲学学派中，这个词被用来指代实存，它取代了古代的实体（ousia）一词。这是一个"非常流行的词语"，它相当于是20世纪哲学中的"实存"（esistenza）一词流行起来的类似的先例。在古代世界的尾声，在哲学-神学词汇中本位被广泛使用，就像在20世纪的哲学话语中，"实存"一词被广泛使用一样。但是，20世纪的存在主义强调存在先于本质，这种优先性也对应它在用词上的优先性，但在晚期古代思想中，本位的情形更为晦暗不清：实际上有关这个词的流行的假设是一个反向的过程，通过这个过程，存在始终指向超越的实存。为了取代存在物之上的太一，我们必须把存在物的实存抬高到同样的高度，让它在本位中展现出自己。历史先天的这种变化——在所有的文化领域——都与一场划时代的变迁是同步对应的，由于我们仍然生活在它的象征之下，所以我们现在还不能对它给出一个准确定位。存在物（正如现在很明显的那样）会穷竭自身并消弭于无形，但在消弭的过程中，它在它的位置上留下了本位的纯粹的残余效果，即赤裸的实存本身。按照海德格尔的说法，"位于实存之中的实体"，在这个意义上，就是本位本体论的终章（也是它的坟墓）。

2.2

hypostasis 一词原本的意思——除了"基础，奠基"——就是"沉淀"，指液体中的固体沉淀物。于是在希波克拉底（Ippocrate）那里，hyphistamai 和 hypostasis 分别代表尿液的沉淀和沉淀物本身。在亚里士多德那里，这个词只有一种意思，即生理过程的沉淀（*De part. an.*, 677a 15）和作为营养过程的剩余物的粪便（ivi, 647b 28, 671b 20, 677a 15）。我们必须思考如下事实，即正是这个原本意思为"沉淀"或"残余物"的词成了表达本体论的基本概念的关键词或流行语：实存。本维尼斯特在一篇著名的论文中指出，已知存在有着完全不同含义的同一语素，在这种情况下，我们首先必须探索该词是否存在这样一种用途，即能够引导各种明显不同的意思统一起来的用途（这样一来，正如我们会看到的那样，他可以解释 trepho 这个词的两个大相径庭的意思："营养"和"扼制"——Benveniste, pp. 290-293）。

这样，我们便有机会从这个角度来问问我们自己，hyphistamai 和 hypostasis 的哪种含义可以解释这个词的语义发展，而这个词的语义发展显然是难以理解的。实际上，如果我们考虑到这个动词的原意是"产生固态的沉淀物"——这样"成为固态，具有了真正的连贯性"——这个发展最终走向"实存"，就是自然而然的构成。在这里，实存似乎——随着古代本体论的彻底转变——成了一个过程的结果，在这个过程中，存在被实体化，并被赋予了连贯性。在这个新的意义中，原本的意思没有消失，不仅如此，它也让我们理解了一个学派的思想——新柏拉图主义的思想，他们试图取代超越存在物的太一——为何永远无法将实存理解为"本位"，即无法将实存理解为一个超越性过程的物质残余和沉淀。

2.3

主体（hypokeimenon），即单纯的实存物，对于亚里士多德来说曾是存在物首要而直接的形式，它不需要任何基础，因为它本身就是最首要（或终极）的主体，在主体预设的基础上，我们才能理解万物，所有谓述才成为可能，不同于此，斯多葛学派则用 hyphistasthai 和 hypostasis 这两个词来界定从存在物本身向实存过渡的过程。于是，他们用动词 hyphistasthai 来代表非肉体的存在模式，就像他们的"可说之物"、时间和事件一样，而用动词 hyparchein 来指身体的在场。存在一个非肉体的维度，这是一个过程和事件，而不是实体的本然状态。随着这一趋势的发展，现在本位变成了某种类似操作的东西——这种东西在概念上居于次要地位，如果不是在发生上居于次要地位的话——通过这种操作，存在在实存中得到实现。正因如此，普鲁撒的狄奥（Dione di Prusa）写道："所有存在物都有一个本位"（pan to on hypostasin echei—Dörrie, p. 43）。存在不同于实存，但后者也是存在生产出来的东西（这里再一次出现了沉淀的形象），因而实存也必然归属于存在。那么，实存的根基就是存在的一种操作、发散或实现。

אַ 盖伦的一段话清晰地说明了是斯多葛学派最开始采用这种新的本位的术语的，在那段话中，盖伦将某些哲学家在存在和本位之间作出的区分定义为是"迂腐不堪的"："我认为，在存在和本位之间［to on te kai to hyphestos］作出的这种区分太过迂腐［mikrologia］"（*Meth. Med.*, II, 7）。不过，如果我们对比一下这个新词的两种不同的发生过程（两个过程不仅彼此不同，且几乎是完全对立的），可以更清楚地理解这种"迂腐"与思考存在的方式的变迁的一致性。斐洛（Filone）预见了后来被新柏拉图主义和基督教神学所承认的趋势，他写道"只有上帝在存在中实存着（en toi einai hyphesteken）"，而阿佛洛狄西亚的亚历山大则不同，他将各种个别存在物的实存模式与范畴观念的实存模式对立起来，他多次使用了"在本位中去存在"（einai en hypostasei—Dörrie, p. 37）的说法。存在物在本位，即实存模式之中，但也存在着非本位的存在物。一方面，存在斐洛的神，在那里，我们不可能区分存在和实存（或套用现代的表达，其实存位于它的存在之中）；另一方面，存在多样的存在物，在它们那里，存在仍然留存并存在于实存之中。"在存在中实存"和"在实存中存在"：在这里，一个进程开始了，这个进程会进一步将存在与实存、神与人分离开来。

2.4

如果说普罗提诺真的是新柏拉图主义的本位学说的开创者

(Dörrie, p. 45），那么波菲利则进一步使他老师思想中的"本位"这个术语更加专门化了，这个词已在《九章集》第五章的第一节（"论三个原初的本位"）和第三节（"论认知的本位"）中出现过了。

新柏拉图主义的本体论试图将亚里士多德的装置（即既将存在分开又将其衔接在一起的装置）与走向超越存在的真正柏拉图式的意愿结合起来。其结果是，存在物变成了一个处于张力关系的力场，这个张力关系的一端是超越存在的原则，另一端是存在在实存中的实现（或发散）——这就是那被称作本位的东西。亚里士多德本体论的水平层面被一种绝对垂直的概念（高/低；超越/先验）所取代。在普罗提诺和他的学生那里，"本位"一词代表着知性、灵魂和所有逐渐从太一以及由太一所生产出来的本位中流溢出来的东西："于是，它从始至终，从上至下，所有东西都恪守自己的位置，由某一者所产生出来东西，其地位低于生产出它的东西"（V, 2, 2）。

在《九章集》中，"拥有本位"（hypostasin echein，出现了18次）或"占据一个本位"（hypostasin lambanein，至少出现了6次）非常重要。实存并不是原初给定的，而是某种"占位"或被生产出来的东西（"本位被生产出来［ai hypostaseisginontain］，并保持了永恒不变的原则"—III, 4, 1）。但是，恰恰是超越存在的原则和从存在中流溢出来的本位的多样性之间的关系，构成了普罗提诺本体论中尚未解开的难题。

在《九章集》第五章第四节（这一节的标题是"次生之物如何从第一原则或太一中来"），以最奥妙的形式展现了这个难题。一方面，存在永恒不变的原则；另一方面，诸多"实存"通过一种神秘的流溢（proodos）——这并非一种创造，因此它并不完全与太一的行为和运动相一致——从第一原则中衍生出来：

如果某物得以形成，而太一自身保持不变，它的形成源自太一，而太一那时就是它的全部之所在。所以，太一信守了它自己的生活方式〔en toi oiekeioi ethei〕，它得以形成，并非从它之中形成，而是在形成中让它保持不变〔……〕但现在，如果太一保持不变，那么生成出来的东西在它的行动中〔ginetaienergeia〕吗？一方面，有着存在〔ousias〕于行动中的存在物；另一方面，行动中的存在源自每一样事物的本质。前者就是每一样事物，因为它在行动中，后者则源自第一存在，所有事物都是这个第一存在的结果，并与第一存在有所不同。就像在火中有一种热量，它是火的本质的全部，也有一种热量，当火在行为中实现它固有的行为时，它就会产生这种热量，原理也是如此：它信守了自己特有的生活方式，活动〔energeia〕中的存在由其完形（perfezione）所生产，它的完形从最高权力——事实上是所有存在物的最高者——处占据了一个本位〔hypostasin labousa〕，将其附加在存在物和实体之上〔eis to einai kai ousian elthen〕。因为第一原则超越了实体〔epekeina ousias〕。（V, 4, 2, 21-39）

2.5

或许没有任何一段话会比这段话更清楚地用亚里士多德的本体论术语表达了一种新的本位范式。被亚里士多德用来区分存在（即存在/实存、潜能/行为）的装置仍然成立，但这两套对立的词之间的关系彻底颠倒了。在亚里士多德那里，本质出自那个意在把握实存的问题（对于 X 来说，曾去成为什么），而现在，实存（本位）在某种程度上则是本质的表象。

在亚里士多德的装置那里，主体（hypokeimenon）处在基础的位置上，这个装置必须通过 ti en einai（即曾之所是）的方式得到使用，如今，它再一次分裂并进入了一个无限的逃逸过程：一方面，有一个无法理解也无法言说的原则，它的上升或下降超越了所有存在；另一方面，它的本位向实存流溢。亚里士多德的本体论不可避免地遭到了破坏：在逃离存在和语言的预设主体与本位多样之间，似乎没有任何关系。

这个矛盾也出现在了柏拉图的永恒和亚里士多德的时间之间，但普罗提诺和波菲利的本位理论并没有成功地克服这个矛盾。亚里士多德的装置隐秘地将时间引入了存在，因此，为了回到存在那里，该装置采取了本位的循环运动的形式。

א 在《神学基本原理》(*Elementi di teologia*)中,普罗克鲁斯(Proclo)进一步系统化了普罗提诺的本位本体论。一方面(prop. 27),他十分强调这一点:生产原则并不会由于缺乏运动或借助运动而产生本位的说法(重要的是,普罗克鲁斯在这里使用了"赋予本位"[ten hypostasin parchetai]的表达,但从词源学上讲,parecho 的意思是"在一旁"),而仅靠其充实(pienezza)和超级丰富(sovrabbondanza)来产生本位的说法。另一方面,他试图通过相似性(homoiotes—prop. 28-29)、分有(metexis—prop. 23-24; 68-69)和照射(ellampsis—prop. 81)等概念,来寻找生产者和本位之间的中介或共有元素。"如果分有者是独立的(即独立于被分有的东西),那么既不包含它又不源于它的东西如何能分有它呢?相应地,潜能和照射将被分有的东西传递给分有者,它必须衔接二者。"(ibid.)这里十分清楚地说明了新柏拉图主义如何试图将柏拉图式的概念(分有、相似)与亚里士多德的本体论范畴调和在一起,而这必然会带来难题,他们所借助的照射(irradiazione)或行列(processione)的概念根本没有办法解决这个难题。

א 在诺斯替学派那里，本位概念非常重要。普罗提诺批判诺斯替学派使本位多元化了（*Enn.*, II, 9, 2-6）。实际上，按照诺斯替学派的说法，从原先存在的原则（也被称为"深渊"或"原父"[Protofather]）那里保留下来了一些证明，在这些证明中，涌现出了多样性的"实存"或本位（这似乎拙劣地模仿了和消解了普罗提诺的本位）。在一定程度上，诺斯替学派对本位的定义就是它可以在人格实体中道成肉身，可以被刻画在一个历史谱系之中，可以凭借类似神话的东西来述说。其中的本位之一，即索菲亚（根据皮埃尔·阿多的说法，这对应于灵魂——Hadot 2, p. 214）经历了一次"苦难"并堕落了，远离了圣父。按照希波吕托斯（Ippolito）的说法，索菲亚的受难产生了"本位实体"（ousias hypostatas，"它来自恐惧，来自心理实体，来自身体的痛苦，来自恶魔的难题，来自皈依和祈祷回归"）。在这里，我们可以十分明显地看到，本位就是主体化的位置，在这个位置上，发生了从预先存在走向实存的本体论过程，这个过程发现了某种类似人格形象的东西。在诺斯替学派的本位中，亚里士多德的主体（hypokeimenon）进入这样一个过程，即一个导致它的存在变成了现代主体的过程。

2.6

在三位一体的神学中，新柏拉图主义的本位学说获得了重大发展。尽管阿里乌教派（ariani）已经使用了haypostasis一词来强调圣子与圣父的差异，但它的流行（显然从阿塔纳修［Atanasio］时代开始）代表着暗含在三位一体教义中的本体论关系："上帝有三个本位"（heis theos en trisin hypostasesin）。在这个情形下，直到那时经常与ousia（实体）混用的haypostasis一词，现在则明显地区别于实体：三个位格或实存都指向了一个实体。

从这时起，本位概念的历史与围绕着这个词语爆发的冲突纠缠在一起，与之相异的意思被归为异端，词语上的顾忌变成了一种麻烦。在连续不断地争端、咨议、分化、谴责之后，最终在驳斥了阿里乌教派、撒伯流教派（sabelliani）、景教教派（nestoriani）以及一性论派（monofisiti）之后，确定了一种表达来代表三位一体：一实体，三本位（mia ousia, treis hypostaseis）。

问题变得更为复杂了，因为在西方拉丁教会（他们经常用substantia来翻译古希腊语的ousia）他们经常说"格"（persons）而不是"本位"——德尔图良的著名表达是：三位格，一实体（tres personae, una substantia）。由于迦克墩教父们的耐心细致的斡旋，拉丁教会和希腊教会之间的对立在第一次迦克墩大公会议上得到了解决。本位和位格的差异被认作单纯的用词上的差异。正如纳西昂的格列高利(Gregorio di Nazianzo)写道:

> 我们希腊人虔诚地用三个本位来言说一个实体,第一个词表达的是神的本性,第二个词表达的是个别化的三元属性。拉丁人想法是一样的,但因为他们的语言的局限和用辞的贫乏,他们没有办法将本位与实体区别开来,他们只能使用"位格"一词[……]发音上的细微差异也代表着信仰上的差异[……]这两个词意思一样,在教义上没有任何区别。(*Or.*, xxxi, 35)

א 三位一体的本位绝不能被理解为唯一的神的实体的潜能或习性,只能被理解为本位的实存,尼撒的格列高利(Gregorio di Nissa)明确指出了这一点。他写道,在三位一体的安济(economia)中,关键并不是上帝的能力或潜能(他的话语——logos——或他的智慧),而是"一种依照本质而获得的本位实存的潜能"(kat' ousian...yphestosa dynamis –*Or. cat., 5*)。新柏拉图主义的用词在这里直接变成了三位一体的本位,诸如西里尔(Cirillo)的东方教父已经注意到:"当柏拉图主义承认三个本位并认为神的实体会展开为三个本位时,或者说,当他们有时也同样用'三位一体'这个词时,他们与基督教信仰是一致的，倘若他们希望用'共同实质'（consustanzialità）来表达三个本位蕴含着上帝的统一的话，那么他们的说法并无不妥之处。"（Picavet, p. 45）

2.7

多利已经看到，在阿塔纳修那里，hypostasis 一词的意思并不是实在，而是"实现"（Realisierung）："它表达了一种行为，而不是一种状态。"（Dörrie, p. 60）上帝是唯一的实体（substantia）——它本身并不可知，就像普罗提诺的太一一样——它在三个独特而明确的本位——三个侧面（prosopa）或显现（我们已经看到，这就是西方拉丁教会的三个"位格"）——中赋予了它自己实在和实存。

在西方，一方面，从波爱修斯那个获得极大成功的定义开始，位格的概念就被界定为"理性本质的个别实存"（naturae rationalis individuasubstantia）。另一方面，按照波爱修斯的说法，自然是"告知任意个别事物的特殊差异"（unamquemque rem informans differentia specifica）。这样，三位一体的位格或本位的问题已经与哲学上的个体化的问题合流了，在个体化的问题中，神的生物性本质成了一个个体化的实体（individua substantia）或"位格化"（personificano）。（现代主体的"位格"性质证明了这个概念在现代性的本体论中具有支配性的地位，它源于三位一体神学，其手段为三位一体，且处于本位教义之中，我们没有真正地从这个教义下解放出来。）

这样，本位——在新柏拉图主义那里似乎十分简单，即便它只是明显地将本质置于了实存之上——进入了一个缓慢发展的过程，在现代性中，它最终导致了实存的优先性。我们已经看到，拉丁语表达"三位格，一实体"（tres personae, una substantia）中的"位格"（prosopon，面具，同时也是脸庞），涉及神的实体的自我展现并赋予神以形式，让神可以在个体实存中具有实际的实在性。这里的前景是安济（oikonomia）即这样一种行为，通过安济行为，神的本性向神自己和诸生物揭示了其自身。基督教本体论——现代本体论也源于基督教本体论——就是一个本位本体论，这意味着它明显有效或正在运作：正如多利提醒我们的那样，本位的意思并不是实在，而是实现。

在亚里士多德的装置中，独特的实存是预先给定的，而如今，在本位本体论中，它是某种必须获得和实现的东西。在《导论》（*Isagoge*）一书中，波菲利以来自最高的属（即实体）的树或尺子（klimax）形式，从逻辑角度出发，系统化地概括了亚里士多德的范畴学说，这一逻辑角度通过一般性和特殊的差别，走向了个别事物。我们应当看到的是，当东方教父们从根基处进入大树，即从具体实存的个体上升到种属，最终抵达实体时，拉丁教父们则从高处进入大树，随后从一般下降到个体，从种属最终抵达特殊的实存。他们从普遍性出发，也正因如此，他们迷恋于探索形式理性或原则，即用实体去确定个体化。这个说法——当然，在理解实存问题的两种不同的态度上是十分有用的——并不十分准确，在某种程度上，实体和实存的关系（至少在神学模式中）都导致了或者都一直蕴含着两种运动。最主要的是，现在本体论成了实体和实存的张力关系的力场，在那里，本身在理论层面难以分离的两个概念彼此分道扬镳，最后又按照某种节奏（随着它们的关系越来越明朗化）合在一起。个体化的问题——也是个别实存的问题——就是在某个场所中，这些张力关系达到了彼此分离的最大程度。

2.8

在奥古斯丁的考察中，实体和实在的关系问题似乎成了三位一体本身和个别的神的位格之间的关系问题。在《论三位一体》（De Trinitate）的第七卷中，他这样问道，上帝之名或诸如"善"、"明智"、"全能"等属性，是指向了三位一体本身（per se ipsam），还是达成了一个独特的神的位格（singula quaeque persona – C.1）。我们可以看到（Beckmann, p. 200），这里真正的问题是如何调和一个实体和三种位格的多元性之间的关系。为了回答这个难题，奥古斯丁给出了一个多个世纪以来已经十分确定的论题，我们通过这个论题来思考关系问题："通过某物来言说的东西，就是在这个关系之外的某种东西"（Omnis essentia quae relative dicitur est etiam aliquid excepto relativo）。为了证明这个论题，他借助了一个例子——这个例子在哲学史中也十分重要——即主人和奴隶之间的关系。如果一个人被定义为"主人"，那么这意味着他与奴隶有着某种关系（反之亦然）。但是这个人的本质并不会在他作为主人的方式中被穷尽，而是首先将他自己预设为一个人。只有当主人是一个人的时候，他才能进入主人/奴隶的关系，并以相关的模式来言说。正如成为人才是成为主人的实质性预设一样，因此，成为上帝也是如此，三位一体本身——它似乎就是一种暗示——只是神的个别位格的根本预设。

然而，这个类比是不完善的，因为位格的三位一体最初只是基督教上帝内部的三位一体。所以，与作为主人的人的情况不同，我们不可能认为上帝并不总是三位一体的。于是，关系之外（excepto relativo）这个表达就十分重要了：我已经在我的"神圣人"系列一中界定了例外的逻辑，依此解读（Agamben 3, pp. 21-22），相关性就是同时在绝对之中被包含和排斥，在这个意义上——依据例外（ex-ceptio）一词的词源——它已经在外部被捕获，也就是说，它已经通过它的排斥来包含了它。在上帝的本质 – 潜能的统一体中，位格的相关性和独特性已经得到了把握，通过这样一种方式，它们同时既被包含于其中，也被它所排斥。如此一来，才有了标志着基督教会历史的各种争论、矛盾和难题，三位一体神学根本不可能解决这些问题。要解决这个问题，就必须抛弃亚里士多德和新柏拉图主义的本体论的概念，将眼睛转向另一种本体论。

א 在海德格尔那里，实体和实存的差异被概括为存在和存在者之间的"存在论差异"，这个差异成了哲学的主要问题。《存在与时间》的第9节（我们将此处海德格尔的思想概括为一种"存在主义"）宣称："此在的本质就在于它的实存"（Heidegger 1, p. 42）。即便海德格尔坚持强调，实存的概念在这里十分重要，它并不是传统本体论的概念，但他自己用此在（Dasein）谈到了"实存的优先性"（ivi, p. 43）。

在他后面的著作中，形而上学是由对存在论的差异的遗忘、存在者相对于存在的优先地位来界定的。《哲学论稿》（*Beiträge zur Philosophie*，出版于1989年，但创作于1936—1938年）的第259节包含了他对形而上学历史的概括，他通过存在者的优先地位界定了形而上学："将存在视为存在者的存在的思维，起始于存在者，并回到存在者。"（Heidegger 8, p. 426）形而上学历史的最终阶段被海德格尔

概括为从存在的退却并被存在所遗弃(Seinsverlassenheit):

> 以那种方式出现的存在者成了对象,成了客观地出现的事物,仿佛存在并不存在[……]通过存在摒弃存在者,这意味着存在在存在者的显现中遮蔽了自身。存在本身在本质上被规定为自我退却的遮蔽[……]被存在所遗弃:存在遗弃了存在者,这一事实也让它们成了它们自己,因此也让它们成了某种谋划(macchinazione)的对象。(ivi, pp. 115)

在这里,亚里士多德的本体论衰变成了一种本位本体论。存在物被存在所遗弃,就像新柏拉图主义或诺斯替教派的本位一样,它们无法回到(epistrophè)产生它们的太一,现在它们孤独地占据着世界的舞台。

我们认为在本位问题上,列维纳斯(Lévinas)忠实而明晰地发展了海德格尔的本体论。在《从存在到存在者》(*De l'existance à l'existant*)一书中,他套用了此在的概念,并将它界定为一个本位,即从非人格的"那里有"(il y a)走向纯粹个别的实存的出现的过程,这并非一个主体或意识(Lévinas 2, p. 75)。

在这里,在这种明确的本位本体论中,实体与实存、存在与存在者的统一似乎被打破了(如在诺斯替教派那里)。从《哲学论稿》开始的海德格尔的思想就是试图——一个十分宏大,但并不成功的尝试——去重构一个可能的统一体,与此同时,试图超越它去思考。但唯一能解决本位本体论的方式或许是走向样态本体论。我们将在下文提出这种本体论。

3 样态本体论

3.1

或许莱布尼茨和德·波塞斯(Des Bosses)神父之间的通信,最清楚地说明了亚里士多德的本体论装置的不足。在两人的通信中,最关键的问题是我们如何思考合成实体的统一性,以这样一种方式思考,即不再仅将这个或那个身体视作各种单子的集合,而是将其视作一个实质统一体。

在对德·波塞斯神父寄给他的《论身体实体》(*De substantia corporea*)的论文进行回应时,莱布尼茨写道:"如果身体实体是某种真实而凌驾于诸单子之上的东西,正如一条线可以被看成某种凌驾在诸点之上的东西一样,那么我们会说,身体实体在于某种统一,或者毋宁说,上帝将诸单子真实地统一起来。"(uniente reali a Deo superaddito monadibus)莱布尼茨称之为"绝对原则"(absolutum aliquid),将它的"统一实在性"赋予了诸单子,若没有这个原则,那么身体则仅是各种表象,只有各个单子才是真实的,才具有"实在的关联"(vinculum substantiale)。"如果没有诸单子之间的实在的关联，那么所有身体及其各种性质都只是一些有根据的现象，就像彩虹或镜子中的镜像一样——一言以蔽之，那只是诸单子之间彼此连贯一致的梦境。"（Leibniz 1, pp. 435-436; lett. 89, 5 febbraio 1712）

在这封信后面，莱布尼茨附上了一篇文章，他试图说明实在的关联的本质，他将它界定为"更为完美的关系"，它将多样性的单纯实体或单子变成了一个新实体：

> 上帝不仅赋予了单个的单子，也可以随意改造这些单子，但他也看到了它们之间的关系，即这些关系中的实在，还有蕴含于其中的真相。首先这些关系中最重要的是绵延（连续性事物的顺序）、情势（共存秩序）和交流（彼此互动）[……]但在这些关系之上，我们可以认为存在着一个更为完美的关系，通过该关系，从诸多实体中可以形成一个新的实体。这并不是一个单纯的结果，也就是说，它不在于真正的或实在的关联，而是在此之外，它会添加一些新的实质性或新的实在的关联 [aliquam novam substantialitatem seu vinculum substantiale]，这不仅是神的智慧的结果，也是神的意志的结果。附加在单子之上的东西并不能任意发生，否则任何分离的事物都可以统一成新实体，任何特定的东西都不会在连续的实体中出现。但这足以将那些在一个单子的规定之下的单子，即组成一个

有机的身体或自然的机制的单子 [unum corpus organicum seu unam Machinam naturae] 连接起来。（ivi, pp. 438-439）

3.2

在实在的关联中，最关键的问题在于，是什么让我们在不依赖身体与灵魂的结合的情况下，将一个单一实体看成这样一种"自然的机制"，即这匹"马"或这只"狗"（p. 457），这样或那样的人类身体。此外，由于耶稣会教士德·波塞斯神父最感兴趣的是，在圣餐变体（hoc est corpus meum）中，我们如何理解基督耶稣身体的统一，因此问题变得更为复杂了。自然关联的概念让莱布尼茨对这个问题给出了一个非常精致的回答。

如果界定身体的独特实存的东西就是实在的关联，那么圣餐变体就没有必要毁灭面包和酒水的单子。基督耶稣的身体的关联足以消灭和取代之前界定了那些实体的材质的关联。所以，"这是我的身体"的说法指的并不是单子，而是实现它们的统一性的关联：

> 我认为可以用保留单子来解释您的变体的问题（这似乎更符合宇宙的理性和秩序），但上帝赋予基督耶稣身体的实体关联，从实体上将面包和酒水的单子联合起来，前

者的实体关联遭到破坏,它随之发生了变动或遭遇了变故。如果上帝尚未在这些单子上附加上实体关联,那么留存下来的仅仅是面包和酒水的单子的现象［……］。（p.459）

德·波塞斯神父坚持认为分殊的形式让特殊实体得到统一,他将让这种特殊实体统一起来的东西称为"绝对分殊"或"实质样态",莱布尼茨则与之完全相反,他认为合成实体的独特性并不源于单子的变动,也不可能是某种在它们之中的类似样态或分殊的东西,就如同在主体之中那样。尽管这个关联不是预先存在的形式,但它将身体的统一体构成为一种实质性实在。

3.3

当然,莱布尼茨使用"关联"一词来表达本体论词汇体系中的实在统一体,并非出于偶然。方济各会从一开始就认为生命体在胚胎中便已被给定了其统一性和完形,甚至在灵魂出现之前就被统一在一起了,他们将这个原则称为身体形式（forma corporeitatis）。形式（forma）一词与亚里士多德本体论关系密切,而"关联"（vinculum）一词则强调了如下事实,即莱布尼茨试图思考点不同的东西,即便（或恰恰出于该原因）他仅加上了形容词"实体的"（sostanziale substantial）。可以看到,莱布尼茨在他那本较为次要的数学著作中使用"关联"一词，它代表一个可以将数字或代数符号结合成一个统一体的符号。如果在某种情况下，这个统一体是偶然的，那么这个关联就会消解，在其他情况下，如2的平方根，它的值与数字变动密切相关，因此，它只能通过关联而存在。但"关联"一词背后还有莱布尼茨非常熟悉的传统，就像法律和魔法一样，在这个传统中，关联是一个积极的潜能，它不可避免地分有自然区分的格局。

无论如何，可以确定的是，莱布尼茨的选词，就像德·波塞斯神父坚定不移地反对这个词一样，对应于他的一个目的，我们会看到，这个目的——用一种新的方式去思考亚里士多德的本体论范畴——通常不会取得成功。

3.4

这场讨论中最关键的问题在这里十分明显：如何思考特殊身体的统一性，不将它看成一种表象，而将它看成某种实在的东西。对于德·波塞斯神父而言，身体的统一性（如一匹马、一个男孩：即亚里士多德那里的原初实体）不过是从实体形式中流溢出来的样态或分殊。对于莱布尼茨而言，这反而是一个新原则的问题，它仍然是实体秩序，但它会迫使我们在闻所未闻的词语中去思考肢体，即便它会与传统定义产生矛盾。

正如在《单子论》(*Monadologia*)中,单子本身之间的关系是通过"生活的镜子"的隐喻表达出来的(所有单子都是整个宇宙的活的镜子[un miroir vivant]),这个意象进一步澄清了莱布尼茨界定关联的特殊实体的道路,它就是回声的声学-音乐的意象。在这个意义上,这篇结束了交流的信件是一篇小论文,它试图界定本体论的新词汇,尽管这并非没有困难和矛盾。

德·波塞斯神父坚持认为实在的关联是一种样态。莱布尼茨则认为,它不可能是一种样态,因为它不可能改变也不能修改单子("sive ponas, sive tollas, nihil in monadibus mutatur"-p. 516)。此外,即便实体形式和合成物的材质都被包含在关联之中,但这种关联并非以本质的方式(essentialiter)而只是以自然的方式(naturaliter)将它们连接起来。用莱布尼茨的话来说,这意味着关联"需要[exigit]单子,但在本质上并不包含[involvit]它们,因为它不能没有单子而存在,反之亦然"。这里十分恰当地使用了回声的隐喻:正如灵魂是外在事物的回声,且不依赖于那些外在事物一样,"按照它的构造,它就是单子的回声,结果是,它曾经对单子提出了要求,但并不依赖于单子[exigit monades, sed non ab iis pendet]"(p. 517)。

回声的形象试图表达的是,它们之间有一种奇妙的紧密关系,与此同时,关联和单子彼此互不相干。如果物体不仅是单子的外在的回声,它就是一个不同的实体,而不是它们的关联,如果某物内在于它们，那么它就是单子的偶发事件或一种变换。不过，作为某种实质的回声的观念当然是自相矛盾的。的确，如果我们可以想象一种没有回声的声音（单子），我们就不可能明白，在没有先于回声的声音的情况下，思考回声何以可能。正因如此，莱布尼茨仅仅假设了某种类似"普通回声"（echo originaria–p. 519）的东西，或者说，这种回声是一种"变换的根源"（fons modificationum–p. 504）；有人提出了反对意见，认为回声不可能是一种行动原则，他回答说"物体对回声的反馈就是一种行动原则"（p. 503）。

德·波塞斯神父认为在谈到"身体"（如圣餐时的基督耶稣）时，指示代词并不一定指向某个实体的个体性（individualitatem substantiae），而是指向诸多表象的个体性（p. 454）。对此，莱布尼茨回答道："有人说'这就是我的身体'〔……〕我们并不是用'这'或'身体'来指代单子〔……〕而是通过实在的关联产生或组成的实体来指代它。"（p. 459）这样的身体的独特性之所以是明确无误的，只是因为它不是表象，而是实在，它不仅是一个样态，而是一个实体——不过，实体所拥有的连贯一致性与纯粹声学上的回声相差无几。但我们可以说，这是一种积极的回声，它需要单子，但并不依赖于它们，的确，它在将它们当作普通事物的基础上，让它们彼此和谐一致，并构成了一个统一体。

3.5

在争论中，对话的双方多次给人这样的印象，即他们之间的分歧更多是术语的分歧，而不是真实的分歧（"我们称之为存在的样态还是分殊，都只是用词问题"—p. 453，"你可以自由地将赋予合成物以实在性的关联称为实在的样态"—p. 515）。但是事实上，这里最为关键的问题恰恰是要关注我们理解经院本体论的基本概念的方式。对于耶稣会来说，他们始终不渝地坚持传统概念，被莱布尼茨理解为特殊的身体统一体的可以是一种样态（即便是一种特殊类型的样态），或一个分殊（正因如此，他强制性地将这个概念界定为"实质的"）；对于莱布尼茨而言，身体既不是样态，也不是分殊，而是实体（Boehm A., p. 32），然而，问题在于将传统的实体概念带上一个预料之外的方向。一方面，他想要理解的还是亚里士多德的原初实体，"对于 X 来说，曾去成为什么"；另一方面，对他来说，这并不是一种预设，而是一种积极的力量，它从作为回声的单子中产生了一种后天的东西，所以，不能简单地将它归于实体概念，即在其之下作为基础的东西。

有人认为，我们借助了关系优先于存在的方式来解释莱布尼茨的概念的新意所在（Fremont, p. 69）。不过，这一方面意味着消除他的新意，因为经院神学已经毫无保留地肯定了三位一体（"安济"）相对于上帝之中的实体的优先地位；另一方面，这与莱布尼茨实际上所说的相矛盾，即在那封结束了两人通信关系的信中，他似乎将单子之间的关联与关系区别了开来，他写道："连接两个单子的秩序或关系并不在于这个单子或那个单子，但是两者是同时而且彼此平等的，也就是说，关系不在两者那里，或者说，只能在心中去思考这种关系，除非你添加一个真实的关联，即某种实质性的关联，这种实质性的关联是它们共同谓述和修饰的主体，也就是说，这种关联将它们合并在一起。"（Leibniz 1, p. 517）不过，如果关联是一种关系，它就与样态不同，它并不具有一个内在于其中的主体："它是某种绝对之物，因此它是实体的。"（absolutum aliquid adeoque substantiale– ivi, p. 433）

3.6

耶稣会十分顽固地坚持"实在的样态"，而哲学家则坚持"关联"，真正有问题的地方在于本体论的历史情境。在这个背景下，莱布尼茨认为这种哲学就是晚期经院哲学，我们可以在弗朗西斯科·苏亚雷斯的《形而上学争论集》（*Disputationes metaphysicae*）中找到其最完善的表达（有人曾十分正确地指出，莱布尼茨就是通过阅读苏亚雷斯的"手册"而了解到逍遥学派［*Schola Peripatetica*］的）。在这里，认为形而上学的对象就在"存在之为存在"（ens qua ens）中，这种传统已经在实体和实存的关系中达到了极致，这个亚里士多德相信他已经在 tien einai 中解决了的问题成了本体论的核心问题。如果上帝的本质和实存相一致，那么在诸多造物中——尤其是在身体和合成实体中——毋宁说问题在于对它们的关系的思考，我们不能想当然地为这个问题给出解答。在对实体（ousia）的研究中，亚里士多德开始提出主体（hypokeimenon）的优先性，也就是说，特殊实存物的优先性，经院哲学则相反，他们发展了新柏拉图主义的立场，提出了实体的优先地位，从实体中演绎得出实存。但是，一旦诸生物的存在界定为是从实体开始的，运作于特殊实存中的规定原则就变得非常可疑。特殊实存仍然是哲学的关键实验（experimentum crucis），这个问题无法回避，它不断地威胁到哲学，让其触礁沉没。

3.7

哲学家和神学家尝试界定实体和实存关系，真是在这一过程中，他们在一系列区分的问题上停滞不前，这些区分十分细微，也没有定论。在个体化原则的问题上，他们抵达了临界质量。从阿奎那和司各脱到卡耶坦（Cayetano）和苏亚雷斯的经院哲学传统，所有人都承认个别实存会在实体上添加某种东西：他们的分歧在于如何界定它们之间的差异和关系。在这里，有两个立场是完全对立的：一方是根特的昂利（Enrico di Gand）所代表的立场，他否认实体和实存之间存在真正的差异（或者说，正如在经院神学那里，这也涉及在共性和设定之间的个体化的表达）。另一方则是托马斯·阿奎那代表的立场，他认为物质性的造物的实体和实存、本性和设定都有着实质的差异。

在这两种立场之间，逐渐出现了第三种立场，即由司各脱的问题所引出的立场，我们或许可以在苏亚雷斯那里找到对这种立场的最完美的概括。按照这种学说的说法，在造物中，个别物体在共性上添加了某种东西，这种东西与共性有着实在的差异，不过，特殊实存与实体并无区别，没有某物与他物（ut res a re）那样的区别。尽管阿奎那认为实存与实体有所不同，但他已然指出："正如我们不能说跑步自己在跑一样，我们也不能说实存自己实存着"（*In lib. Boethii de hebd. Lect. II*）。如果特殊实存不可还原为实体，那么它也与后者密不可分，它们并非一物与另一物、一种实体与另一种实体之间的关系。为了界定特殊实存的独特地位，"样态"和"样态差异"的概念就出现了。

3.8

我们可以在维泰博的吉尔斯（Egidio da Viterbo）那里找到对样态理论的最早的专题思考。在他早期的论著《形式的程度》（*Gradi delle forme*）中，吉尔斯就看到了在广延物质中，外延（我

们可以认为这属于量的范畴)并非物质(这属于质的范畴)之外的东西,而只是存在的样态(modus se habendi):

> 其他人认为物质的广延不同于作为量的广延,它是区别与物质的不同的东西,这样,物质及其广延就是两个有着实在[realiter]区别的东西[……]然而,我宁可认为他们所说的被动的广延本身并不是一个范畴,而归属于物质的本质,它就是存在的某种样态[quendam modum se habendi],它归属于物质,因为它与量结合在一起。(Trapp, pp. 14-15)

吉尔斯同样用样态的概念来解释圣餐的变体问题,面包和酒水的分殊在经历了变体之后仍然存留,它被剥夺了实体,获得了实体的样态,而基督耶稣的人的本性——由于它与神的言辞相统一——尽管是一个实体,但也获得了一个分殊的样态:

> 由于这里的分殊没有实体,因此在圣餐礼中[……]这里的物所具有的就是一个分殊,它只有某种实体的样态[habet quendam modum substantiae],因为它归属于它们,并自为地实存着;在基督的人的本性那里,尽管此物是实体,然而由于它内在于永恒性的言辞,它便获得了分殊的样态[habet quendam modum accidentis]。(ivi, p. 17)

按照吉尔斯的说法，"自为的存在"（per se esse）和"内在于"（inesse）都不能表达实体和分殊的本质，而是它们存在的样态（"内在于的意思并不是这就是分殊的存在，而是它的存在的某种样态［modus essendi eius］，正如自为存在并不意味着实体的存在，而意味着实体的某种存在样态"—p.18）。"自为存在"和"他物中的存在"（esse in alio），这两个亚里士多德本体论的基本术语只有样态的差别，没有本质上的区别。斯宾诺莎将实体界定为"自因存在"（quod in se est），将样态定义为"在他物中的存在"（quod in alio est），如果我们将这个定义置于反对吉尔的样态差异的概念的背景下，这一点就十分容易理解了。

正是在《论天使的构成》（Sulla composizione degli angeli）一书中，在个体化问题的背景下，样态概念得到了最佳的定位，它被界定为共性（本质）和设定（特殊实存）之间的关系的手段。吉尔斯与根特的昂利针锋相对，坚持认为本性和设定有着真实的差别（否则某人和人性就是一回事），不过，这个差别是样态的差别，而不是本质的区别（suppositum non dicit essentiam aliam a natura）；否则我们就无法谓述某人的人性，但实际上这是我们可以去谈的。共性（本质）不同于设定（特殊的人），就像行为区别于潜能一样，就像未经修改的法律区别于已经修改的法律一样（pp. 24-25）。

与长期以来关于样态概念所代表的晦涩性相一致，这里的麻烦在于样态的地位，它既是逻辑的，也是本体论的。从这个角度来看，在方丹的戈弗雷（Goffredo di Fontaines）和阿根迪纳的托马斯（Tommaso di Argentina）之间发生的关于吉尔的样态概念的激烈争论最具启示意义。按照戈弗雷的说法，某物与他物有着实在的区别，但它却并不是另一物，这个在逻辑上是有矛盾的。戈弗雷写道：

> 如果样态是虚无 [nihil]，或是绝对的非实存 [absolute non ens]，那么，在样态之下，某物不可能区别于另一物，二者不仅没有真实的区别，也不可能根据理性来区分。反过来，如果存在某物，那么它会是某个特定的物。如果它是一个存在物，或它仅存在于心灵，那么它不可能与心灵之外的某物构成任何真实的区别。或者换句话说，这是一个心灵之外的真正的自为存在，在这种情况下，要么它完全与自然相一致，并且由于自然是那种样态，因此它不可能构成某种区别；或者换句话说，它是一种绝对地不同于自然的存在物，由此一来，它可以真实地或相对地由它所组成，那么实体及其分殊之间的关系就是真实的东西，而这是错误的 [……]（p. 36）

阿根迪纳的托马斯的回应或许成了对存在和虚无之间、逻辑和本体论之间的样态的特殊地位进行界定的最巧妙的尝试：

> 样态是虚无，但它是某种表达了自然本身的东西：这样一个事物，也就是自然。此外，样态和自然并不意味着自然**和**某物［natura et aliquid］，而意味着**通过**某种事物［per aliquid］——某种是真实的样态的事物——让自然本身多样化，因为它真正依循的是自然本身所塑造出来的一种形态。（ibid.）

א 圣餐变体的问题产生了无实体的分殊的悖论（变体中的面包和酒水就是没有实体的分殊），也产生了没有分殊的实体的悖论（基督的身体）。正是这个问题彻底地质疑了本体论的范畴，迫使吉尔斯重新思考对分殊的传统界定，这意味着吉尔斯开始求助于模态观念。

3.9

司各脱在真实区分（事物中的区分）和理性区分（心灵中的区分）之间，引入了形式区分，形式区分是一种不啻于真实区分，但不仅限于理性区分的东西。司各脱的学生在该范畴下引入了实体与实存、本性与设定、量与质的区分。苏亚雷斯重新捡起了在从吉尔斯到卡耶坦的过程中得到巩固的一个传统，他称之为样态区分，并在其上构造了真实而适切的样态理论：

> 我坚持认为，在诸造物中，存在着区分——这是实际的区分，它与在我们对它进行任何心灵的操作之前就存在着的物的本性之间的区分相对应——它并不像将两个事物或完全不同的两个本质区别开来的区分那样宏大。那些区分可以说是真实的，因为它们源于事物，而非源于外在知识中的命名，不过，最好将它与真实区分区别开来，我们可以更为恰当地称之为样态区分，因为它总是某物及其样态之间的区分。（Suárez 2, p. 255）

样态区分涉及这一点，即造物的实在性不仅由其实体所界定（苏亚雷斯称之为实体性或彻底性），也由这样的东西所界定，即"真实的样态，某种积极的东西，人们通过它们本身就能把握实体，赋予它们某种在整体上超出本质的东西，如同自然中的个别物和实存物一样"（ibid.）。在这些真实的样态中，苏亚雷斯列举了内在于实体的量或质、与物质相结合的实体形式（这就是莱布尼茨在与德·波塞斯神父通信中的问题），还有"相对于共性的实存或人格"（p. 256）。

所以，样态就是物的感触（affezione），"它决定了物的终极状态以及它实存着的理由，但并没有为它增加新的本质，只是修改了它"（ibid.）。再说一遍，问题在于对存在物的矛盾状态进行界定，因为在总体上它并不拥有自己的本质，不过，它的确与那些——通过修改它——依附于其上作为样态的东西有所不同。

> 这样，我们已经界定了样态，它的确区别于作为样态的事物［……］但它并没有真正区分出不同样态的事物，并非像将某物区分于他物（ut res a re）的那样，这是一个较为低级的区分，我们可以恰当地称之为样态区分。它之所以比较低级，是因为就其本身而言，样态并不专属于某物或实体，因而它不可能将某物与他物区别开来，这同样因为样态十分紧密地与作为样态的事物结合在一起，如果没有后者，样态就没有让自己实存的力量，就好像这种结合意味着它们之间的同一性［……］（p. 257）

样态观念的出现，让我们可以去思考实体和实存之间的关系。二者彼此区分同时又互不可分离。不过这个关系是不对称的，因为正如苏亚雷斯稍晚一些时候所说的那样，在样态区分中，"一个元素和另一元素之间的区分并不是相互的，这意味着在没有另一方的时候，一方仍然继续存在，但反过来并非如此［……］这界定了样态存在，它不能靠自己持存，也不能与作为样态的事物相分离"（p. 263）。也就是说，这个区分暗含一个等级关系，如果我们认为实存是一种样态，就会导致亚里士多德的主体（hypokeimenon）之于本质的优先性颠倒。然而，正是实体的优先性使个体化，也就是说，从实体向实存的过渡过程，变得难以理解。如果实存实际上是绝对非实体的，那么在实体上添加的东西只是一种修改,如果实体能够不需要它的样态而存在,那么为什么、凭借什么本质可以得到实存或被修改?

3.10

在司各脱的此一性(ecceità)概念中,他十分雅致地解决了个体化的问题,这具有传奇色彩。司各脱认为个体化附加在共性或形式上,它不是另一种形式或实体,而是一种终极实在(ultima realitas),即形式本身的终极态。即是说,特殊实存所添加的东西就是此一性(或"此一性"[eccoità])——在思考基督论中的这一个人[ecce homo]的时候,我们可以用这个词翻译司各脱的术语此一性[haecceitas])。"此一性"并非超出实体的东西,而仅是实体的终极实在性,在这个终极实在中,实体可以得到展现(因此,苏亚雷斯认为其中有一个样态)。在形式或样态中并不存在让事物个体化的原则:在这里,个体只具有形式的终极态,即最高级别的变形,从而使得我们可以说"看这个人",或者说"这就是我的身体"。但正因如此,按照司各脱的说法,共同形式或实体本身并不关心任意的特殊形态,正如经院哲学家们在他之后反复说的那样:"将它设定为任意的特殊形态,并无矛盾。"

在这里，我们十分清楚地看到，实体和实存被区分开了（或者正如在基督教神学那里的情况一样，它们仅在上帝那里才能达成一致），因此我们必须找出在实体中是什么东西让——或者至少不阻止——它实现个体化。这就是司各脱所说的不关心或无矛盾的意思。正如阿维森纳（Avicenna）曾说过的那样，平等就是这般平等（equinitas est equinitas tantum），马仅仅是这样的马，它并不关心一般性和特殊性，在此一性中，本身也没有任何对立于个体化的存在物的东西。

苏亚雷斯使司各脱的立场更加激进化了，同时批判了后者，他承认实体不需要任何外在的个体化的原则。当然，我们可以将个别的实存与共同实体区别开来，但这种差异不是样态，正如对司各脱而言，它不过是纯粹理性的差异，它并不在事物中具有一个不同于实体的基础。正因如此，"这样或那样的存在（即特殊实存）是否增加了一种样态［……］一种不同于存在本身，因此按照事物的实体，这一特定存在物或实体在形式上有所区别，因为实质增加了一个样态，而它并没被包含在存在的概念之中"（p. 82），对此，苏亚雷斯给出了消极的回答。特殊实存的实体已经包含在可能的个体化中了，并不需要任何实在的补充，甚至不需要作为样态的非实体性的附加物。

3.11

即便我们在亚里士多德的潜能和行动、可能性和实际性的关系模式的基础上去思考实体和特殊实存的关系,个体化仍然有不少问题。是什么让自我在此一性中生产自身、在这样或那样的特殊性中现实地实现自己成为可能?

在《形而上学》第 5 卷(1047a 24-25)的一个著名段落中,亚里士多德用一个玄妙的说法提出了(但并未解决)这个问题,按照这个说法,"如果据说拥有的潜能的行为得到验证,那么就没有什么潜能——对它而言无物具有潜能——可以形成"。如果实体和实存像潜能和行动一样被区分开来,那么它们的关系就非常成问题了。

正因如此,正如司各脱所建议的那样,它在本质上无关于或不抵触独特的事物,所以苏亚雷斯也必然会假设,在实体或在共性中,一种能力会在某种特殊实存那里被生产出来。"从内在原则来看,一种实体形式的个别差别就来源于形式的实体,在某种程度上,它有着某种充盈物质的能力"(p. 185)。同样,倘若如此,实体则"拥有一种能力,或者说它并不抵触与在某种存在物中产生的存在"(Courtine, p. 302)。"可能的事物拥有实存的能力,在这些事物的立场上,这种能力就是一种特定的不抵触,从原因的角度来看,它代表着产生它们的潜能。"(ivi, p. 319)

当然，能力不仅是无关或不抵触，它亦可能在于，某种倾向于或面向个体化而展开的本质，正如苏亚雷斯说的那样，一旦某人想到它已经包含了所有它的需要，想到实体和实存的差异仅仅是理由之一，这便不容易解释了。几十年之后，莱布尼茨在与德波塞斯神父的通信中将实存界定为实体的一种"需要"，那时他写道，界定合成实体之实存的关联"需要单子，但在本质上它不会产生它们"，他这也是在解决同样的问题。

这样，我们不用对此感到奇怪，即在《争论集》的另一个段落中，苏亚雷斯使用了表现力的概念来思考实体和实存的概念差异。他认为，特殊实存中的存在的规定性，不能按照合成的样态来理解，只能作为思考实体的更具表现力的样态来理解（per modum expressioris conceptionis）。实体和特殊实存，也就是说，它们并非两种真正不同的概念，它们的差异仅在于"一个概念比另一个概念更为明确［unus est magis determinatus quam alio］［……］因为在某一事物中，人们可以用更富有表现力的方式去思考它［per unum expressius concipitur res］"（Suárez, p. 101）。

相对于司各脱的此一性或吉尔斯的样态，苏亚雷斯并没有说明表现力的附属性质。但可以确定的是，这段话就像一个表明了某种关键姿态的接力棒，传承到了斯宾诺莎那里，他写道：特殊事物"无非就是样态，在样态中，上帝的各种属性以十分明晰而确定的方式找到了表现力。"（Etica, 1, prop. 25, cor.）

3.12

在这里，我们可以更好地理解我们一开始谈到的莱布尼茨和德·波塞斯神父的通信集中的关键问题所在。这个关键问题就是真正的本体论问题。思考一个物体的特殊实存的问题，也就是说，本体论的发展已经越来越成为问题。德·波塞斯神父采取了这一立场，即对他而言，样态传统更令人放心：实存并非实体，而是存在的样态，它并不会增添任何本质，而是一种修改。黑格尔同意莱布尼茨的说法，单子仅凭自己就能构成一个合成物，所以它们需要关联：但这种关联只是占主导的单子的一种样态（这种占主导地位的单子将形式赋予身体，即将形式赋予实体），而非莱布尼茨所认为的某种绝对的和实质性的东西。与这种某一实存物体的统一性的样态式概念不同，另一种传统则反对这种样态论，认为"有一种说法指出，应该存在形式上有差别的实体，形式与物质材料通过这些实体统一起来，这种说法是荒谬的，所以，认为必定存在样态统一体的观念也是荒谬的"（Boehm A., p. 51）。

1663 年，莱布尼茨在一篇讨论苏亚雷斯问题的论文《论个体化的原则》（*Sul principio di individuazione*）中给出了自己的见解。苏亚雷斯认为"所有个别事物都是通过实体的总体实现个体化的"。现在，为了解释合成实体的统一性，莱布尼茨引入了某种比样态或理性差异更具实质性的东西，他再一次采用了经院哲学曾使用过的概念，即他所谓的"实在的关联"（vinculum substantiale）。但这里的问题并不是个体化原则究竟是一种样态还是一种实在的关联，而是本体论的基本概念的变化。从这个角度来看，最关键之处是需要的概念，莱布尼茨在1680年代的《第一真理》（De veritatis primis）一文的末尾便已提出了这个概念。关联是一种积极原则，"它需要单子"，正如在论首要真理时，实存被界定为"实体的需要"一样。司各脱的"不抵触"和苏亚雷斯的"才能"现在都成了一种需要。实存并不是实体的样态或纯粹理性的差异，它是一种需要。

下文要研究的正是这种本体论的转型，我们会从一个全新的角度发展它。

3.13

在莱布尼茨与德·波塞斯神父通信之前几十年，一位哲学家便已思考过样态本体论的模式，莱布尼茨将自己与这位哲学家的关系界定为"仰慕和抵触的综合体"（Friedmann, p.277），这位哲学家就是斯宾诺莎。可以确定的是，似乎与他同时代的绝大多数人都不能接受斯宾诺莎思想的这个方面，他们认为他是一位无神论者，如拜耳（Bayle）认为斯宾诺莎的思想完全是无稽之谈，他写道："在斯宾诺莎的体系中，那些说德国人杀死了成千上万的土耳其人的人是在胡说八道，除非他们的意思是，作为上帝分殊的德国人杀死了作为上帝分殊的成千上万的土耳其人"（ivi, p. 187）。无论拜耳是对还是错，实体和样态之间的关系就是斯宾诺莎解释学的核心问题之一。

斯宾诺莎的激进本体论问题的名声很大："除了实体和样态，无物存在。"（praeter substantias et modos nihil existit – *Etica*,1, prop. XV, dim.）据说，斯宾诺莎的新意并不在于实体的定义，而在于样态的定义，然而，即便在《形而上学思想》（*Cogitata*, 1, 1）中，他也将样态和分殊区别了开来（"分殊只是实现的样态，只存在于思想中，而样态是某种真实的东西"），他对样态的定义是紧密联系着分殊的传统定义：样态"是实体的分殊，即它在他物内并通过他物来认识的东西"（in alio est, per quod etiam concipitu – *Etica*, 1, def. 5）。（有一个较大的变化，命题 24 的推论将特殊事物界定为"上帝属性的分殊；即上帝的属性在其中以明晰而确定的方式找到了表现力的样态"。）

斯宾诺莎的解释者必须面对的一个问题是，他用了他那个时代的哲学术语表达了一个实际上的新思想。我们已经看到，那个时代的哲学术语源自经院传统，那套术语区分了实体和实存、共性和个别预设，使用了样态概念去思考这些差异。值得注意的是，在斯宾诺莎那里，他从未提及个体化原则问题（Woflson, p. 392）。这意味着他以一种完全不同于经院哲学的方式（经院哲学对从共性到个别设定、潜能到行为的过程的思考方式）提出了实体/样态的关系。他之所以用"样态"一词，最可能的原因是，样态不仅是理性的差异，也意味着它与实体没有太大不同。诸样态存在于实体之中，即上帝之中（quod omnia in Deo sint – *Etica*, 1, app.），不过，多样的、特殊的、有限的事物和独一无二的实体之间既等同又彼此有别的关系，至少只要我们用传统本体论的概念来思考它，它就仍然存在问题。

从事实角度来看，如果样态是身体的分殊和变化，那么我们要如何理解样态"在他物中"这个说法？这里是否有真实差别或逻辑差别的问题？人类（II, prop. X and cor.）是一个样态，正如他就是在上帝那里对上帝本质的表现一样。人类的本质"是按照上帝的属性的明确修改构成的"，不过"实体的存在并不属于人的存在的本质"。斯宾诺莎想要澄清的思维的实体和样态、本体论和逻辑学之间的彼此交织的关系，在这里达到了巅峰。样态是否就是上帝或上帝的属性的分殊（属性就是——按照第一部分的命题 4——"在理智中，将实体视为构成实体的本质的东西"）？正是在实体/样态的关系上，我们可以说斯宾诺莎并不打算处理亚里士多德的装置留下来的作为西方哲学遗产的本体论和逻辑之间的模糊关系。

ℵ 样态概念——由于它试图寻找实体和实存、潜能和行为的一致性或无关性——有些含混不清，因此在哲学史上，它

曾被表述为一个逻辑学概念（我们宁可说"模态"或模态逻辑学），现在它成了一个本体论概念。这种含混性在康德那里十分清楚，按照康德的说法，模态范畴表达了主体与自己的认知能力之间的关系，不过"它不仅具有一个逻辑含义[……]也属于事物，属于它们的可能性、实在性或必然性"（KrV, A219-B627）。可以看到，在模态的双重本质中，它不仅是司各脱的形式区别的特殊本质的回声（它高于理性区分，不害于实在区分），也不只是苏亚雷斯的带有实在性，但与事物不一样的样态（modes non sunt formaliter entia）。在这个意义上，逻辑和本体论难分彼此的关系与样态概念的模糊性是一致的，它们都必须回溯到亚里士多德本体论中那根本的难以判定性上，因为后者只能在所说的东西中去思考存在物。这意味着我们无法简单地消除样态概念的含混性，而只能如此去思考问题。

人们不恰当地界定为大陆哲学和分析哲学之间的争论的东西，其可能的根源就在于这种含混的新特性。所以，我们只能通过重新思考样态理论和模态范畴来解决这个问题。

3.14

一种可能被用来解释实体和样态、能动的自然（natura naturans）和被动的自然（natura naturata）之间关系的范式是流溢论（emanazionista）范式。学者们已经说明了斯宾诺莎的模式与新柏拉图主义传给哲学家和犹太教卡巴拉主义者（cabalisti）的传统之间的相似关系。上帝不是通过创世行为，而是通过必然性成为诸样态的原因的，在流溢论范式中，从第一动因中流溢出了理智和本位，从上帝那里衍生出来的万物意味着它们都的确是上帝的流溢，并与上帝相区别。在斯宾诺莎那里，这种样态反而留存在上帝那里：

> 在斯宾诺莎那里，并不存在从无限而产生有限的过程。对他而言，上帝或实体就是一个无限的逻辑外壳，它将有限样态的无限数量的碎屑凝聚在一起，让这些碎屑流出或流溢并不会打破这个外壳。无限实体本质上自身就包含着直接的无限样态，直接的无限样态自身也包含着无限数量的有限样态。（Wolfson, p. 398）

或许拜耳那反讽的、含有泛神论含义的看法——作为上帝分殊的德国人杀死了作为上帝分殊的成千上万的土耳其人——显得不是太不着边际。

3.15

存在和样态之间的差异的本体论意义的问题,在卡巴拉的无限(En-sof)和质点(sefiroth)之间的关系中得到了特别说明。索勒姆(Scholem)解释了普罗提诺的太一和卡巴拉的无限(En-sof,即"无极"或"无限地"[考虑到这个表达的常规副词形式])。但他也十分公正且清楚地说明了这里的关键问题就是无限和质点(与普罗提诺的本位相对应)之间的同一性和差异的关系问题。和普罗提诺的太一一样,无限完全没有任何确定的规定性或属性(因此它们被称为"无"(belimah),在卡巴拉主义那里,这个词的字面意思是"虚无")。那么,在从"无极之无"向质点过渡的过程中发生了什么,是否像普罗提诺的本位一样,每一个质点都代表着一个属性和规定?在无限和第一质点(按照某些人的说法,第一质点就是思想,而另一些人认为是意志)之间的关系那里——实际上最为关键的步骤就在这里——这个问题变得更加迫切了。如果无限和第一质点(或者更一般的意义上的十个质点的集合)在本质上有所不同,那么上帝及其流溢或词语(正如卡巴拉主义称呼的那样)之间也撕开了一道深渊,如果它们完全一致,我们就会陷入泛神论。

于是,在犹太教(基督教)对无中生有(ex nihilo)的创世概念中,虚无具有了策略意义:无限和质点之间只有虚无('ayin),用卡巴拉主义者阿兹利尔(Azriel)的话来说,无中生有,上帝"从虚无中生成了他的存在"(Scholem 1, p. 64)。然而,在这里,生育自己的问题就成了无限和虚无之间的关系(或同一性关系或差异关系)问题。

> 我们可以说,在早期的卡巴拉主义者那里,他们试图确定无限和虚无之间的区别,这个区别有名称,但并无本质,因此它事实上激活了宇宙事件中第一个行为,这个行为包含了大总体的辩证构成。于是,两个词语之间的同一性关系导致了泛神论的反转:无中生有仅仅是世间万物与上帝的本质统一的密码。(Scholem 2, pp. 98)

无限和质点之间的关系似乎总会让绝对同一性的问题陷入僵局,或者会让所有细节都碎裂成绝对的差异。

א 埃雷拉(Herrera)在他的《上帝之门》(*La Porta del Cielo*)一书中指出了这个难题,他认为,承认无限作为第一动因生产了业已所是的东西以及包含在它自身中的东西,就和承认它生产了并不存在且它不具有的东西一样,是一个悖论:

> 但是如果第一动因在自身中包含了万物(因为它是无限完美的),那么我想知道,在宇宙万物的生成

中，它是什么、在自身中拥有什么，或者它所不是、尚未具有东西，这些是否已经被给定并告知了。如果他们回答我说，它给出了它已是和已有的东西，那么我会争辩说，不可能是这样的，因为所是和所具有的东西是无限和最纯粹的东西，它给出的万物是有限的，且有些是合成的，也因为那时它所是和所具有的东西——由于它们未被生产出来，且无法被生产出来——不可能被生产出来，因为没有任何东西可以生产出已经具有的存在和实存，因为生产就是从非存在向存在的过渡［……］如果他们说，它给出了它所不是和并不具有的东西，那么似乎存在某种地位更高，也更为完美的东西，但这种东西并非它所是，也不具有自身，这恰恰是与专门向我们说明的理由相悖的东西［……］因此结论就是，第一动因以非常特殊的方式生产了它所是和它具有的东西，在某种程度上也生产了它所不是和它尚未具有的东西，我们要做的是使二者融合并实际调和二者的关系，在它们之间斡旋调停，就像在虚无和行动中的存在者之间引入潜能的逍遥学派的王子一样［……］（Herrera, p. 295）

我们可以清楚地得出结论，不可能在传统本体论范畴内部为这个问题下定论，而需要走向一种截然不同的概念。

3.16

这里的关键问题不亚于存在和存在者之间的本体论差异的形而上学问题。在无限和质点、在太一和本位之间的关系中，有一个本体论差异的问题，按照海德格尔的说法，这个问题界定了整个西方形而上学。正如有时会发生的那样，海德格尔在一篇很容易被忽略的文本中证明了这个抉择的要点和难点：在对1943年的《什么是形而上学？》（*Che cos'è la metafisica?*）的第四版进行修正时，他修订了结语部分的句子中的一个词。在1943年的版本中，这句话是"它属于存在的真理，存在当然［wohl］是没有存在者的存在，相反，存在者绝不能没有存在"，在第五版（1949）中，他将"当然"修订为了"从不"，即"它属于存在的真理，存在从不是没有存在者的存在，而存在者也绝不能没有存在"（Heidegger 10, p. 102）。在前一版本中，存在和存在者之间的关联从存在那一边断裂了，结果，存在成了虚无，在后一版本中，他承认存在不能脱离存在者而存在，在某种程度上，存在与存在者是一致的，就像某物展示和揭露的东西本质上与它所解蔽的东西并无二致一样。本体论上的差别是否意味着存在和存在者之间存在分裂和隔阂，还是说，这里的关键反而在于同一样事物的遮蔽与解蔽？如果二者是分离的，那么对于存在者来说，存在是什么？对于存在来说，存在者又是什么？这里并没有给表明海德格尔的动机修订似乎代表着他的摇摆不定和不确定性。

如果我们从样态本体论的角度来提问（假设我们能用那样的方式来谈论本体论），这个问题就能得到解决——在这里，这个问题即无限和质点、太一和本位之间的关系。存在和样态之间的关系既不是同一性的关系，也不是差异的关系，因为样态同时是同一和差异——或者，毋宁说，它含有一致性，也就是说，它让两个项并成了一体。在这个意义上，我们在这里不太可能提出有关泛神论风险的问题。斯宾诺莎的句子"上帝或自然"（Deus sive nature）的意思并不是"上帝 = 自然"（无论"或"[sive]起源于条件和让步状语 si，还是起源于照应语式的 sic），它表达的是样态化，即同一性和差异的中性化和消失。神并非自在的存在，而是这种"或"，他在样态中改变自己，"自然化自己"——道成肉身。

在这一点上，问题在于去发现那些可以让我们正确思考样态的概念。我们已经十分习惯于在实体样态中思考，但样态拥有最基本的副词属性，它表达的并非存在者是"什么"，而是存在者"如何"存在。

3.17

在斯宾诺莎那里这样一个概念，它给出了理解实体／样态关系的要旨，且完全没有传统本体论中的那些矛盾。这个概念就是内在性动因，一个我们已经在前文遇到过的概念。第一部分的命题17也用这种方式指出："上帝是万物内在的动因，并不是及物的动因。"对这个陈述的证明恰恰是通过说明这一点而实现的，即"没有任何实体外在于上帝，也就是说，没有任何一个物本身外在于上帝［……］所以上帝是万物内在的动因，而不是及物的动因"。他参考了亚里士多德的内因（enyparchon）与外因（ektos）的对立（*Metaph.*, 1070b 22），内因，这处参考是恰如其分的，它并没有增添任何东西，似乎是一个同义反复的解释（上帝是内因或内在性的动因，因为没有任何东西外在于上帝）。

我们已经说明了（参看本书第一部分，第2.5节）斯宾诺莎如何给出了一个关键性的指引，让我们知道了如何理解《希伯来简明语法》中的这个概念，即它与不定式名词的特殊形式有关（在希伯来文中，不定式衰落了，变得跟名词差不多），在表达一个行为同时也指向行为的施动者和受动者（他举了"将自己建构为访客"［se visitantem constituere］，还有"自我漫步"［se ambulationi dare］的例子）。这种希伯来语动词的形式正好对应于希腊语和拉丁语动词的中态，我们在前面将中态动词与使用关联了起来（参看本书第一部分，第2.3节）。

所以，内在性动因是一种行为，其中的施动者和受动者是一致的，也就是说，它们凝聚在一起。这意味着，在样态中，用斯宾诺莎的话来说，实体"构筑了自身的实存"（或生命，正如《形而上学思想》第六章写到的那样，"上帝就是生命"），"自我漫步"成为实存。但这也意味着，为了思考实体/样态的关系，我们必须面对中态的本体论，其中，行为者（上帝或实体）激活了实在中的样态，仅改动了自己。样态本体论只能被理解为媒体本体论，斯宾诺莎的泛神论——如果它是一种泛神论的话——并非一种静态的同一性（实体＝样态），而是这样一个过程，即在该在过程中，上帝触发、改动并表现了上帝自己的同一性。

在本书的第一部分，我将这种"中态"过程称为使用。在样态本体论中，使用－自我，也就是说，在自己的各种变换形式所产生的分殊中构成自己、表现自己、爱自己。

א 内在性动因的关系涉及这一点，即主动元素并不会产生后者，而是在它之中"表现"了自己。吉尔·德勒兹十分适时地注意到了表现概念，我们已经看到，在苏亚雷斯和阿根迪纳的托马斯那里，这个概念便已经出现了，它贯穿了斯宾诺莎的《伦理学》，它既是属性和实体的关系（所有的属性均"表现了外在和无限的实体"——*Etica*, 1, def. 6），也是样态与上帝之间的关系（"任何存在物都以明晰而确定的方式表现了上帝本性或实体"——prop. XXXVI, sch.）。从这

里这个我们感兴趣的角度来看，表现行为就是动因概念的变换和中性化的原则，它通过摒弃原因和结果之间的等级关系，肯定了某人表现中的被表现事物的内在性，以及主动中的被动的内在性。

3.18

要理解存在/样态关系能让我们解决亚里士多德装置的问题，或者将其变成一个汇集（euporie），首先就要理解存在和语言之间的基本关系。ti en einai 中的要旨在于事物同自身的同一性关系，也就是爱玛和她作为爱玛的同一性关系（"对于爱玛来说，曾是爱玛的东西"）。唯有当实体被命名，唯有当爱玛具有一个名称，被叫作爱玛时，我们才能理解这个关系（参看本书第二部分 1.15）。也就是说，本体论关系作用于实体及其被命名的存在物之间，爱玛和她被称为爱玛的这件事之间，爱玛和她的"可说性"（斯多葛学派称之为 lekton，即"可说性"，它被看成一种既非精神也非语言的属性，它是一种本体论的属性）之间。

在司各脱的形式区分中，这个关系问题也十分重要——他没有注意到这个问题，更别提解决这个问题了。被他称为形式存在（formalitas）——以区别实质存在和精神存在——的东西的确是一种被言说的存在。这样一种被言说的存在绝不能被视为依赖于主体的认识关系的、心灵中的存在：它是一种性质或特征，由于实体被言说，由于实体通常已经具有了一个名称，因此实体通常已经被预设。在这里，命名是一种事物的本体论属性，而不是一个外在标签。

为了给出奥古斯丁问题（即自身之中的存在不依赖于关系）一个新的方向，司各脱将关系存在物界定为一种形式，而将形式的本体论地位界定为最弱存在（ens debilissimum）。关系也是某种实存物，但在所有存在物中，它是最弱存在，因为它仅在于两个实体的存在样态之中（"relatio inter omnia entia est ens debilissimum, cum sit sola habitudo duorum" –*Sup. Praed.*, q. 25, 10; 引自 Beckmann, p. 45）。正因如此，很难对关系进行认识（"et ita minimum cognoscibile in se" – 同上书）：如果我们试图理解它——如果我们试图理解被言说的存在物——那么它就会从我们手边溜走。最弱存在就是被言说的存在，即命名。

司各脱重蹈了奥古斯丁的覆辙，其错误在于他认为自身之中的实体是关系中的被言说的存在必须预设的东西，这样一来，他认为这种东西可以不依赖于关系，单独地被思考和享用。在上帝的三位一体的实体中，按照司各脱的说法，我们可以在不参照神的任何一个位格的情况下去欲求和享有它："我认为俗世中的人可以享有神的实体，而不用享有其位格［frui essentia divina non fruendo persona］，证据在于，如果我们以关系的方式去言说所有的实体，它就不是实体，因为任何以关系的方式被言说的实体，就是被排斥了关系的东西"（Ox., 1, d. 1, p. 1, q. 2., 31; Beckmann, p. 205）。

这意味着——而且这也直接驳斥了这个错误——可以在不爱基督耶稣的情况下爱上帝——如果我们将它翻译为这里这个我们感兴趣的术语的话——或者说，我们可以爱上爱玛与她自己（她的本质）的同一性，而不需要爱上那个叫爱玛的特殊之物（她的实存）。

如果我们将它放在样态本体论的背景下，那么整个实体和实存之间、存在和相关物存在之间的关系问题就会呈现出新的面貌。实体不可能在没有相关物的情况下存在，相关物也不可能在没有实体的情况下存在，因为样态关系——我们知道，我们在这里可以谈论关系——在实体及其与自身同一的身份之间过渡，在被命名为爱玛的特殊物和她被称为爱玛的这件事之间过渡。样态本体论位于原初事实之中——亚里士多德只是预设了这个位置，但没有将它问题化——这一事实即那个存在物通常已经被言说了：to on legetai［……］爱玛并不是普遍的人的本质的特殊的个体化，由于她是一个样态，因此她是这样一种存在物，即在她的实存中，最重要的事实是她拥有一个名字，她是语言中的存在物。

ℵ　正是从这个角度来看出发，我们必须看看本雅明的一个直

观感受。在《短影子》(Ombre corte)的一个格言中,他将柏拉图式的爱情界定为"保留和捍卫爱人的名称"的爱情,为此,"从她的名字而来的爱人的实存,就像从一个光源发射出来的光线一样"(Benjamin 2, p. 369)。在这个意义上,爱是一种本体论范畴:它关怀的是最弱存在,即事物及其名称之间的关系,它毫无保留地假定了身体及其语言之中的存在之间的关系。

3.19

在这里,我们的目标不是解释斯宾诺莎或莱布尼茨的思想,而是解释那些摆脱了本体论装置的困境的范畴。从这个角度来看,除开内在性动因,还有另外一个重要概念,即需要,我们已经在讨论莱布尼茨的时候谈过这个概念了。若不讨论需要概念的定义,我们就无法讨论样态范畴。不仅是实存,而且有可能性和偶然性都通过需要实现转化和变换。也就是说,定义需要是一个原初任务,这与重新定义范畴的基础本体论,特别是样态的本体论的任务一样。

莱布尼茨认为需要是一种可能性的属性:"万物可能需要实存。"(omne possibile exigit existere, Leibniz 2, p. 176)可能的需要会变成实在,潜能(或实体)需要实存。正因如此，莱布尼茨将实存界定为实体的需要:"如果实存不仅是实体的需要,那么它也会有一个实体,即事物会被添加某种东西,那么或许我们要再问一遍,这个实体是否实存着,为什么是这个实体,而不是其他实体实存着"(Si existentia esset aliud quiddam quam essentiae exigentia, sequeretur ipsam habere quandam essentiam, seu aliquid novum superadditum rebus, de quo rursus quaeri potest, an haec essentia existat, et cur ista potius quam alia, ibid.)。实存并不是实体或可能性之外的什么东西(quid),它仅是包含在实体中的需要。我们如何理解这种需要?在1689年的一个片段中,莱布尼茨将这个需要界定为"将实存"(existiturientia)(这个词是实存[existere]的未来不定式),借助这个词,他试图让推理原则变得可理解。为什么有的事物实存而非不实存,原因在于"相较那些不实存的事物,那些实存的事物[ad existendum]拥有普遍的理由,也就是说,如果可以用一个词来言说它,那么这就是实体的需要[in existiturientia essentiae]"(Leibniz 3, pp. 1634-1635)。需要的终极根源在于上帝("因为实体需要实存[existituritions essentiarum],所以必然有一个根源[a parte rei],这个根源只能是必然实体、实体的根基[fundus]和实存的根源[fons],我们知道,这就是上帝[……]如果不是经由上帝并在上帝之中,本质根本无法找到去实存[ad existendum]的方式"[ibid.])。

3.20

因此，需要是一个本体论概念。但这必然涉及对本体论范畴的重新界定，莱布尼茨承担了这个任务。于是，他将需要赋予实体（或潜能），让实存成为需要的对象。也就是说，他的思想仍然是本体论装置的附属物，即在实体和实存、存在的潜能和行动之间作出区分，而且他的思想上帝那里看到了它们之间悬而未分的点，即"实存化"（existentificans）原则，在这个原则下，实体通常已经实存着了。但可能性如何包含需要呢？如果实存仅仅只是需要，那么我们该如何思考实存呢？倘若需要比实体与实存、潜能与行动的区分更为原初，那么它会是什么呢？如果从需要开始思考存在本身，而样态的范畴（可能性、偶然性、必然性）只能是不充分的说明，那么我们究竟要质疑什么？

3.21

按照莱布尼茨的说法，需要的本质是由如下事实来界定的，即它并不会在逻辑上产生它的对象。也就是说，我们说一个事物需要另一个事物，如果前一物存在，那么后一物也会存在，然而其前提是，前一物逻辑上没有在其自身的概念中暗含或包含它，也没有要求后一物非得存在。需要并不是一个逻辑范畴。

于是，莱布尼茨在给德·波塞斯神父的信中写道："实在的关联需要[exigit]单子，但在本质上它不会产生[involvit]它们，因为它可以不依赖于单子而存在，单子也可以不依赖于它而存在。"需要（exigere）并不是产生（involvere）。（在这个意义上，本雅明才写道，梅诗金公爵[principe Myskin]的一生需要永远不被忘却，即便没有人记住他。）需要某种不一定存在的某物去存在，这是什么意思？因此需要的特殊的本体论地位：它并非实体的秩序（它并非包含在实体中的逻辑含义），它与任何实际的实在一致。在本体 – 逻辑中，它是由门槛——连字符——组成的，该门槛同时统一和区分了本体和逻辑、实存和本质。

因此，需要是思考逻辑和本体论之间模糊关系的最充足的范畴，这个模糊关系是亚里士多德的装置留给西方哲学的遗产。它所对应的既不是语言也不是世界，既不是思想也不是实在，而是它们的关联。如果本体论思考的是言说下的存在，那么需要对应的就是同时统一和区分了二者的门槛。

然而，问题恰恰在于我们如何去思考这种关联。我们不可能像思考实在的联系一样去思考它。正因如此，它同时是实在的和非事实的，它既不是纯粹逻辑，也不是完全的实在。如果语言和世界彼此对立，没有任何关联，那么它们之间所发生的事情就是纯粹需要——具体而言，即一种可说性（dicibilità）。存在是位于语言和世界之间的纯粹需要。事物需要自己的可说性，这种可说性也需要世界的意义。但实际上只有一种可说性：词语和事物仅仅是它的两个部分。

3.22

实体变成需要，不再仅是一种单纯的可能性或潜能，而是别的某种东西。我们可以说，在这个意义上我们要记住，需要是一种潜能的样态。所以，我们不能重复经院哲学的错误，他们试图用一个归根结底不同于它的概念来调和样态。不仅可能性和实体变成了需要；行为和实体也因为被注入了需要而失去了其固定性，而且它们局限于潜能，需要成为可能，即需要它们自己的潜能。如果实存成了可能性的需要，那么可能性就会变成实存的需要。莱布尼茨提出的需要问题已经被颠倒了：可能性并不一定需要实存，相反，实在则需要它自己的可能性。存在本身退化到中态声音之中，成了一种需要，它让实体和实存、潜能和行为之间的区别变得中性化、不再起作用了。从传统本体论的角度来看，后面的这些东西不过是需要的外形。

3.23

在这里，我们必须重新思考实在的关联（vinculum substantiale）的问题。存在并不会先于样态而存在，而是在变动中构成自身，存在就是它的各种分殊变化。于是，我们可以理解为什么莱布尼茨会用他那矛盾的词语写道，关联就是类似回声的东西，"一旦被提出，它就需要单子"。唯有当我们回到需要概念的完整的本体论意义时，这个命题才能被理解。如果本体论的核心概念是需要，而不是实体，那么我们可以说，存在就是样态的需要，就像样态是存在的需要一样，前提是我们在这里说明了需要既不是一个逻辑上的产物，也不是一种道德律令。这也是先验性学说的唯一意义所在：存在通常已经是它的各种分殊变化，它需要成为一、真、善或完美（unum, verum, bonum seu perfectum），需要真理、正义和完美，同样，在本雅明那里，他也承认正义不是一种美德，而是一种世界状态。

3.24

在这里，努力（conatus）的概念找到了其最恰如其分的解释。斯宾诺莎将实体界定为努力，即"物竭力保持其存在的努力"（*Etica*, iii, prop. 7: Conatus, quo unaquaeque res in suo esse perseverare conatur, nihil est praeter ipsius rei actualis essentia）。他认为，这就是某种类似需要的东西（他在评注中说道：潜能

或努力［potentia sive conatus］——努力就是如其所是的潜能，它实际上就是需要）。"实际的实体"这个矛盾修辞的用法说明了传统本体论在面对这里所需要思考的问题时的不足。

"努力"（conor）是一个中态的动词。这一事实再一次说明了它与我们在这里想要描述的本体论的关联。如果我们用"去需要"来翻译 conor，用"需要"来翻译 conatus（即"通过需要，每一个事物都需要在其存在中持存着"），那么正是在这一前提下，即不忘记这个过程的中介性质，此处的问题就在于：欲求和需要着的存在在需要中、在变动中、在欲求中构成了自己。"在其存在中持存着"就是说的这个意思。

אּ 追随普罗提诺的脚步，埃雷拉在其论著中将存在（ser）和欲求（querer）等同起来："正如普罗提诺以学识渊博的方式证明了（第一动因）本身所需要的东西，不亚于它对它本身所是的需要"（Herrera, p. 273）。与此同时，为了说明无限（En-sof）中的类似冲动的东西是如何被生产出来的，他认为第一运动是一种快乐，他称之为"可消除的变化"（sha'ashu'a）："这种从自身中突然出现的东西是无限的，它指向另一种有限的东西，它应当是可消除的变化或潜在的运动，借此（尽管它本身与第一动因完全一致），它似乎与自己有所不同，它实际上被引导并朝向另一样东西

[……]"（ivi, p. 297）。从其最隐秘的本性来说，努力就是一种欲望和快乐。

3.25

一个充分的用来思考努力（conatus）的范畴就是张力（ductus），张力被定义为"某种形态下留存的张力"（tenor sub aliqua figura servatus）。在某种意义上，这个概念让我们想起了斯多葛学派的保证（plegè）和张力（tonos）（克里安西斯［Cleante］曾说过："万物实体中的张力"—*SVF*, fr. 497），它决定了存在物的内在张力，这个词最早是书法用语，表示书写文字时的引导手势的张力。

正是根据这种书法的范式，我们可以向我们自己再现出实体的需要（或张力）与实体的样态之间的关系。样态就是实体保留其需要（即张力）的形态。正如人们在写一行字的时候，手的张力不断实现了文字从一般形象向（相当于文字的特殊存在的）特殊字迹的过渡（在任何一点上，我们都不可能在二者之间作出真实的区分），样态——例如，某人的脸庞——也是这样，即人的本性通过一种连续不断的方式进入实存，而恰恰是这种不断的涌现构成了人的本性的表现力。共性和特殊性、本质和实存仅仅是实体的不断的张力所生产的两种不同的表象而已。特殊实存——样态——既不是实体，也不是纯粹的事实，而是无限的样态变换的序列，通过样态的变换，实体总能构成自身、表现自身。

3.26

在"存在之所为存在"（on he on, ens qua ens）这个本体论问题的表达中，思想一直在第一个"存在"（实存，是其是）和第二个"存在"（本质，是其所是）间徘徊不前，基本上没有考察中间的那个词，即"之所为"。样态的准确的位置就是"之所为"。在这里，存在的关键并不在于"是其是"，也不在于"是其所是"。这个最初的"之所为"才是变换的根源（这个词的意大利语的 come，从词源学上讲来自"作为–样态"［quomodo］）。让存在回到它的"之所为"，意味着让存在回到它的尺度（com-moditas），即它的节奏和轻松上（commodus，在拉丁语中这既是一个形容词，也是一个专有名词，它含有这些意思，commoditas membrorum 则代表身体各个部分的和谐比例）。"样态"的一个基本含义事实上就是音乐旋律，即调制（拉丁语的 modificare 意思是和谐的调制：在这个意义上，我们曾说过存在的"之所为"就是变换的来源）。

本维尼斯特曾说明了"节奏"（rhythmos）是前苏格拉底

哲学的一个专用词汇，它代表形式，这个形式不是固定的（古希腊人表示固定的形式的词是图式［schema］），而是正在运动变化东西所设定的某一刻，它是运动和流动的（Benveniste, p. 33）。柏拉图用这个词来表示身体诸部分之间的有序运动："有序运动就是'节奏'，发声运动（高低音的结合）被称为'和谐'，两者的统一被称为'歌队表演'"（Leg., 665a）。在这个意义上，抒情诗人也用这个词来定义每一个体人物的特有形式："了解支配着人类的节奏"（gignoske d'oios rhythmos anthropous echei – Archiloco）；"在了解一个人的情感、节奏和品质之前，不要赞美他"（orgen kai rithmon kai tropon – Teognide）。

样态表达的是存在之本性的"节奏"，而不是其"图示"：在样态中，存在是流变，实体不断"调制"着自己，敲打着自己的节奏——这并不会让自己固定下来、被图示化。并非它自身的个体化，而是实体节奏被打破这件事界定了我们在这里试图定义的东西。

因此，特殊时间段上的样态非常值得思考。副词modo在拉丁语中的意思是"过去了一小段时间，刚才，最近"。这意味着，在"现在"这个词中，有一个时间上的小断裂，它并不是时间顺序上的过去，也不是现在，更不是未来：在这一条件下，即恢复了这个词的词源学意义中的样态（modo或modus，在某种程度上，这个词根也与意大利语的moda一词有关，即与"时尚"有关），它是现代[1]（moderno）。

"现代"这个词第一次出现在教皇哲拉旭一世（Gelasio I）的一封信札中，他将现代治理（admonitiones modernae）区别于古代体制（antiquae regulae），"现代"一词总是意味着与过去的关系，仿佛当下只有在与自己保持距离的情况下，才能把握和界定自身。也就是说，现代和历史与古代密切相关，因为它需要指向古代，与此同时，它还需要与自己保持对立。与此类似，样态的时间段并不是实际性：在当下的实存或实际当中，这就是阻碍它们之间保持一致的障碍——在这个操作性的时间中，存在之流变悸动着，它停下来，吸收自己，重复自己，通过这种方式，在节奏中调制自己。由于它需要在其存在中保留自己，因此实体在样态中散播了自己，这样一来，它可以在时间中获得形式。"曾经之所是的存在"以及它在思想中的假定，实存和本质、实体和样态、过去和现在，仅仅是这种节奏、这种存在的乐曲的瞬间和形态："在任意形态下保留张力"（ductus sub aliqua figura servatus）。

在这意义上，现代人与古代人的对立并不比这种人——理解如下事实的人，即唯有当某种东西"实现了它的时间"，它才能成为真正的行动者和实际的东西——与古代人的对立更

---

[1] 这里的 moderno 的字面意思的确是现代，不过阿甘本在这里实际上关注的是词源学上的问题，即现代一词中所包含的他要讨论的样态的问题。在这里，虽然译者将其翻译为"现代"，但实际上这个词更准确的意思是"以该样态形成的时间段"。——译者注

大。只有在这里,我们才能认识和把握这样的存在节奏。今天,我们就处在这种极端的时代背景下,仿佛人类并不打算注意节奏,他们继续在新旧时代之间、过去与现在之间作出区分和分割。艺术、哲学、宗教、政治都实现了它们的时间,但只有现在,它们才向我们展现了它们的圆满形态,只有现在,我们才能从中得出一种新生活。

א 阿维森纳发展了新柏拉图主义的流溢观念,他将存在设想为流变(fayd)。第一原则的行动既不是由意志,也不是由机会触动的,它仅是一种实存,从它的实存"流入"俗世。流溢形象的关键在于,它让动因概念走向中性化了,在这个意义上,这就是动因和被触动事物之间的相互内在性,而阿尔伯特·麦格努斯(Alberto Magno)也谈到了这个观念:"流动着的流溢和它流动成为的流溢,只能具有同一种形式,如同河流和从源头流出的流动是一回事一样[……]"(Lizzini, pp. 10-11)。如果我们坚持流溢的形象,那么思考样态的最充分的形式就是将样态视为存在之流中的一个漩涡。它的实体仅是它的某一存在物,但是相对于后者,它只有一个形态、一个方式、一个运动,它们都属于它自己。样态就是实体那无边无际的领域中的漩涡,它让自己在其

中沉沦、旋转，它在特殊事物中散播自己、表现自己。

3.27

为了正确地思考样态概念，我们必须将它看成本体论和伦理学之间悬而未分的门槛。正如在伦理学中，品质（ethos）表达的是某个无法化约的个体的如此存在，同样，在本体论中，样态的关键在于存在的"之所为"，即在样态中，实体就是它自己的分殊变换。存在需要它的分殊变换，这些分殊变换就是存在的品质：它的存在不可避免地委身于自己的存在样态，委身于"如此存在"。某物所是之样态，即一个如此存在的实体，就是一个无法化约的、同时属于本体论和伦理学的范畴（也可以这样说，在样态中，本体论和伦理学是一致的）。在这个意义上，就用词层面而言，样态本体论的主张应该被整合到这个意义中，即如果我的理解没错的话，样态本体论不再是一种本体论，而是一种伦理学（在这个条件下，我们也可以说，样态的伦理学不再是伦理学，而是一种本体论）。

唯有在这里，我们与海德格尔式的本体论的对峙才成为可能。如果实体和实存之间的差异变成了《存在与时间》的主要问题，那么在这个意义上，"此在的本质就在于它的实存"（Heidegger 1, p. 42），不过，我们不能按照传统本体论模式将这个实体的特征看成本质的"属性"或分殊，而应将其看成"一直且只能作为存在的可能的样态［Weisen］"。所以，"当我们用'此在'一词来标明这个实体时，我们表达的并不是它的'是什么'（仿佛它就是一张桌子、一匹马或一棵树），而是在说它的存在者"（ibid.）。

海德格尔着重强调说，这里最为关键的实存的概念并不是传统本体论的概念，它是建立在实体和实存的清晰区分的基础上的。参考这两个观点——"存在的样态"和对"该实体的所有的如此存在［Sosein］就是原初的存在"（ibid.）的详细阐释——我们便可理解此在的本体论，即便海德格尔并没有直白地这样说过，这也是样态本体论的一种激进形式，哪怕这是一个并未被明确问题化的形式。1928年的马堡夏季课程包含了许多珍贵的对《存在与时间》中的一些段落的评论，海德格尔曾毫无保留地说道：此在"决定了一个存在者，对他而言，他自己的特有的存在样态［seine eigene Weise zu sein］在一个明确的意义上，并非悬而未分的存在者"（Heidegger 8, p. 171）。正如司各脱和经院哲学说过的那样，存在并不是一个与自己的分殊变化毫无关联的本质：它通常只是它存在的样态，也就是说，它通常就是彻底的样态（引用经院哲学的名言，"马就是马"，据此，此在就是这种样态）。此在就是存在者的样态，并与样态完全一致。

在这里，我们没有办法指出海德格并未清晰说明他的本体论的样态特性的原因。或许，正是因为他过去执着于亚里士多德的装置，所以才让没能理解，只有在存在 – 样态的关系中，才能彻底解决本体论上的差异问题。无论如何，他同样难以避开与斯宾诺莎哲学一样的结局。

间奏二

1

在1930年代后半叶，海德格尔撰写、编纂了一些评论，这些评论被结集在题为《哲学论稿》（海德格尔德文版全集的编辑不太恰当地将这本书看成了他最重要的著作之一）的笔记中，在该书中，他坚持回到他的此在概念（如今，这个术语通常被写成此 – 在［Da-sein］），他曾在《存在与时间》中分析过实存，在那里，他重新界定了人类和他想确立的这个新词语之间的关系。在《存在与时间》中，他提出，对这个概念的思考太过人类学了，这样会产生模糊不清之处。这个词并不意味着人类或人类的某一特征或结构属性（这就是他认为人们对他的《存在与时间》最容易误读的东西）：它是某种必须设定并"采用"（übernehmen– Heidegger 9, p. 297）的东西，在其中，我们必须"保持坚定"（ivi, p. 319）。这样一来，它便指出了"人类形成的可能性"、"确定的人类未来的根基"，而不是"如此这般的人类"（p. 300）。也就是说，此在并不是这样的人，即"长期在此（Da）的人、'在那里'的人，也不是将他自己看成'存在真理的守护者'的人"（p. 297）。此在并不意味着"在某个地方或另一地方的在场"，也不仅仅意味着"出现"（Vorkommen），而是意味着"作为基础'在那里'保持坚定［inständige Ertragsamkeit］"（p. 298），"在存在［Seyns］的真理中持存［Beständnis；bestehen 的意思是'坚定地经历考验'］"（p. 311）。在 1929—1930 年的课程《形而上学的基本概念》中，此在被更为形象地界定为人们自己必须背负的"重负"。

让我们来看一下海德格尔用来界定此–在的用词："采用"（übernehmen）、"可能性"、"保持坚定"、"持存"。也就是说，我们面对的不是通常已经在人类那里出现了的东西、人类可以解决的东西，而是一项我们必须承担和忍受的考验或任务——如果真如第 5 节的小标题所暗示的那样，这项任务是"为了少数稀罕者"（Für die Wenigen – Für die Seltenen）而准备的，那么这会是一项艰巨的任务。

在这里，此–在似乎并不是实体，而是某种类似活动或实存样态的东西，为了触及真理（他自己的真理和存在的真理），人们必须设定此–在——所以，他也可能会错过某些东西。但是，这种此–在（在其中，存在的真理仍遭质疑）何以能被交付在那些不确定的、偶然的"考验"或"任务"中呢？

2

在这里海德格尔遇到了一个在《存在与时间》中已经出现过的难题。这就是此在的本体论的循环结构,即对于实体来说,存在本身就在它的存在者之中,这让此在具有了"优先性"(Vorrang – Heidegger 1, p. 13)和"区别"(Auszeichnung – p. 11),在其结构中——由于它"与它的存在者有一种存在关系"——它就是"它自身的本体论"(p. 13)。在这个意义上,此在就是"让所有本体论的成为可能的存在–本体论的条件"(p. 13)。然而,在第 4 节的开头,海德格尔对此在和人类的关系的界定有点太过草率,他是这样说的:"作为人类的行为方式,科学具有成为[Seinsart]实体—人类本身—的途径。对于这个实体,我们在术语上[fassen wir terminologisch]称为'此在'"(p. 11)。

在《哲学论稿》中,其主要问题恰恰是这种"术语上的理解"。人类在他预设的此(Da)中,就是"存在的投射"(Entwerfer des Seins – p. 299),他敞开了它的澄明,捍卫了它的真理,或者毋宁说,存在为了达到这个目的而"使用"(p. 318)了人类?换句话说,究竟是存在、敞开是一种作为此在的人类表象,还是此在(以及它所产生的人类)是一种存在的表象?

3

在《哲学论稿》中，这些问题不断回响，可以说，本有（Ereignis，从词源学上可以将其理解为"占有"）就是一种装置，海德格尔借这一装置来解决在这些问题中表现出来的难题。对这本书开篇的标题的解释就十分清楚地确认了这一点：这里的关键问题在于"让自己在本－有［Er-eignis］中被占有，这等于是人的转型——从'理性动物'转向此－在。因而最适合的标题是'自本有而来'（von Ereignis）"（Heidegger 8, p. 3）。

标题为《建基》的第五部分的内容不断回到了此在与人的关系问题：

> 人是谁？未来承担存在真理的本质［Wesung］，存在使用［gebraucht］了人。
>
> 然而，由于被使用，从他们在此－在的奠基中，人就"是"人，例如，他们自己通过创造，成了奠基了此－在的人。
>
> 不过，在这里，存在也被理解为本－有［Er-eignis］。二者汇在了一起：奠基回到［Rückgrundung］此－在和存在在这里成了本有－事件［Ereignis］这一事实。
>
> 如果我们随意地让我们奠基于人类和"如此这般的存在者"的武断的观念上，而不是一举去质疑"人类"和存在（不只是人类的存在），保持对它们的追问，那么我们

就永远无法理解在这里所敞开的追问方向。（ivi, p. 318）

本有让我们可以思考人类和此在、此在和存在的共同归属和彼此相互的奠基。如果在《存在与时间》中，甚至在《哲学论稿》中，海德格尔已经通过某种方式分析和界定了存在和此在（此［Da］就是存在的敞开）的共同-归属，那么与之相反，人类和此在的共同归属、人类由理性动物变成此-在的活生生的转变自始至终都存在问题。存在被"奠基回到"此在，但此在是否需要人类那里的一个根基或位置（此）的问题，仍然付之阙如。此在以何种方式涉及了人类的自身存在，以至于存在在占有此在的过程中也可以占有人类？对于这样的活生生的人类而言，在本有事件中会发生什么？

4

本雅明曾将海德格尔的风格界定为"生硬的"，在这个意义上，这反映了哲学家害怕陷入僵局，即陷入他无法穷根究底的问题上。海德格尔不打算对人类和此-在的共同归属的问题穷根究底，有生命的人类的问题在某种程度上没有得到解决。显然，《哲学论稿》的一个风格特点就是，海德格尔一旦遇到这样的问题就开始和稀泥，语焉不详。在第 175 节中，他恰好就遇到了这样的问题。这里的问题是超越"此在作为存在真理的奠基的最初的参照系"（在《存在与时间》中，他曾通过追问人类达到了这个目的），将它视为"存在的投射［Entwerfer des Seins］,于是也远离了所有的'人类学'"（p. 299）。不过，这里不太清楚的一点是，似乎此在只能以人类为参照。相反，当从存在的真理开始思考时，"此－在就［……］脱离了与人的关系，将自己揭示为'之间'，存在本身给出了这个'之间'，让它成为存在者渗入其中的敞开领域，在这个领域中，存在者同时退回了自己当中。'此'被存在本身所占用并让其发生［ereignet］。由存在的真理汇成的人类随之也被占用，因此人类以一种显著而独特的方式［in einer ausgezeichneten einzigen Weise］从属于存在"（ibid.）。这种从存在角度出发的"显著而独特的"对人类的占用，除非使用"后来"一词（这个词也仍有许多问题，因为此在已经完全远离了指向人类的参照系），否则我们无论如何都无法对其作出解释。

在这里，我们不用感到奇怪，这一节以这样一个句子作结，在该句中，生硬的风格突然不见了，留下的是一个没有解决的问题："人类是什么的问题如今第一次开启了一条道路，这条道路在无蔽中延伸，在那里，存在的暴风雨即将开始怒号"（p. 300）。

5

在某种意义上，《哲学论稿》的核心问题也是海德格尔思想的核心问题，它恰恰是那个每一位学哲学的一年级学生会立即看到也会立马会放弃的问题：有生命的人类和此在之间的关系问题。如果此–在——如海德格尔不断重复说道——仅仅在于"在此存在"，仅仅在于澄清并揭示了存在的真理，那么，这个"此"来自哪里？位于哪里？此在是否就是或必须是"此"？在重新阅读《存在与时间》第28、29节之后（这两节主要分析作为情绪或心灵状态的在此），我们可以标识出一个起点，由此开始，回答这个问题成为可能。

情绪或心灵状态"揭示了委身于'此'的存在中的此在"（p. 134）。也就是说，此在"通常已经作为它在存在之中委身于其中的实体而被揭示出来了，通过这种方式，它已经委身于存在了，在实存中，它必须去存在"，不过，恰恰是这个"此"的"何处和何方"（das Woher und das Wo）仍然顽固地留在黑暗之中（im Dunkel – ibid.）。这既是此在的特征，在何处和何方中被揭示的存在者的特征，然而，也恰恰因为如此，这还"揭示了所有更为敞露的东西"，即海德格尔所谓的在"此"存在（in sein Da）的此在的被抛性（p. 135）。几行之后，他甚至更强有力地承认了"此"的外在性和模糊性："情绪和情调让此在出现在它的'此'的'是其是'面前，如同面对一个

玄妙莫测的谜题那样盯着它。"（p. 136）

不过，在同样的语境中，相对于此在，"此"被界定为"它自己"，在前面一点的地方，我们读到："此在从一开始［von Hause aus］让它的'此'一直伴随着它。"（p. 133）这个源初的归属就是我们必须去追问和质疑的"它之属性"（suità）。为什么此在委身于"此"，如同一个玄妙的谜题？为什么在存在自己的"此"处，总是需要某种情绪和情调？"此"处的遮蔽和遗忘的特性来自何处？为什么对于此在来说，"此"是如此难以参透？

对这些问题唯一可能的回答是，"此"很陌生，它被遮蔽了、被感情化地对待，因为它并非一开始就属于此在，而是属于人，属于为此在提供了一个位置的生物存在者，后者需要生存存在者来发现"它"在"此"处。人类与此在的纠缠发生在"此"处。"此"就是一个源初冲突的位置，一个褫夺和占用的位置，在那里，人类被抛弃、被悬置就是为了给此在一个位置。"关于存在的诸神之战"，《存在与时间》给出了一个新的假设，即诸神之战高于"此"，"此"是在活生生的人类与此在之间展开的。

此在的"此"占据了活生生人类的空位。然而，在《存在与时间》中，这个冲突——或者两者相互的敞开——并未被当成一个很大的问题，在《哲学论稿》中，它也只是一个需要，即一个为了"将人类变成此在"的需要。通过这种方式，"此"

变成了此在和人类相互辩证地耍弄伎俩的博弈对象。在那里,"此"只能出自人类,而它后来被此在所占用,仿佛"此"总是已经是此在"它自身"了一样,于是它被存在所占用,仿佛变成了它自己的澄明。

6

将活生生的存在者看成一个拟人化(antropoforo)的要素,也就是说,将其视作人类的基底,这个假说成了现代哲学的长期特征。在这里,关键问题在于——严格来说,这是一个考古学问题——为作为基底的要素添加一个定性的规定。如果纯粹的生物只有在具有理性的情况下才能成为人类,那么我们就可以设定,动物-人(animale-uomo)不是真正的人。同样,如果人类只有在生成过程中的此在向存在敞开时才成为人类;如果人类只有在"他成为存在的澄明"时才在本质上成为其所是,那么这意味着,在人类之前或之下,必定存在着可以或必须转变成此在的非人的人类。

在《关于人道主义的书信》(*Il corpo dell'uomm*)中,海德格尔似乎有些注意到了这个困境。他写道,形而上学"在它的动物性(animalitas)基础上去思考人类,而不会去思考他的人性(humanitias)的方向"(Heidegger 10, p. 155)。我们首先要问的是，"是否人的本质最初、最重要的东西完全在于他的动物性"，是否我们只要将人类界定为众多事物中的生命体（Lebewesen）就能理解人的本质。只要我们还是在身体性上加上人类的灵魂，我们就无法克服生物主义的错误。只要人类的本质仍然由存在所主张，人类就仍寓居于他的本质之中，他出神地"在存在的澄明中"（in der Lichtung des Seins）绽-出（ek-siste），这种绽–出（ek-sistenza）"也绝对不能被看成众多事物中的生命体的某种特殊样态"。从这个角度来看，"即便我们在比较人类与'野兽'时，将人类中的某种东西归为动物性"，我们的思考也必须从它的绽–出开始（ibid.）。

"人类的身体，"海德格尔写道，"在本质上不只是动物性的官能。"这个被海德格尔十分仓促且毫无保留地推进的问题，或许已经促成了一种不同概念的萌芽，这个概念既在动物性和人性之间，也在人类和此在之间。正如亚里士多德那里的奴隶的身体一样，这里的关键就是人类的另一种身体的可能性。然而，在《关于人道主义的书信》的文本中，他并未继续深入探讨这个观点。相反，就在几页之后，他用如下的话重新谈到了人类和此在之间的关系，尽管他试图与之保持一定的距离，但他似乎仍然陷入了这个难题，即通过接受存在的诉求而成为真正的人的生命体的难题：

> 但是，如果人类的概念也可以被表达为"成为一个理

性生物",那么人类的本质在于,他的存在是某种多于人的东西[mehr als der blosse Mensch]。这里的"多于"(mehr)一词不能从增加的角度来理解,仿佛人类的传统定义是基本定义,然后通过实存性的附件得到进一步说明。"多于"意味着:从本质上来说,它更为原初,因此也更为根本。但在这里出现了某种玄妙莫测的东西:人类就是被抛性。这意味着人类作为存在者的绽出性的反抛[Gegenwurf],他不仅是理性的动物,在某种程度上,他与主观上构想出来的人类没有太大关系。人类并不是诸存在物的主人。人类是存在的牧羊人。人类在这个"更少"中不会失去任何东西,相反,他们有所成就,是因为他们获得了存在的真理。他们获得了牧羊人的根本的清贫,其尊严在于,他们在存在本身的召唤去保留存在者的真理。他们蒙召,如同抛出[Wurf]一样降临,这就是此在的被抛性的根源所在。(pp. 172-173)

在这里,我们看到了第一哲学如何首先总是人类发生,即成为人的思想。但在这里被抛出的是什么?如果此在就是对存在的召唤的回应,就像动物性或非人性仍然是成为真正的人的前提一样,那么对于此在来说,它被抛于"此",并触及了存在的真理。当然,按照我们非常熟悉的黑格尔关于辩证法问题的说法,这个回应比理性动物的预设更为平常。但在这里这个预设遮蔽了如下事实,即辩证法的操作留下了一个尚未被追问的残余物。占有存在的一部分的人类发生事件只能在生命体中产生,而生命体的命运不可能不触及此在问题。只有这样一种人的概念——它既不会在动物性上添加什么,也不会附加在任何东西上——才能真正从形而上学的人的定义下得到解放。这种人性绝对不能被看成"承担"的任务,也不能被看成对召唤的回应。

7

在《存在与时间》第 10 节和第 12 节中,海德格尔从此在的本体和本体论优先于单纯生命的角度,简要地处理并解答了此在和生命之间的关系问题。他写道:

> 生命就是存在的一个特殊样态,在根本上它只能在存在中被触及。生命的本体论是通过某种扣除的(privativa)解释完成的;它决定了,如果存在某种类似于纯粹生命[Nur-noch-leben]的东西,那么情况会是怎么样的。生命既不仅是一个直接在手的东西,也不是它的此在。反过来,在本体论上,绝不能通过将此在看成附加了其他一些东西的生命来定义此在(在本体论上,这是一种不明确的方式)。(p. 50)

很明显，要界定先于思想和语言的东西——对应于此在的对存在的理解——我们只能通过它们、通过一种属于它们的预设来界定这种东西。事件通过此在，在存在的某一部分上占用人类，事件就是某种预设了生命体的东西，对于生命体而言，在生命体之中，事件生产了自己。海德格尔清楚地知道，被当代语言学和自然科学称作生命的东西就像黑格尔的意义的确定性一样，是一个预设，我们只能从此在开始、以扣除（privativa）的方式去获得它，为了恢复它，我们必须将被拿走的东西加回去。这里的关键问题恰恰是这个预设——在这种情况下，即"纯粹生命"——的地位，我们不能简单地将它搁置不理。海德格尔提出，生命不是"纯粹上手状态"（pures Vorhandensein - ibid.），但它也并不拥有存在的结构。然而，在《存在与时间》后文中，海德格尔并没有继续讨论生命存在物的样态，他自己仅仅承认了这一点，即生命的本体论构成只能通过（例如，生物学）扣除的方式来决定，这种方式只能源于此在的本体论结构："在本体论和存在论上，我们必须关注在世存在的优先地位。"（p. 58）在世存在（In-der-Welt-sein）就是存在的日常结构，这与动物的环世界（Umwelt）并不是一回事。

8

在《存在与时间》出版两年之后的 1929—1930 年冬季学

期，海德格尔用一个学期的课程来讨论了动物与人，这门课程的文本后来在1983年以《形而上学的基本概念》为书名出版，这无疑是他的主要著作之一（参看本书第一部分，第8.8节）。在这里，人与动物的关系（即便海德格尔并没有明确提及这一点，但他提到了有生命的人类和此在的关系）要比对隐含在理性动物的形而上学定义中的扣除和添加的辩证法的批判更为激进。在这里，相对人类的样态而言，动物的存在样态似乎更加紧密，也更难以被思考。课程一开始，他就提出了人类的"筑造世界"（weltbildend）和"缺乏世界"（Weltarmut）的动物的本体论状态之间的对流，即人类的在世存在的敞开和动物与其环世界的非敞开之间的对立（动物的周遭世界就是去抑因子的总和）。

然而，只要推进和深化一下分析，事情会变得更为复杂，这个对立就会变得不那么明朗了。对于动物而言，由于它被去抑因子捕获，沉浸在（benommen）去抑因子中，其环世界并非单纯封闭的。恰恰相反，它是开放的（offen），或许比起那个尚未向人类开放的世界来说，它更为强有力地开放着；不过，这并没有在它的存在中得到揭示（offenbar）：

> 在沉浸［Benommenheit］之中，存在物并没有展现出来，也没有被揭露，但它们也没有被封闭起来。沉浸完全没有这些可能性。只要考虑到动物，我们就不可能说存

物与之隔绝了［……］但动物的沉浸使得动物从根本上讲完全没有这样的可能，即向动物揭示出存在物或将存在物与它分隔开来的可能。说沉浸是动物的本质，这意味着，这样的动物并不处于存在物的揭示［Offenbarkeit］当中。（Heidegger 5, p. 361）

也就是说，如果我们试图定义动物与它的环世界的关系的本体论地位，那么从一开始我们就必须说，动物同时是开放的和非开放的——或者说得更好一点，它既不是开放的，也不是非开放的：它是在非揭示状态下的开放，一方面，它以闻所未闻的程度沉浸在它的去抑因子中，被其所捕获；另一方面，它从未揭示为一个存在物，一个以如此痴迷而沉醉的方式让其陷入其中的存在物。在这里，海德格尔似乎在两极之间摇摆，在某种程度上，这让我们想起了神秘未知事物的悖论。一方面，动物的沉浸要比任何人类的注意力都更加开放（于是，海德格尔写道："生命拥有丰富的敞开的维度，人类世界无法与之相媲美"—ivi, p. 371）；另一方面，由于它并未揭示和感知它自己的去抑因子，它也被封闭在整个透明性当中。就像人的绽-出一样，沉浸在这个意义上也是一种迷狂的形式，在这种迷狂中，"动物在沉浸中从根本上发现自己向某种其他东西敞露着，那些东西事实上不可能在动物面前将自身展现为一种存在物或者一种非存在，而是展现为［……］一个与动物的本质之间的本质性的断裂（wesenhafte Erschütterung- p. 396）"。然而，我们不用对此感到惊奇，或许海德格尔在这里是要去激发神秘主义黑夜的静默幻象，生命因其去抑因子而沉浸，联系这一点，他感到需要去激发神秘体（unio mystica）最古老的象征，即一只飞蛾，它因为爱，任由火焰吞噬，多年之后德波用这个形象比喻他的生活。

9

在课程中，海德格尔谈到，在人类存在中，与动物的沉浸相对立、让世界得以敞开，成为与那种既不敞开也不封闭的状态具有"最亲密的邻近关系"（p. 409）的东西，就是深度之无聊。海德格尔用了相当大的篇幅来分析这种"基本的情绪或情调"，这个分析具有战略上的功能，即它界定了一个形而上学的算子（operatore），这个算子实现了从动物向人、从缺乏世界向筑造世界的过渡过程。事实上，在深度之无聊中，正如动物的沉浸一样，人类也感受到了震撼，并委身于"作为整体的存在物"，现在，这种"作为整体的存在物"以完全不透明的方式出现在人类面前。海德格尔写道：

> 然而，作为整体的存在物并不会消失，它们恰恰在无差分的状态下如此这般的展现它们自己[……]这意味着，

> 通过无聊,此在发现自己就处在作为整体的存在物面前,在某种程度上,在无聊当中,围绕着我们的存在物没有给我们提供进一步行为的可能性,也没有提供进一步做什么事的可能性[……]于是,此在发现自己被交付给了存在物,存在物将对它们自己的拒斥看成一个整体。(pp. 208-210)

也就是说,在深度之无聊中,此在衰退为动物的条件:它委身于某物,而该物则向它拒绝了自己,而这恰恰是因为,沉浸中的动物是在非揭示状态下的捕获和揭示。正因如此,海德格尔写道,深入之无聊是一种人类现象,对于人类而言,"和动物的本质一样,沉浸明显归属于最亲密的相邻关系"(p. 409)。但恰恰是在这种人相对于环绕着他的事物的"悬而未决"(Hingehaltenheit)的状态中,在这种存在对作为一个整体的自我拒绝中,某种可能性——此在的可能性——在人类那里被生产了出来。而这恰恰就是沉浸在去抑因子中无法自拔的动物力所不逮的东西,因为它与环世界的关系就是凭借这种方式来构筑的,即悬置和可能性从来不会自己崭露出来。

于是,人类表现为一个生命体,在悬置了他与事物的关系之后,开始在他的自我拒绝中将存在物理解为可能性。正是一种动物,在生成性的无聊中,从自己的沉浸中觉醒,现在,这种动物能够如此把握自己,即当火焰灼伤飞蛾的时候,飞蛾注意到了火焰,也第一次注意到了它自己。这意味着此在就是一种把握了自己的动物性的动物,即它构成了成为人类的可能性。但是人类是一个空洞,因为人类仅是对动物性的悬置。

10

海德格尔在任何地方都没有清楚地给出类似的观念,事实上,可能在某个地方,他在这个问题面前退缩了。或许只有这个问题才能让我们理解为什么此在的澄明是一种不得不背负起来的负担,为什么情绪或情调揭示了此在必须委身于并被抛于"此"。人类也是必须成为的"此"在它面前,这种"此"就像一种无法穿透的奥秘的"此",并没有任何具体内涵,因为通过悬置,在"此"之中被把握的东西仅仅是动物的沉浸。而后者有点像是源初情绪(Ur-Stimmung)一样的东西,也像是所有人的情绪或情调的最终来源,这就是隐匿在存在的澄明中的黑暗宝石,它在敞开中闪耀着的黑色的阳光。

正因如此,在《哲学论稿》中,人类形成的基本情绪和情调被界定为"抑制"(die Verhaltenheit),即"为作为给予的拒绝做的准备"(Heidegger 9, p. 15),和"惊恐"(das Erschrecken),即在某物被揭示之后的惊惶感,与此同时,让此在迷恋上自己的惊惶感。在 1934—1935 年讨论荷尔德林的课程上，正是同一个事实性状况、同一个不可避免地被抛入既定条件的存在物将自己展现为一项任务："历史使命始终是将业已给予［das Mitgegebene］的东西变成被给予的任务［das Aufgegebene］。"（Heidegger 11, p. 292）如果我们想要命名类似基本情调或情绪之类的东西，即支配着海德格尔所有思想的基本情绪（Grundstimmung），那么，我们就要将它界定为这样一种事物，它坚定地让自己委身于某物，该物大胆地拒绝了自身，或者说，该物是存在委身于的某种无法言明的东西。但这种无法言明就是动物的沉浸，从生命体的存在中产生的"本质上的震撼"是在一个非启示的状态下被揭示出来、被把握的。生命体不仅是一个可以辩证地克服和保留的预设，而是某种无法言明的、晦涩的东西，这种东西仍然以悬置的方式留存在存在的内核当中。

11

这种存在无法避免地委身于它必须担负的某物的感受——作为任务的被抛——或许就是海德格尔的"小资产阶级的激进主义"和"毁灭意志"的根源，他的这种感受影响了洛维特（Löwith）和列奥·施特劳斯（Leo Strauss），也在某种程度上解释了为什么海德格尔会支持国家社会主义（纳粹）。或许这也解释了为什么在巴黎，80多岁的列维纳斯得知我曾参加过海德格尔的勒托尔讲座，问我对海德格尔的印象如何，当我说海德格尔很"儒雅"时，他感到很震惊。和洛维特一样，在1930年代，列维纳斯非常了解海德格尔，他记得海德格尔是一个非常强悍和果断的人，好像一个设定了他并不打算完成的任务的人一样。

我还记得1966年9月海德格尔抵达勒托尔的场面。我在小旅馆（旅馆的名字叫"沙斯拉"［Le chasselas］，是根据当地盛产的葡萄酒命名的）的花园里见到了他，他也正准备停下脚步，刹那间他的眼神震惊了我，那是一个如此富有生机、如此明亮，也如此富有穿透力的眼神，没有丝毫的沮丧，和洛维特的回忆一模一样。他的面容是如此严肃而儒雅，那是我在托斯卡纳的农民脸上曾看到过的优雅的严肃。在我看来，他大概是有意识这样的，突然间，他忘我地笑了起来，那时我给他看了我刚用宝丽来相机（当时，这种相机还很新鲜）给他拍的照片，他惊奇而兴奋地说："您简直就是一位魔术师！"（Sie sind ein Zauberer！）有时他也会突然间发怒，在赫拉克利特课程的末尾，他对让·博弗雷（Jean Beaufret）怒目相向，吼道："你不断打扰我，让我没法给出课程的结论。"

他在停下来看了很久村子里的滚球选手，并评论说他们的动作富有参与性，他们的技巧令人惬意。在勒内·夏尔（René Char）的陪伴下，或者在马修夫人的家里，他展现了他十分熟悉葡萄或葡萄酒品质的一面。在埃克斯（Aix）附近的树林里长时间漫步后，我们抵达了塞尚放置他的画架的地方，在那里，他保持缄默，一动不动地待了一个小时，仿佛他已经沉醉于圣维克多山的壮丽风景中。或许，即便如今存在的历史已经达到顶点，即便这个时代已经让基本情绪和情调变得宁静（Gelassenheit），他仍然试图给出"此"，为的是在被悬置的动物性中，停留在存在的澄明之境中。

12

如果我们在这里描述的从动物到人的发生学解释是正确的，那么可能性就不仅是诸多他者中的一种样态范畴，而是一个基本的本体论维度，在这个本体论当中，通过悬置动物的环世界，存在与世界同时得到了揭示。这是因为存在首先用一种可能的形式揭示了自身，海德格尔写道："人类，作为实存的超验，在被抛入可能性之前，就是一个距离的存在物。"（Heidegger 10, p. 131）人类之所以是距离的存在物，是因为他是可能性的存在物，但正因为他委身于此的可能性，因此他只是悬置了动物与它的环世界的直接关系，而并没有将任何东西和存在物看成它的本质特征。也正因为人类被给予的仅仅是成为人类的可能性，因此人类不断退回动物性的行为当中。海德格尔的本体论的可能性的优点在于，它与一项留给人类的难题密不可分，这项难题将人性作为一项任务——因此这是一项经常被误当作政治任务的任务任务——布置给了人类。

13

1929年，在达沃斯会议上，卡西尔与海德格尔相遇了（或者说，发生冲突了）。在那期间，年轻的列维纳斯正等着与他的同伴一起参加会议，他的同伴之一是弗朗茨·罗森茨维格（Franz Rosenzweig），列维纳斯坚定地站在海德格尔一边。据说当天晚上，他们一起讨论和庆祝新思想相对古老的学院派哲学的胜利，列维纳斯头戴白色假发，用他那头威严而过于早熟的白色假发讽刺那些新康德主义的哲学家。更令人震惊的是这一事实，即早期列维纳斯的一些核心范畴，可以毫无违和感地被视为海德格尔的观念——尤其是被抛性的概念——的漫画（caricature，在词源学意义上，即"有影响的［caricata］人物画"，也就是说，画中人物特征被夸大了）。

在《论逃离》一文中（参看本书第一部分，第8.4节），列维纳斯将被抛性（Geworfenheit）的不清晰性推到了极致，即面对最残酷的"那里有"（il y a）的事实，人类委身于"此"并"被钉死"（rivé）在"那里"，这就是他的本体论的基本特征。

在对"那里有"的体验中（这种体验是通过失眠来揭示的），"没有东西可看时，就没有任何理由去看什么东西"，我们被抛入一个无名和压抑性的当下，我们无法从中逃离："一个人倘若被存在所捕获，就注定要去存在。"（Levinas 2, p. 109）

这里最核心的问题毫无疑问是他每次都强调了海德格尔的被抛性，但在海德格尔那里，这个问题恰恰假定了此在在"此"，并且必须在"此"；相反，在列维纳斯那里，他通过对情感状态的漫画式的夸张强调了惧怕和羞耻的特征。这个问题完全脱离了"委身于此"的经验，由此，（列维纳斯似乎认为）海德格尔从来就没有打算让自己解脱出来。在这里，模仿的意图发挥了一个重要的批判性的功能，毫无疑问，在一年前写就的《论希特勒主义的哲学》（*Sulla filosofia dell'hitlerismo*）一书中，他就肯定了这一点，在这本书中，他用"被钉死"来定义纳粹的身体性概念。

14

奥斯卡·贝克（Oskar Becker）是海德格尔早期最有天赋的学生之一，他也试图通过夸大被抛性的范畴，来走出他老师的思想。但在列维纳斯那里，被抛性是一个对过度的讽刺，而贝克则似乎采用了一种残缺的讽刺或反讽，对于被委身于此的海德格尔的激情而言，这里对应的是实存样态的冒险和轻盈，在那里，所有的重负、所有的不得不如此都消失了。

贝克几乎完全没有掩饰他的模仿意图，与海德格尔的绽－出相对立，贝克将他试图去分析的"超实存"（paraesistenza）称为"超本体论"的经验，而且他也将"此是"（Dawesen）与此在相提并论。

贝克试图用来检测他所定义"反此在分析"或"超此在分析"的领域之一就是艺术家的实存。在1929年的一篇论文中，他提出海德格尔的被抛性并不足以思考特殊天才的此在的所有侧面。在这里，界定了此在委身于此、被抛入"此处"的"重负的特征"消失不见了。艺术家的实存模式并不纯粹是历史的实存，而是"冒险的、事件性的"实存，他需要用一个新的本体论范畴来把握我们可以恰当地称为"类－实存或超－实存"的东西，这里的"超－实存"看起来像是海德格尔所谓的"被抛"和"投射"的实存之物的头足倒置。正因如此，贝克称之为"被承载"（Getragensein）。

贝克认为，从字面意义上看，这个表达可能会遭到误解，仿佛我们仍然不得不面对我们必须背负的重负。"我们被承载（vehi, pheresthai），因此我们必须思考古代概念中的天空中特殊的失重运动（不是牛顿力学的运动，相反，是重力和离心力不断将行星拽入天国的运动）。"

也就是说，在没有任何东西支撑我们的情况下，我们面对的是被承载的东西，在某种条件下，承载我们的东西并不是——如同海德格尔的被抛性或米歇尔斯塔德（Michelstaedter）的劝勉（persuasione）——我们必须委身于此的重负，恰恰相反，我们绝对没有任何重负，没有承担任何任务。这并不意味着艺术家生活在一个完全无意识的状态下，也不意味着他外在于历史的生活：相反，他的实存的特殊"经历"就在于"在被抛的极度不确定性和被承载的绝对确定性之间，在万物在历史上的极端问题性和所有的自然存在物的绝对'无问题'的中点上"。（ivi, pp. 31-32）。

在这个意义上，被抛和被承载界定了两极，在两极之间，可以采用和关联不同的实存层次和样态。作为最典型的被承载的形式，艺术实存的灵感——"它毫无觉察，不会受到愧疚和死亡的威胁"（p. 36）——就是痛苦而果断地委身于一个任务的对立面。不过，与此同时，在尚不可知的被抛的脆弱性和偶然性中，它被揭示了出来。

15

最能体现贝克所描述的条件的东西就是爱的经历，被承载最典型的证据并不是出现在艺术家的作品和工作日志中的，而是出现在一位热恋中的女性的日记中：海伦·格兰德·海塞尔（Helen Grund Hessel）。

即便我们在其他文献中也能读到日记里记载的事件（这些事件启发了一部1960年代的十分著名的电影），但这本1991发行的日记的最终版（那时候原作者已去世了10年）成为一部例外的文献，在该书里，在所述说的特殊的爱的事件之外，还有一种生命形式，它用一种绝对无可比拟的强度和直接性验证了自身。

这本日记的跨度长达3个月，从1920年8月至10月。书中描写的所有细节，包括那些私密的细节，都不仅限于一系列的行为和事件，这样一来，它无论如何都不太像一本传记。海伦的生活是这样被"承载"着，即没有任何东西可以从中脱离，因为它们获得了事实上的连贯性：一切都在流变并不断变成视像（日记里充斥着大量片段，在这些片段中，叙述碎裂成视像）。她被承载这件事并不是个人性的，而是被拽入了她周遭的人们的实存，从她的爱侣亨利-皮埃尔·罗歇（Henri-Pierre Roché）到她的丈夫弗朗兹·海塞尔（Franz Hessel），从她的儿子乌里（Uli）、斯特法纳（Stéphane）到她的姐姐博班（Bobann）以及她的朋友唐克马尔·冯·明希豪森（Thankmar von Münchhausen）、赫伯特·科赫（Herbert Koch）、范尼·雷马克（Fanny Remak）。海伦所过的生活和让她得以生活的生命天衣无缝地等同了起来，在这个巧合中出现的并不是一个预设的生活，而是某种在生活中不断超越和克服它的东西：生命-形式。

第三部分　生命-形式

1 分裂的生命

1.1

　　zoè 概念的考古学必须从承认——而不是一开始就想当然的地认为——这一点开始，即在西方文化中，"生命"并不是一个医学－科学观念，而是一个哲学－政治观念。包含 57 篇论文的《希波克拉底文集》(*Corpus Hippocraticum*，简称《文集》) 收集了古希腊医学最古老的文献，这些文献大多创作于公元前 5 世纪最后几十年到公元前 4 世纪最初的几年，利特雷（Littré）出版社分 14 卷出版。但详细考察一下《希波克拉底索引》(*Index Hippocraticum*)，我们就会发现 zoè 一词仅出现了 8 次，而且都不是在专业术语的意义上被使用的。也就是说，《文集》的作者们能在"生命"概念并没有扮演十分重要的角色也没有发挥特殊功能的情况下，详细描述构成人体的体液，认为体液的平衡能决定人是健康的还是患病的；与另一个人谈论营养的本质、胚胎的法语以及生命样态（diaitai）和健康之间的关系；描述急性疾病的症状；考察治疗的技艺。这意味着对治疗的技艺（techne iatrike）而言，"生命"概念并不重要。

א 在《文集》中，出现了 zoè 一词的文章共有 8 篇，其中三篇(《致达玛盖特》(*La lettera a Damagete*]、《圣坛演说》(*Il discorso all'altare*]、《贴撒利使节演说》(*Il discorso all'ambasciata di Tessalo*])并不具有医学性质,应该是伪作。在其他 5 篇中，有 3 篇谈到了濒临死亡的病人的生命的延续，《论关节》(*Artic.*)第 63 节, "这种状况下, 命只剩下几天"(zoè oligomeros toutoisi ginetai);《论感受》(*Affect.*)第 23 节, "没有活的希望了"(zoes oudemia elpis);《戒律》(*Praec.*)第 9 节, "他们长辞此生"(metallassousi tes zoes)。最后，在另外两篇，词义有所关联，但也有些令人琢磨不定，如《论心脏》(*Cor.*)第 7 节, "心室就是一个人生命的根源，血流从中流淌出来，流经整个身体，滋润着身体的框架，这些血流给人带来了生机[ten zoen pherousi toi anthropoi]";《论营养》(*Alim.*)第 32 节, "潜能是此而非彼，借助潜能我们可以管理万事万物以及其中的差别；它是为了整体和部分的生命[zoen holou kai merou],而不是为了整体和部分的感觉"。最后这一篇文章是唯一涉及生命和感觉的对立的文献，而 zoè 一词似乎并不具有普遍意义。

动词 zen, 即活着，在《文集》中出现了 25 次，但也不是具有专业术语的含义，当这个词并不是普遍地代表"生"时，它指的是生命的延续，或者说，在它的典型形式 ouk an dynaito zen 中，它指的是不可能在确定条件下活下去。

在古希腊语中，另一个表示"生命"的单词是 bios（在这里我们感兴趣的是，生活形式或者有品质的人类生命）在《文集》中出现了 35 次，它首先出现在著名的《格言录》(*Aphorismi*)的铭记中："生命短暂，技艺绵长"(Ho bios brachys, he de techne makrè)。由于在医学领域内并没有专业化的"生命"的概念，因此相对于同时代的文学和哲学文本而言，《文集》的文本展现的 zoè/bios 的对立并不那么明显(例如参见 *Flat.*, 4)。

1.2

让我们翻开亚里士多德的《政治学》。即便它并不涉及公民的自然生命体，而谈的是城邦就是等级制的最高共同体，从第一页开始，"生命"这个概念便具有了专业含义。当然，界定一个词并不需要它具有专业含义，但它足以在理论中发挥一个至关重要的策略作用。总结一下 zoè 和 bios 这两个词的意义，我们就会发现即便亚里士多德从来没有给出一个公理性的定义，但正是他在"生活/更好的生活"、"自然生活/政治上的有品质的生活"、"zoè/bios"的配对关联中的阐述让我们定义了政治的领域。城邦（polis）最著名的定义是，"城邦成长于人类的生活［tou zen］，但它的存在是为了生活得更好［tou eu zen］"（*Pol.*, 1252b 28-30），它已经给出了一个原理性的形式，让生活和政治上有品质的生活、zoè 和 bios 关联在了一起，这个关联对于西方政治思想史来说举足轻重。

在我的"神圣人"系列一中已经尝试过界定这种相互交织的关联关系的结构。

1.3

正如亚里士多德不停地提醒我们的那样，"不只是为了生活，而且为了生活得更好"（tou zen monon heneka, allà mallon tou eu zen）。他还说道，如果不是这样，"就会出现动物和奴隶的城邦"（ivi, 1280a 30-31），对他来说，这是显然不可能的。完美的共同体最终源于两个共同体的结合：纯粹生命的共同体（koinonia tes zoes – 1278b 17）和政治共同体（politikè koinonia – 1278b 25）。即便前者意味着某种"宁静"和"自然的甜蜜"（1278b 30），那也是从后者的角度来看的，后者建构了前者（"城邦天然地优先于家庭［oikia］和所有个体，因为整体必然优先于部分"——1253a 19-20）。

从一种共同体到另一种共同体的过渡的门槛就是自给自足（autarkeia）。在亚里士多德的政治学中，这个概念或许尚未引起人们对它的适当关注，但它具有一个根本性的功能。维克托·戈德施密特已经说明了，在亚里士多德那里，"自给自足"并非一个法律概念，也非一个经济或政治概念，而是一个生物学概念（Goldschmidt, p. 86）。城邦是自给自足的，其人口达到了准确的数字上的一致性。在《政治学》的一些段落中，亚里士多德使用了这个概念，对这些段落的考察似乎肯定了这个论题。事实上，在前文引述过的《政治学》开篇不久的城邦定义中，这个词就已经作为一种策略性的功能出现过了：城邦是一个"完整的共同体，达到了其完全的自给自足［pases echousa peras tes autarkeias］，我们也可以这样说，城邦成长于人类的生活，但它的存在是为了生活得更好"。在论述过程中，亚里士多德用几乎一样的话肯定了这个定义："让所有家庭和部族生活得更好的共同体，其目的是让他们追求完美和自给自足"（1280b33）、"完美和自给自足生活下的家庭和村落的共同体"（zoes teleias kai autarkous – 1281a 1）。但什么是"自给自足的生活"？

第 7 卷中的一段话阐明了我们应当在何种意义上来理解这个词：

城邦的大小有一个限度，正如其他东西——例如植物、动物、无生命的工具——一样，一旦城邦太大或太小，就没有任何东西能保留他的自然力量［dynamin］［……］一个城邦如果太小，就不能自给自足——城邦是能充分自给自足的事物——如果太大，尽管它必然可以自给自足，如一个民族共同体［ethnos］，那么它几乎不能进行政治组织［politeia］，最终也就无法成为一个城邦。因为有那么多的大众，谁能担当他们的统帅，除非有斯滕托尔（Stentore）那样的嗓音，否则谁能传达命令？于是，城邦初立时，必然有一定的大众［plethos，一定数量的人口］，就成为一个良善生活的政治共同体而言，这些大众能保证自给自足［……］很明显，这就是城邦最佳的限度：能够达到自给自足的生活的最大限度并且能齐心协力共事的大众。（1326a 35-1326b 9）

1.4

自给自足的概念可以用来界定人口和"生命"的尺度，让我们从纯粹的生命共同体（koinonia zoes）或纯粹的种族共同体过渡到政治共同体。政治生活必然是一种"自给自足的生活"。然而，这意味着，对于政治来说，还有一种不能自足的生活，为了能够上升为政治共同体，它必须变得自给自足。也就是说，和内战（stasis）一样，自给自足是一个生命政治的算子，它能够容许、拒绝从一个生命共同体到政治共同体的过渡、从纯粹的 zoè 到政治上有品质的生活的过渡。

而这里的问题会更大，因为在城邦范围内，有些人的生活是 zoè 共同体的一分子，但从构成上讲，他们被排斥在政治共同体之外。例如，奴隶与主人一起生活在生命共同体（koinonia zoes – 1260a 40）之中，但他们并不同属于一个政治共同体，对于女人来说亦是如此。家庭是那些生命寓居的场所，而家庭是城邦的基本组成部分，且在理论上，它能够自给自足（亚里士多德写道："家庭要比单个个人更为自给自足"—1261b 11），但从构成上讲，他们被排斥在政治生活之外（或者如果你们喜欢的话，可以说他们是通过这种排斥被包含在其中的）。

从这个角度来看，我们可以用如下方式来说明戈德施密特的问题，即有一种能够达到生物学上的自给自足，但无法上升进入政治共同体的生命，其实存对于城邦的实存而言是必需的。不过，他的问题还是切中了要害，因为它说明了这一点，即通过自给自足的概念，亚里士多德的装置共同体保留了生物学特征。在这个意义上，自给自足是一个标签（segnatura），它揭露了在古希腊城邦中，出现了真正的生命政治要素。

1.5

然而，对"自给自足的生活"这一词组意思的更为全面的考察进一步说明了，在纯粹适度的数量大小之外还存在某种其他东西。在《尼各马可伦理学》的一段话中，亚里士多德研究了幸福，认为幸福是人类最高的善，在这个意义上，他给出了一个关键的指示：

> 完美的善似乎是自给自足的。现在，用自给自足一词，我们的意思是并不是说一个人独自生活就够了，他也需要依靠他的农民、儿女、妻子、一般意义上的朋友、公民同伴，因为这个人在本质上是一个政治存在。但我们必须为此设定限制，如果我们把祖先、后辈以及朋友的朋友都纳入进来，那么我们身处一个无限延伸的序列。然而，让我们从另一种情况出发来看一下这个问题，如果我们现在将自给自足定义为我们期望独立生活且衣食无缺，这就是我们认定的幸福，我们不再需要任何其他东西了［……］那么，幸福就是某种完美和自给自足的东西，它是所有行为的目的。（1097b 7-20）

自给自足的生活让人类成了政治性的动物，于是，幸福便触手可及。但是，这意味着自给自足的概念超越了严格的生物学范畴，直接获得了政治意义。在这个意义上，我们应当理解自给自足的生活，即幸福与政治之间的基本关联，亚里士多德在紧接着的段落中就说明了这个问题，在那段话中，他试图界定专属于人类的劳作（ergon）。它不可能是一个纯粹生命（zen）的问题，"因为尽管这在植物那里很常见，但我们要找出专属于［idion］人类的劳作。所以，我们必须排除营养和滋生。其次还有感觉性的生命，似乎对于马、牛等所有动物来说，这个很平常。那么，还有一种被赠与了逻各斯（logos）的存在物的行动［praktikè］的生命，［……］我们说专属于人类的生命就是特定的生命［zoen tina］，这就是存在于与逻各斯为伴的灵魂和行为的行动中"（1097b 34-1098a 15）。

这个区分将 zoè 排斥在了政治共同体之外（与此同时又将其包含在内），它贯穿了人类生命本身，对于西方的人性的历史来说，对生命的区分意义重大，这种观念仍然支配着我们今天的政治科学和社会科学的思考，甚至仍然支配着自然科学和医学的思考。

> ℵ 自给自足既有"已经达到公正的尺度"的意思，也有"政治上有品质的生活"的意思。就后一层意思而言，它充当的是一个标签，而不是一个概念。自给自足不仅是人口的某种比例，在中世纪的本文中，它本身也具有政治含义。在帕多瓦的马西里乌斯（Marsilo da Padova）的《和平捍卫者》

(*Defensor pacis*)和维特博的埃吉迪奥(Egidio da Viterbo)《基督教的统治》(*De regimine christiano*)中,政治社会的目的都在于自给自足的生活(sufficiens vita 或 sufficientia vitae):

> 完美的共同体拥有着自给自足的所有限度,正如其结论所证明的那样,它就是为了生活而出现的,但它是为了更好地生活而存在的[……]所有的人[……]天然地欲求自足的生活[……]这个原则不仅适用于人,也适用于动物(Perfecta communitas, omnem habens terminum per se sufficiente, ut consequens est dicere, facta quidem igitur vivendi gracia, existens autem gracia bene vivendi…; homines…naturaliter sufficientem vitam appetere…quod eciam nec solum de homine confessum est, verum de omni animalium genere)。(*Defendor*, 1, 1-5)

所以,要理解政治是什么,就得理解"自给自足的生活"是什么,这个概念十分含糊,它似乎同时包含生物学意义和政治意义。

1.6

在之前的研究中（Agamben 1, pp. 21-22），我们试图说明了亚里士多德的《论灵魂》中的生命概念及其原初位置之间的战略性关联。在这里，在众多不同言说的"生命"的方式中，亚里士多德将最一般、最独立的一种说法单独列了出来。

> 借助生命，我们将动物区别于无生命的东西。我们也可以用很多方式［pleonachos］来谈生命，只要我们在某一事物中发现其中任何一种方式，我们就可以说这个事物是有生命的——我们知道，这些方式包括：思考或感知，或局部运动和休息，或营养意义上的运动、腐烂和成长。于是，我们认为植物也有生命，因为可以看到，它们拥有一个内在原理，该原理让它们在空间向度上成长、衰败［……］这个原理与其他原理不同，但并不与之相隔离——至少在凡俗事物中是如此。在植物那里，这一点很明显，因为这是它们拥有的唯一的属灵的力量。因此，通过这个原理，我们将生命归于生命体［……］我们称之为营养［threptikon］的潜能，它是灵魂的一部分，而植物也分有这种灵魂。（413a 20sq.）

按照亚里士多德的一贯思路，他绝对不会去定义生命是什么：他自己仅限于对生命进行区分，将营养功能单独分离出来，其目的是将营养功能与一系列不同且彼此相关的潜能或能力（营养、感受、思想）重新关联起来。这些谈论生命的方式与其他方式有所不同，它们最终可以建构起营养的原理，这些方式之一可以将生命归于特定的存在物。被分离出来且被区分的东西（在这里就是营养性生命）恰恰就是让我们将生命统一体建构为一个各种功能和功能对应物之间的层级关联的东西，其终极意义并不是心理上的意义，而直接是政治上的意义。

א 被亚里士多德称为"营养"（threptikon）或"营养的灵魂"（threptikè psychè）的就是"灵魂最原初和最普通的潜能，它让所有事物具有了生命"（prote kai koinatote dynamis psyches, kath' hen hyparchei to zen tois apasin – *De an.* 415a 25）。他使用的"植物性"（phytikon）一词指的就是灵魂的这个部分，在《尼各马可伦理学》中，他有一次将它与欲望（epithymetikon）的部分区别开来，从而将其从逻各斯中排除了出去："动物的非理性的部分有两个，植物性的部分无论如何都不带有理性，不同于此，欲望的部分则在一定程度上分有理性，因为该部分依照并遵循着理性。"（*EN*, 1102b 29–34）但是只有在植物中，营养性能力才与感受能力区别开来（"在植物中［en tois phytois］，营养区别于感受［aisthetikon］"—*De an.*, 415a 1）。古代评注者承袭了这

一传统,用"植物性"(phytikon),或植物性灵魂(phytikè psychè)、植物性活力(phytikè dynamis)取而代之。于是,特米提乌斯(Temistio)在他对《论灵魂》的评注中写道:"灵魂有许多能力[dynameis][……]如所谓的植物性[phytiken]能力。其主要作用就是产生营养、促成生长,最终繁衍后代"(Themistio, p. 44)。与之对应,"植物性灵魂"(phytikè psychè)是由阿佛洛狄西亚的亚历山大在他对《论灵魂》的评注中提出来的。

重要的是,亚历山大问,植物性生命究竟归属于灵魂,还是单纯就是自然:植物性的原理事实上也在动物身上起作用,甚至在睡眠期间,在其他的灵魂潜能都已经不再发挥作用的时候(Alexandro, p. 74)。"如果植物性的部分归属于灵魂,那么其他能力就不可能同时在行动中得到实现,因为营养总是某个有生命的事物的行为,然而其他能力并非如此[……]如若灵魂的能力是单一的,那么我们的灵魂就无法进行其他活动[……]"

将古希腊评注者们翻译成拉丁语后,"植物性生命"的表达在中世纪和现代医学中变成了一个专业术语。现代医学认为它的基础就是生命的关联,而生命的起源是形而上学-政治性的,而不是生物学-科学性的。

א 《论灵魂》或许是第一篇从一般意义上谈论"生命"(zoè)的文章,这种一般意义上的"生命"不同于具体的有生命个体的生命,即不同于某一个生命。伊万·伊里奇将现代的"生命"概念界定为一个"幽灵"概念、一个物神,他追溯了福音书中有关生命最早起源的段落,在那里,耶稣说道:"我就是生命(la vita)。"他并不是说,"我是一个生命(una vita)",而是"我是大生命(la vita)"(Illich 2, p. 230;参看本书"序"第7节)。他写道:"一种实体性的生命可以在专业上和法律上受到保护,它可以通过法律－医学－宗教－科学的话语建构起来,其根源就在于神学。"今天,教会和世俗机构在这个幽灵般的观念上高度凝聚在一起,同样,这个概念可以用在万事万物之上,如圣人及其关怀的主要对象,如某种可以被操纵和管理,同时也可以得到捍卫和保护的东西。

1.7

从我们的视角来看,最关键的是,这种对生命的区分具有直接的政治含义。自从"生命"(zoè)得到了自给自足,并将自己当成一个政治生命（bios politikos），对它来说，它就必须得到区分，并且对就它的一个部分而言，它必然会遭到排斥，且与此同时被包含在、处于政治（politieia）的否定的根基之中。正因如此，在《尼各马可伦理学》中，亚里士多德小心翼翼地说明政治性的人必须属于涉及他的灵魂的东西，他必须知道其中有一个部分（即营养性或植物性生命）无论如何都不具有理性，因此并不具有真正的人性，被排除在幸福和美德之外（也被排除在政治之外）：

> 于是，政治性的人也必须熟悉与灵魂有关的东西［……］我们已经说过，灵魂的一部分不具有理性，而其他部分则具有理性。然而无论这些部分是作为身体的各个部分可以被分开的东西，还是某种可以被分割的东西，或者说某种在定义上可以分辨，但在本质上不可被分割的东西（就像圆的圆周上的凹凸一样），这并不影响问题本身。对于非理性因素，我们似乎可以将其划分成共性的（对于所有生命体而言的）和植物性的因素，我们知道，这就是营养和成长的原理，灵魂的这个部分的功能是所有得到营养滋长的存在物的基础，无论是胚胎还是完美的存在物，均是如此［……］现在，这些能力的品性似乎是所有存在物的共性，并非专属于某个人，因为这个部分或能力似乎更多在睡眠时发挥作用，在睡眠中，善与恶几乎没有任何

区别，所以有人说，在生命的一半时间里，好人和坏人的幸福都差不多［……］然而，让我们先将营养性能力放在一边，因为在本质上，它并不享有人的德性。（1102a 23-1102b 14）

在《大伦理学》中，他再一次将营养性生命从幸福中排除了出去："营养性灵魂并不会带来幸福。"（1185a 35）

א 在《论灵魂》中，亚里士多德建立了触摸和营养性生命之间的显著的对应关系，仿佛在感受的层次上，触摸也与营养一样，归属于源初层次。在承认了"所有生命体都具有的生长和衰败的营养能力"之后，他写道，"所有动物都是带有灵魂的身体：所有身体都可以用触摸［aphei］来触及［apton］和感知，于是，若动物要活着，那么它的身体就必须具有触觉能力［……］这就为什么味觉也是一种触摸，因为它关系到营养，即那个可以触及的身体［……］十分明显，若没有触摸，就没有动物存在。"（434b 12-20）

就营养能力而言，正如感受和理智代表着将动物和人区别于植物的不同的补充范式（supplemento eterogeneo），因此，触摸让生命成为可能，"从善的角度，让其他感觉得以存在"（ivi, 24），在凡人那里，不可能将营养性灵魂与其他部分区分开来，同样，"没有触觉，就不可能有其他感觉[……]失去了触觉，动物就死了"（435b 3-4）。区分和关联生命的形而上学－政治的装置在各个层面上，都对生命体的身体产生了影响。

1.8

在这里，我们进一步说明了纯粹生命和政治上有品质的生活之间，即 zoè 和 bios 之间的关联，这就是我在"神圣人"系列一中视为西方政治学的基础的东西。现在我们可以称之为西方的本体论－生命政治机器，它建立在生命的区分之上，借助一系列的区分和门槛（zoè/bios、不充分的生命/自给自足的生命、家庭/城邦），它开始具有了一开始并不具有的政治特征。但是，恰恰是通过对 zoè 的解释，人类才从诸多生命体中脱颖而出，过上政治生活。专属于这个机器的功能，也就是说，建立在生命基础上的操作，就是生命的"政治化"，即让它变得"自给自足"，即让它可以加入城邦。我们所谓的政治，首先是对生命的一种特殊的定性，通过它是通过一系列区分来实现的，而这些区分贯穿了 zoè 的身体。但是这种定性，除了区分之外，再无其他任何内容。这意味着只要生命政治机器（它总是通过一系列的区分和关联将生命纳入它自身）尚未停止运作，我们就没有办法真正思考生命的概念。到那时，赤裸生命就会像一个晦暗的、无法穿透的神圣残余物，让西方政治寸步难行。

我们可以理解，在《论灵魂》的第 2 卷中，灵魂的各个部分的区分（营养、感受、理智这三种能力）在根本上是本体论 - 政治性的，而不仅是心理学意义上的。从这个角度来看，灵魂的诸部分仅是逻各斯的，还是它们也按心理 - 空间区分（亚里士多德不遗余力地探讨这个问题），这个问题似乎最为至关重要。事实上，专属于植物灵魂的东西并不依赖于（碰巧出现在植物那里的）其他能力而存在，其他部分——至少在凡俗存在物那里是如此（作出这个限定，是为了理解这一点，即或许在神灵那里情况有可能不同）——不可能与之相分离。亚里士多德写道：

> 每一种能力究竟是灵魂还是灵魂的一部分？如果是一部分，那么这个部分究竟是逻各斯意义上［logoi］可区分的部分，还是可按照地方［topoi］区分的部分？在某些情况下，这个问题并不难回答，在另一些情况下，回答则有些难度。正如在植物那里，植物一旦被分开，我们就可以看到，尽管植物的部分与部分之间被分开了，但植物依然活着（这说明在植物那里，每一个植物在实际上是一，在潜能上是多），所以，我们发现，在其他类型的灵魂那里也可以看到类似的结果，如一只昆虫被切成两半［……］

我们没有关于理智或思想的潜能的证据，但它似乎是一种不同类型的灵魂，就像永恒之物不同于有朽之物一样；它独自就能被分离出来。灵魂的其他部分，从我们所说的角度来看，尽管与有些陈述相反，但很明显它们并非独立的实存，当然，逻各斯可以将它们分开。（413b 14-29）

逻各斯可以区分不能在生理层面得到区分的事物，结果，这种施加在生命上的"逻各斯的"区分让生命的政治化成为可能。政治，作为专属于人类的劳作（ergon），就是逻各斯建立在区分基础上的实践，而原本它们是不可分割的功能。在这里，政治似乎让我们这样来看待人的生命，即仿佛在人那里，感受生命和理智生命与植物性生命不可分割，因为在凡俗之物那里，它们不可能被分开，一旦被分开，生命就会死亡（这就是生杀大权［vitae necisque potestas］，我曾经将其界定为至高权力——参看 Agamben 4, pp. 97-101）。

正因如此，我们触及了西方生命政治史上的一个关键门槛，在 20 世纪下半叶，通过恢复知觉（reanimazione，这个词非常重要，再说一遍，这里的关键是灵魂和生命）的技术的发展，医学成功地实现了亚里士多德认为不可能的事情——不可能将植物性生命与人类的其他生命功能分割开来。如果从那一刻起，政治学的所有基本概念都会遭到质疑，那么我们无须对此感到惊奇。重新界定生命必然会导致对政治的重新定义。

א 我们必须思考一下亚里士多德策略中的存在和生命之间的类比关系。形而上学－政治问题宣称："对于生命体来说，存在就是活着"（to de zen tois zosi to einai estin – De an., 415b 13）。然而，存在和生命都"用多种方式得到言说"，于是，它们总是已经被关联和被区分的。正如存在的关联让我们为之引入了运动并最终可以去思考它一样，所以对生命的区分也让生命脱离了单一维度，让其成为政治学的基础。一个独立的存在物，"也就是说，首要的第一位的特有的存在物"，在存在层次上对应的就是对生命领域（植物性生命）的区分，植物性生命作为原初（archè）发挥作用，"由于它，生命才归属于生命体"。在这个意义上，生命就是降临在政治维度上的存在：用诸多方式谈论（pleonachos legesthai）后者，对应的也是可以用诸多方式谈论（pleonachos legesthai）前者，即谈论关联了存在的本体论装置并让其进行运动，与之对应的是生命政治装置，它关联了生命，并让生命政治化。让生命政治装置不起作用，这必然意味着让本体论装置不起作用（反之亦然）。

1.9

让营养性生命充当生命政治装置的基础和动力的，首先就是它与其他生命范畴的区分（然而其他范畴却不可能与之分割）。但构成它的优先地位的事物也是让它被排斥在城邦之外、被排斥在任何界定了这样的人的东西之外的事物。

然而，如果我们仔细阅读《论灵魂》中关于营养性功能的部分，就会发现这个部分包含了一些可以让我们从完全不同的角度来看待它的要素。正如他界定了专属于这种能力的活力（erga），即繁殖和使用食物的能力（gennesai kai trophei chresthai – 415a 26），亚里士多德似乎确立了人类灵魂的最低部分和最高部分——思想（nous）——之间的明显的对应关系："生命最自然的工作［……］就是去繁殖另一个与自己相似的东西，动物繁殖动物，植物繁殖植物，在某种程度上，这种功能分有了永恒与神灵"（415a 27-30）。仅仅几页之后，他又写道："营养保留了生命体的存在（sozei ten ousian）。"这样一来，营养功能"就是一种让某物保留它拥有的东西的原则（archè）"（416b 15-16）。此外，无论是在亚里士多德那里，还是在后来他的那些评注者那里，我们都可以看到一种不寻常的术语上的对应，即营养性（或植物性）灵魂与理智灵魂的对应：理智事实上也是"可分的"（choristos; 430a 18），就像理智一样，营养原理也有"活力"（poietikon; 416b 15）；这一点在阿佛洛狄西亚的亚历山大那位活力（或诗性）理智的理论家那里甚至更为重要："营养原理就是一种活动（poietikon）。"（Alexandro, p. 74）

在一篇著名论文中，埃米尔·本维尼斯特质疑了古希腊动词 trepho 的难以解释的双重意义，它既有"营养"，也有"增稠，让液体浓缩"的意思（例如，trephein gala 意思是"让牛奶凝聚"）。如果我们理解这一点，即 trepho 的真正意思不仅是营养，还有"让其生长，或促进某物自然发展"，那么一切问题都会迎刃而解。rephein gala（"滋养牛奶"，即"让它凝聚"）和 trephein paidas（"喂养孩子"）这两个词组之间没有任何矛盾，因为它们都意味着"让事物获得它所倾向的状态"（Benveniste, p. 349）。

从所有这些证据来看，这就是亚里士多德那里的这个动词及由其派生出来的 threptikon 一词的意思，正因如此，他才会写道：营养性灵魂是"一种让某物保留它拥有的东西的原理"。这位哲学家不过是坚持认为这种生命区分的标签具有政治性功能，然而，他因此不得不将营养性生命从幸福和界定了人的城邦的美德（aretè）中排除出去。

无论我们是支持还是反对亚里士多德，这里的问题关键更在于，将营养性生命视作让生命达到它所倾向的状态的东西，就像努力（conatus）让所有存在物都保留它的存在（sozein ten ousian）一样。不仅我们要学会思考营养性生命的美德，而且在这个意义上，营养（trephein）一词命名了生命体的最基本的德性，即一种让所有的能力都达到它们所自然倾向的状态的冲动。其政治意义并不在于城邦中的排斥 – 包含，而在于如下事实，即让心脏跳动，让肺部呼吸，让大脑思考，它让所有的生命形式都统一起来并具有意义。在此之前，我们一直将政治学看成某种通过对生命的区分和关联而得以保留下来的东西，一种将生命区别于它本身，并且可以在不同场合下，将生命定性为人的、动物的或植物的生命的东西。现在，这反而是一个思考生命 – 形式的问题，即一种与其形式密不可分的生命的问题。

2　与其形式密不可分的生命

2.1

本文源于这样一个看法，即对于我们今天所理解的生命这个词的意思，古希腊人不是用某一个单词来表达的。他们使用了两个在语义和词形上明显不同的单词：一个是 zoè，它表达的是所有生命体（动物、人或者神）共有的生命这一简单事实；另一个是 bios，它代表专属于个体或组织的生命形式或方式。在现代语言中，这个对立逐渐从词语中消失了（唯有在生物学和动物学中，它得到了保留，但不再代表一种实质性差异），唯一有一个词——随着这个词所指涉的神圣化程度加深，这个词的模糊性也成正比增长——代表了纯粹的共同前提，即在每一种数不清的生命形式中，总是可能分离出独立的生命。

相反，通过"生命–形式"一词，我们理解了生命不能与它的形式相分离，生命不可能与像赤裸生命这样的事物相分离，也不可能与之判若云泥。

2.2

一种不可能与它的形式相分离的生命是这样一种生命,即在生命的样态中,它的生命成了关键,而在它的生命中,问题首先是生命的样态。这个说法是什么意思?它界定了一种生命——人的生命,在该生命中,独特的样态、行为和过程从不是简单的事实,它们通常首先是生命的可能性,通常首先是潜能。由于潜能就是所有存在物的本质或本性,因此它可以被悬置、被冥思,但绝对不可能与它的行为相分离。潜能的习性就是对它的习惯使用,以及这种使用的生命–形式。人类的形式不是由某种特殊的生物学任务来规定的,也不是由任何必然性来指派的,而是这样,即便它是习惯性的、不断被重复、在社会上具有强制性的事物,但它也总保留着作为真正可能性的特征,也就是说,它让生命发挥自己的作用。亦即,那里并不存在一个潜能所归属的主体、一个这样的主体,即他可以根据他的意愿决定付诸实施:生命–形式就是潜能的存在,这不仅也不一定是因为他能或不能、成功或失败、迷失自我或找到自我,而首先是因为它就是潜能,并与之相一致。正因如此,人类是唯一的这样的存在物,即在其生命中,幸福往往是关键所在,其生命不可避免且极为痛苦地委身于幸福。但是,这直接将生命–形式建构为政治生命。

2.3

这意味着，我们所谓的生命－形式就是这样一种生命，即人类发生事件——人成为人——仍然在发生过程中。这仅仅是因为生命－形式的关键就是对这个事件的记忆与重复，而我们可以在考古学层面将这一点回溯到 zoè 和 bios 之间的区分那里。这个由人类发生事件所产生的区分随后发生了一次转变（对这个转变的研究并不是人文科学的任务），语言出现在了生命体那里，而后者让自然的生命成了语言中的关键问题。也就是说，人类发生事件与生命和语言之间的、活着的生命和言说的生命之间的断裂是一致的；但是，正因如此，人类成为人类的过程涉及我们对这个区分的不停歇的体验，与此同时，也涉及对我们在历史上不断地将被区分开的东西重新关联起来的体验。人类的奥秘并不是生命体和语言（或理性，或灵魂）之间的结合的形而上学奥秘，而是它们之间的区分的实践的和政治的奥秘。如果思想、艺术、诗歌以及人类实践在一般意义上还有任何益处的话，那么这是因为它们带来了一种机器与生命、语言、经济和社会的活动之间的考古学式的运作，其目的是使得在这些活动那里，人类成为人这件事永远不会一次性地得到实现，永远不会停止再度发生。政治命名了这个事件的位置，它可以出现在它产生的任何领域中。

2.4

我们非常熟悉的政治权力反而总是最后才建立这个基础上的，即赤裸生命与生命的各种形式的区分的基础上。于是，在霍布斯对主权的奠基中，自然状态的生命仅仅是通过无条件暴露在死亡威胁之下而得到定义的（一切人对一切人的无限权利）。我们知道，政治生活是在利维坦的保护下发展起来的，自然状态的生命就是这同样一种生命，它也被暴露在一种仅被掌握在国王手中的威胁之下。绝对而永恒的权力（puissance absolue et perpétuelle）界定了国家的权力，归根到底它并不是建立在政治意志的基础上的，而是建立在赤裸生命的基础上的，唯有当它臣服于国家（或法律）的生杀大权时，这种生命才能得到保留和保护。国王经常会判定例外状态，这种状态恰恰是这样一种状态，即在其中，赤裸生命（在常规状态下，赤裸生命似乎是与其他多种生命形式结合在一起的）作为政治权力的终极基础再一次受到了质疑。同时，被排斥又被包含在城邦中的终极主体总是赤裸生命。

2.5

"被压迫者的传统告诉我们，我们所生活于其中的'例外状态'就是规则。我们必须实现一个与之相对应的历史的概念。"

这是本雅明的诊断，距今已有50多年了，但仍具有当代价值。这并非或不仅仅是因为这样，即今天的权力的唯一正当化的形式就是紧急状态，人们在任何地方都不断地求助于紧急状态，而且与此同时又秘密地生产出紧急状态（我们怎么能不去这样认为呢，即一个仅仅在紧急状态下才会发挥作用的体制，也会不惜一切代价维持紧急状态？）。这首先是因为，在这个时候，赤裸生命成了主权的隐秘基础，在任何地方它都已经成了主流的生命形式。在变成常规的例外状态下，生命就是赤裸生命，在所有方面，它都将生命的各种形式与它们合并而成的生命 – 形式区分了开来。它最终成了主权的隐形承担者，而多样的生命形式被抽象地重新被改写成了法律 – 政治身份（选民、雇员、记者、学生，还有艾滋病阳性、异装癖、色情明星、老年人、父母、女人），这些东西建立在前者基础上（巴塔耶用贱斥的方式，从高等级的角度——如统治或神圣——错误地将这种赤裸生命与其形式分开，这就是他的思想的局限性，对我们来说这一点毫无用处）。

2.6

根据福柯的说法，"今天最大的问题就是生命"，所以政治变成了生命政治。在这个意义上，他的说法非常准确。但最关键的是，我们如何去理解这种变化的意义。事实上，在当代关于生命伦理学和生命政治学的讨论中，人们尚未追问的问题恰恰首先是对生物学上的生命概念的追问的价值。这个概念——今天似乎成了科学观念的外衣——实际上就是一种世俗化的政治概念。

这里有一个通常没被注意到但非常重要的医学-科学意识形态在权力体系中的功能，还有一个以政治控制为目的的科学的伪概念：至高权力在某些环境下可以在赤裸生命基础上运作生命形式，由此而被提出的赤裸生命现在在很大程度上，在日常生活的基础上，是通过伪科学的身体表达、通过疾病和监控、通过对更广泛领域的生命和个体想象力的"医学化"来获得的。生物学生命就是赤裸生命的世俗化形式，一般来说，它让后者变得不可被言说、无法被穿透，这样一来，它将真实的生命形式变成了字面意义上的生存（sopravvivenza）形式，而隐藏在这个词语下的威胁仍然丝毫没有受到触动，这种威胁会在暴力中、在外来物（estraneità）中、在疾病中、在事故中突然得到实现。有一个看不见的真正的王者，躲在主权者那白痴一般的面具后面观望着我们，无论这个主权者是否意识到了这一点，他都只是在名义上统治着我们。

2.7

政治生命，也就是说，一种以幸福为目标、在生命－形式下凝聚在一起的生活，唯有从这种分裂之中解放出来才能成为可能。因此，非国家政治的可能性的问题必然会采用如下形式：这在今天是否有可能？当下是否存在着某种生命－形式之类的东西，即这样一种生命，在它那里，我们必须为了它去面对生命本身、面对潜能的生命？

我们将这种使生命形式变成不可分割的状态、变成生命－形式的关联的思想。我们并不能借此理解一个器官或某种精神能力的个别活动，只能理解将生命和人类智能的潜能性看成其对象的经验与实验。思想并不意味着它单纯受到这样或那样的事物的影响，而意味着它受到行为中的这样或那样的思想内容的影响，与此同时，受到某人自己在思想中对思想的纯粹潜能的接受能力、获得的经验的影响。在这个意义上，思想通常就是使用自我，通常涉及感触，即人们一旦与某一确定物体接触，他所接受到的感触（亚里士多德说："思想就是这样的存在，即它的本质就是潜能的存在［……］当思想在每个理智存在物中变得十分活跃时［……］它就因此在某种程度上保留了潜能，于是，它可以思考自身"—Aristot., *De an*., 429a-b）。

唯有当行动完全与潜能相分离，唯有在我们的经验和我们的理解行为中（nei miei vissuti e nei miei intesi），我总是必须面对生命,在生命自身中去理解生命——也就是说,在这个意义上,思想才能存在——于是某种生命形式才能在纯粹事实性和事物性层面上成为生命-形式,在生命-形式中,我们没有办法将赤裸生命之类的东西分离出来。

2.8

在这里,思想经验通常就是潜能和公共使用的经验。共同体和潜能可以天衣无缝地重合在一起,因为在所有的潜能中,所有共同体主义原则的内在本质就是所有共同体必然具有的潜能特征。一方面,在所有始终在活动中的存在物那里,它们通常已经是这样或那样的事物、这样或那样的身份,这些事物和身份已经耗尽了它们的潜能,因此不可能存在共同体,只存在事实上的巧合和区分。我们只能通过我们(其他人也一样)仍然保留着的潜能来彼此交流,所有的交流(正如本雅明拥有的语言直觉一样)首先并不是共同性的交流,而是沟通可能性的交流。另一方面,如果只存在唯一的存在物,那么它绝对是无能的,在潜能存在的地方,总是有多样的存在(好比说,如果存在一门语言,即言说的潜能,那么不可能只有一个言说的存在者)。

正因如此,现代政治哲学并不是从古典思想开始的。古典思想来自冥思，即思考的生命（bios theoreticos）；那是一种与世隔绝的孤独的生活（"一个人的单独流放"）；现代政治哲学是从阿威罗伊主义（averroismo）开始的，即认为所有人类共有唯一可能的智慧，最关键的是，在《论世界帝国》（De monarchia）中，但丁肯定了大众（multitudo）本质上具有思想上潜能。"存在着某种专属于人类总体的活动，它决定了最广范围的总体的人类种族"，在肯定了这一点后，他认识到这种操作不仅是思想的操作，也是思想潜能的操作：

> 人类的最高能力不仅仅是实存，因为在单纯的实存事实中有太多共有的因素；也不是以符合的形式实存，因为那种实存建立在矿物质基础上；也不是作为生物体的实存，因为植物也是如此；也不是作为拥有感知的生物实存，因为一些低级的动物也有感知；而是作为一个能够用潜能的理智来理解的生物［esse apprehensivum per intellectum possibile］实存，这种实存样态不能归属于其他生物（无论是更高级还是更低级的生物），只能归属于人。事实上还有其他一些存在物像我们一样具有智能，然而它们的智能在一定程度上并非人类的智能，因为那种存在物只能作为理智而不能作为其他东西而存在，它们的存在纯粹是理解它们自己实存的行为；它们毫无间断［sine interpolatione］地从事这个活动，否则它们就不是永恒的

存在。这样一来，十分明显，人类最高阶的潜能就是理智潜能或能力。因为在任何个体或任何特殊的社会组织那里，潜能都不可能一下子全部实现，所以人类种族必须是多样的大众［multitudinem esse in humano generi］，整个潜能只能通过多样的大众才能得到实现［per quam tota potentia hec actuetur］［……］专属于人类的行为被视为一个整体，它不断地实现着人类的理智潜能，首先是通过思想，其次是通过行为。（*Mon.*, 1.3-4）

2.9

让我们来反思一下但丁在大众（multitudo）与热烈的思想潜能（ultimum de potentia totius humanitatis）之间确立起来的基本关联。在这里，大众不只是数量或数字的概念。所以，我们可以从如下事实中明确无误地得出结论：这个关联界定了人类相对于动物和天使的特殊性，并将人类特别化为"一个整体"，它命名了专属于人类潜能的一种一般的实存形式，即思想。也就是说，这并不是潜在的个体化实现的总和的问题，也不是——因此副词"总是"（semper）在这里特别重要——一个让人类的潜能得到圆满实现的完善的过程的问题。之所以存在大众，是因为在单个的人类那里有思考（这种思考与天使的思考不同，它们可以无间断地［sine interpolatione］认知思考）的潜能——或可能性；但正因如此，大众的实存与思想的一般潜能的实现是一致的，最终也与政治是一致的。如果只有多个个体化的实现以及它们的总和，那么不会有一种政治，而只会有由各种各样的特殊目的（如经济目的、科学目的、宗教目的等）所界定的数量上的多样的活动。但是因为思想的一般潜能的实现与大众的存在是一致的，所以后者直接就是政治性的。

正如阿威罗伊所说的那样，大众是思想潜能的一般主体，人们总是在与个别哲人的实存的关系中来思考大众，哲人通过他的想象力的幻象，与独一无二的智能结合在一起，我们一直在说的思想潜能同样如此，它总是处在与公共潜能的个别使用的关系之中。也就是说，正因如此，由于公共思想的统一性仍然与个别活动的偶然性密切相关，所以我们必须十分谨慎地思考我们今天经常谈论的互联网的政治功能。由于它依赖于在实际中（in actu）预先建构的社会知识的恒定可用性，因此其中所缺少的恰恰是用来界定相对于天使的人的知识的潜能经验。也就是说，始终陷于"网络"的就是没有潜能的思想、没有让潜能得到一般化实现的个别经验。

唯有在大众承袭了这样的思想潜能后，大众才能成为一个政治概念。思想并不能在众多其他事物中（在那里，生命生产和社会生产彼此关联）界定出一种生命形式：是独一无二的潜能将多样的生命形式建构为生命-形式。面对国家主权——只能通过在所有领域中将赤裸生命与其形式分开而得到肯定的国家主权——潜能恰恰在于不断地将生命与形式结合起来，或者阻止它们二者被分割开来。在生产过程中，单纯的大规模的对社会知识的记录（这就是当下的资本主义阶段的特点）与作为斗争性潜能和生命－形式的思想之间的区分，就是通过这种结合和不可分割性的经验来实现的。思想就是生命－形式，生命与其形式密不可分，无论这种不可分割的生命的紧密关系出现在哪里——在身体过程的物质性当中、在不亚于理论的生命的习惯样态中以及同样在理论中，那里且只有那里才具有思想。也正是这种思想，这种生命－形式将赤裸生命抛给了"人"和"公民"（这些东西临时充当了赤裸生命的外衣，用它们的"权力"代表了赤裸生命），而生命－形式必定成为即将来临的政治的主导性概念和独一无二的核心。

3 生命的冥思

3.1

现代性中的生命观念的谱系学必须从对 zoè 的重新评价和本位化开始。在新柏拉图主义、诺斯替教派和基督教范围内，zoè 的观念是 2 世纪开始得到推进的。我们并不知道为什么晚期古代思想颠倒了 zoè 和 bios 之间的等级关系：可以确定的是，当第二学园以及后来的新柏拉图主义阐述三个本位（存在、生命、思想）的理论之时，或者当早期基督教文本谈及"永恒生命"之时，或者当《秘文集》（*Corpus hermeticum*）和诺斯替教派谈到"生命与思想"（或"生命与逻各斯"）的配对之时，正如我们也许会预料到的那样，出现在前面的并不是 bios，而只是 zoè，即所有生命体共有的自然生命；然而，这个词的语义也发生了彻底的转变。一条词典索引指出，这个现象是进步的现象，在 3 世纪，bios 一词的地位不可避免地下降了，这导致 bios/zoè 之间的对立弱化了。看一眼普罗提诺的索引就会发现，在《九章集》中，bios 仅在寥寥数页中出现过（几乎总是指人类的生活样态），zoè 这个对普罗提诺来说很少具有生命形式的意义的词逐渐地取代了 bios，获得了 bios 的全部意义范畴，并与现代意义上的"生命"合流了（在这个意义上，zoè 在私密、私人生活的词汇中的传播意义十分重大，它既是专用名词，也是一个温驯的表达，就像现代的"我的生活"一样）。

3.2

有关古代 zoè 概念的转变，最重要的文献是普罗提诺的两篇论文：《论幸福》(*Sulla felicità*)(*Enn.*, 1, 4)和《论冥思》(*Sulla contemplazione*, Ⅲ, 8)。在这里，最有可能的是，普罗提诺是从《智者篇》(*Sofista*, 248e-249a)的一些段落开始的，在那里，存在物被认作"是变化、生命、灵魂和思想，因为它不可能一动不动地、庄重而神圣地待在那里，没有生命，没有思想，没有理解"，《形而上学》第 12 卷（1072b 27）也同样肯定了这一说法，按照亚里士多德说法，"生命［zoè］也属于神，思想的实际性就是生命，而神就是那种实际性，神的本质性的实在就是圆满而永恒的生命［zoè aristè kai aidios］"。对于柏拉图和亚里士多德来说，最根本的是将生命归属于思想，将思想的生命看成专属于神灵存在和人（在某种程度上，人可以"让自己得以永恒"）的特殊属性。然而，对于普罗提诺来说，这个彻底的颠倒成为晚期古代世界观的最主要特征，这并不是说思想也是生命，而是说生命本身在它所有的形式中（包括动物和植物的形式）直接就是冥思（theoria）。

的确，普罗提诺是以一种他已经明确注意到了的十分新奇的态度开篇的，即认为所有生命体都会冥思，包括植物在内（对于亚里士多德来说，植物是最典型的"非逻各斯的"［alogici］的存在物），然后他又突然提出了——显然以开玩笑口吻——通过冥思而产生的生理（physis）的论题：

> 假设我说——在我们严肃看待问题之前先开个玩笑——所有事物都冀望于冥思，并直接注视着这个目标——不仅理性生物，还有非理性生物均如此，还有植物的生长的力量和让它们生长的大地——并且假设，它们要尽可能地在自然状态下达到这个目的［……］现在我们谈一下大地本身，谈一下树木、一般的植物，并问问它们的冥思何在，我们如何将大地所生产的东西与冥思活动结合起来，人们说没有能力塑造形象或推理的自然，如何拥有它自己的冥思，并通过冥思塑造出它所塑造的东西。（3, 8, 1）

生理的"冥思"特征的第一个结果就是转化自然生命（zoè）的观念，它不再是异质性功能的总和（精神生命、感性生命、植物性生命），从一开始，它就强调所有生命现象的单一性质，仿佛它"既不是植物性的，也不是感性的，更不是精神性，而是一种生命的冥思"。斯多葛学派精心思考了"逻各斯生命"（logikè zoè）和"逻各斯动物"（zoon logikon）的概念，视之为相对于其他生命体而言专属于人的特征。这个观点的新意——相对于古代将人界定为"拥有逻各斯的动物"（zoon logon echon）而言——在于这里的逻各斯不再简单添加在所有其他动物共有的，但没有改变它们的生命功能之上的东西，而是这样，它浸入了整个人类生理，对它进行了从头到尾的改造，因此它的冲动、它的欲望、它的感觉以及它的激情均以亲密的逻各斯的面貌出现。普罗提诺将斯多葛学派推到极致，在某种程度上，他将其不加区分地拓展到了所有生命体和所有生命形式那里。现在生命本身就是逻各斯和冥思之物，按照某种专属于它的冥思的或多或少鲜明的特征（ergaster），他得到了解释和散播，变得多样化了。在走向表达和思想的内在的逻各斯张力中，对这种生命的深刻统一性的直觉，就是晚期古代世界留给基督教神学的最具原创性的遗产，后者又将其传给了现代社会。

> 冥思是一种自然走向灵魂、灵魂走向思想的运动，对于冥思者来说，冥思总是变得越来越亲密并统一于冥思者［……］所以，这必须是二变成真正的一的东西。但并不像在其他东西那里一样，这种生命的冥思［theoria zosa］是冥思的对象。在其他东西那里，它是有生命的，因为其

他东西不具有自己的全力。那么,如果冥思[theorema]和思想[noema]的对象就是去拥有生命,那么这种生命必然不是植物性[phytikè]生命,也不是感性[aisthetikè]生命,更不是精神生命。因为其他生命都是思想,只有一种生命是一种思想成长,只有一种生命是一种思想感受,只有一种生命是一种思想灵魂。那么它们如何思考?因为它们是逻各斯,是语言。而且所有的生命都是一种特定的思想[pasa zoè noesis tis],但某个生命会比另一个生命更黯淡,仿佛生命有着不同的光亮和强度值。一些生命更为明亮[enargestera],这就是太一之中的第一生命和第一智能。所以第一生命就是思想,第二生命就是第二层次上的思想,最末的生命也就是最底层的思想。那么,所有的生命都属于这个种类,都是思想。或许人们可以谈论不同类型的思想,但他们也会说一些东西是思想,而另一些则完全不是,因为他们完全没有研究该事物是什么样的生命。无论如何,我们都必须说明这一点,即我们的讨论会再一次表明,所有存在物都是冥思。如果最真实的生命就是思想的生命,那么最真实的思想、冥思和冥思的对象都是生活和生命,两者合二为一。(ibid.)

3.3

生命和思想的二元统一的对应形式,在所有方面,都是生命体的新的本体论状态,《论幸福》一文拐弯抹角地谈到了这个主题,在那里,普罗提诺似乎使用了一些来自传统政治思想的词汇。这个新本体论的核心词汇就是生命形式(eidos zoes 或 tes zoes),这个词在普罗提诺的词汇中是一个专业术语,具有特殊地位,但学者们并没有重视这一点。普罗提诺一开始问到,一旦"活得更好"(eu zen,亚里士多德在《政治学》中用了同一个表达来界定城邦的目的)被等同于幸福(eudaimonein),我们是否必须在分有幸福的人之外,再给出其他幸福的生物,例如鸟与植物(普罗提诺在其著作中表现出对植物的偏爱,与之相对应的是亚里士多德认为植物的一般功能对于人来说是一个负面的范式)。那些否定非理性存在物拥有生命能力的人并没有意识到,他们最终会让另一样东西高于生命(如理性)。在普罗提诺的立场上来看,他反而毫无保留地宣称,他将幸福定位在生命中,所以他试图在这个激进主题的线索下去思考生命的概念和存在物的概念。让我们来读一个关键的段落,这段话是普罗提诺的天才的最高成就之一,或许我们尚未完全理解这段话里面的本体论含义:

> 假设我们认为幸福就是生命的基础,那么如果我们让

生命成了一个适用于所有生命体的、具有完全相同的含义的术语，那么我们就能让所有存在物都得到幸福，让它们都活得不错，因为它们拥有同一样东西——某样所有生命体都能天然获得的东西；在这个假设的基础上，我们并不能认为这种潜能仅仅属于拥有理性的生命体，也不能认为非理性存在物没有幸福。如果我们可以在某种生命中找到幸福，那么所有生物都共有［koinon］生命，因此在幸福方面，它们有着同样的潜能。所以我认为，那些认为只能在理性生命中［en logikei zoei］，而不能在共有生命［en koinei zoei］找到幸福的人，他们没有注意到这一点，即他们真的假设幸福不是生命。他们不得不说幸福依赖于理性潜能，所以它是一种品质。但他们的出发点是理性生命，而幸福则依赖于此，即另一种生命形式［perì allo eidos zoes］。我并不是说逻辑区分意义上的"另一种形式"，而是此意义上的"另一种形式"，即柏拉图主义者将一件事物视作先天的，而将另一件事物视作后天的。我们可以用很多种方式来谈"生命"一词，这些方式是按照应用了生命概念的事物的等级来区分的，最高级生命，次一级的生命，以此类推；因此，在植物意义上，生命和生活就是同义词，而在理性动物那里，两者则有着清晰和隐晦的程度上的差别，很明显，这同样也可以适用于生活。（1, 4, 3）

3.4

我们可以借助对斯多葛学派的逻各斯生命的概念的重新解释,来说明普罗提诺的新生物-本体论。然而,普罗提诺并不认为生命是一个未分化的、可以在其上添加明确的属性(例如,理性或语言存在物)的层次(hypokeimenon),而是将其视作一种无法分割的整体,他将该整体界定为"生命形式"(eidos zoes)。在这里,毫无疑问,这个表达具有术语上的特征,这一点源自如下说明:在该表达中,eidos 并不代表种的特殊差别(正因如此,将这个词翻译为"物种"是错误的)。按照这个说明,eidos 一词并不能被理解为种的类别,而是这样,根据亚里士多德在《形而上学》中给出的定义(1018b 9 sqq.),按照先天和后天,它所指的仅仅是与原初(archè)有着更大或更小的相似性(正因如此,普罗提诺谈到了"原初生命"和"次生生命")。"生命"并不是一个同义词(与定义有着相同的名称、相同的指称的词),而是一个同音异义词,每一种生命都具有一个分化出来的意义,按照这个意义,生命变得更显著或更不显著、更明亮或更不明亮。迫于给出新的生命定义的需要,普罗提诺极为深刻地转变了亚里士多德的本体论:是的,那里只有一个独一无二的实体,不过,在它的质性之后或之下并没有一个主体,它总是已经同形异义地分有了多种多样的生命形式,在这些生命形式那里,生命从来不是与其形式密不可分的,恰恰相反,生命始终是一种存在的样态,因此它不断地去成为太一。

3.5

"如果一个人可以拥有完美的生命,那么他就会幸福。倘若并非如此,如果我们可以在诸神那里发现这种生命,我们就不得不将幸福归于诸神。因为我们坚持认为这种幸福只能在人类那里找到,所以我们必须考察何以如此。我的意思是说:从我曾经在其他地方说过的东西中可以明显地看出,人类仅仅因为拥有感性、拥有理性推理和真正的思想,就拥有完美的生命。没有什么人不在潜能或行为中拥有它,一旦人们在行为中拥有它,我们就称他是幸福的。但是我们是否可以说,他在他自己那里和他的一部分中拥有这种完美的生命形式[idos tes zoes]?在潜能中拥有幸福的人将幸福作为他的一部分,但是幸福的人就是已经在行为中感到幸福的人,他已经变成了这种生命形式[metabebeke pros to autò einai touto]。"(1, 4, 4, 1-15)

在这里,幸福的生命表现为这样一种生命,它并不会将自己的形式作为它的一部分或一个性质,它正是这个形式,幸福的生命完全变成了它的幸福(这就是 metabaino 一词的意思)。在这个全新而极致的层面上,古代的 zoè 和 bios 之间的对立彻底地失去了它的意义。普罗提诺于是在这里故意用一个悖论式的表达（他借用了亚里士多德《政治学》中的一个表达，并改写了其中的关键词）："bios 是自给自足的，因为在某种程度上它拥有 zoè"（autarkes oun ho bios toi outos zoen echonti – ivi, 23）。我们已经看到，维克托·戈德施密特证明了在亚里士多德的《政治学》中，自给自足并不是一个法律概念，也不是一个经济概念或严格意义上的装置概念，而是首先是一个生物学概念。城邦是自给自足的，即城邦的人口在数量上可以延续。唯有达到这个极限，人们才能从单纯的生活过渡到更好的生活。这就是被普罗提诺彻底改变的生物学 - 政治概念，他使它与 bios 和生命形式变得难以分辨。zoè 和 bios 这两个在亚里士多德政治学中对立的词现在彼此收缩到了一个强有力的姿态之下，它们不可逆转地远离了古典政治学，走向了闻所未闻的生命的政治化（"bios 是自给自足的，因为在某种程度上它拥有 zoè"）。这里的风险在于，可能存在一种 bios，即一种生命形式，它只能通过它与 zoè 之间那特殊而不可分割的联系来得到界定，它的内容也仅仅是后者的内容（反过来说，zoè 也不过就是它的形式，即 bios）。于是，所发生的转变就是，政治生活的各种属性也仅仅只能归属于 bios 和 zoè：在古典传统中，幸福和自给自足反而是建立在 bios 和 zoè 的区分基础上的。我们拥有了一个政治的 bios，它从来不会将 zoè 视作它的一部分，从来不会将其视作某种可分割出去的东西（即赤裸生命），它就是它的 zoè，完全就是生命 - 形式。

4 生命是由生活所产生的形式

4.1

马里乌斯·维克托里纽斯（Mario Vittorino）《反阿里乌派》（*Adversus Arium*）这篇文章是将普罗提诺的生命和生命形式（eidos zoes）概念传递给了基督教作者们的文章之一。维克托里纽斯是一位古罗马修辞学家，他皈依了基督教，他翻译的《九章集》对奥古斯丁产生了重要影响。维克托里纽斯试图思考三位一体范式，在那些岁月里，他们用新柏拉图主义的范畴，从这个角度发展了三种本位（存在、生命、思想）的原理，且重要的是，他们深化了存在和生命的统一，我们在界定普罗提诺的生物-本体论的时候已经讨论过这一点。亚里士多德已经在《论灵魂》中用很长一段话肯定了这一点（尽管有些草率），即"生命体的存在就是活着"。现在，人们完全将这个问题中的本体论用语翻译成了"生物学"用语，认为圣父和圣子之间的统一和共同实体关系——与此同时，二者之间的区分——看成上帝的"生活"和"生命"的统一和关联。维克托里纽斯精妙地使用了他那精巧而细致的修辞技艺，他的著作的整个第4

卷都在讨论这个艰深的神学问题:

> "他活着"和生命 [vivit ac vita] 是同一事物,还是同一回事,还是两个不同事物?同一事物吗?那为什么要用两个词?同一回事?但是一个事物实际上存在,而另一事物就是现实性,这是怎么回事?所以,难道他们是不同的?由于在那些活着的人那里有生命,而那些有生命的人必然也活着,所以他们又有什么不同?事实上,活着的人并不缺少生命,因为只要有生命,他们就活着。因此,他们彼此又有所不同,但最终无论他们是什么,他们都是两种东西;如果在某种程度上,他们是两种东西,那么他们又并不是单纯而纯粹地是两种东西,因为他们的确此中有彼,彼中有此,他们二者均如此。所以,他们是同一回事?但两者中的相同之处不仅是他自己。所以同一性同时也是二者之间的相异性。但是如果存在同一性,两者中的任意一个与自己相同,那么两者都是同一的,都是一。的确,每一个存在物就是另一个所是,两者都不是另一者的配对 [geminum]。所以,如果二者其中之一与其所是是同一回事,也就是另一者,那么两者中的任何一者就是自身中的一。因为两者中的任何一者都是自身中的一,在另一者那里,他也是一样的 […] 生活和生命就是这样,生活就在生命之中,生命也就在生活之中:并不是一

者被复制成为另一者，也不是一者与另一者相伴随——因为那里有一个联合［copulatio：因此，即便二者的关联不可分割，也只有一个联合，而不是统一（unitum est, non unum）］）——事实上并非如此，活着的行为就是去成为生命，而生命就是去活着［……］"他活着"和生命因此都是一个实体。（Vittorino, pp. 502-504）

4.2

无论是在日薄西山的异端思想那里，还是在新生的基督教神学那里，最能体现生命概念获得了新的重要核心内容的事实莫过于这一点：圣父和圣子的共同实体问题是从纯粹生活和生命之间的关系角度来思考的，这个关系是在其中同根同源地被生产出来的。我们可以看到，在一个段落中（这个段落是全书最为凝练的一个段落），这种双-统一的悖论被维克托里纽斯解决了，毋庸置疑，他复兴了普罗提诺的生命形式（eidos zoes）的概念，即活着（vivendo）的行为所产生的生命的形式（vitae forma, forma viventis）：

> 的确，生命是生活的习性［vivendi habitus］，它是由生活所产生的形式和状态［quasi quaedam forma vel status vivendo progenitus］，自身中包含了生活本身，它与有生

命的存在物［id esse quod vita est］二者是一个实体。由于它们并非真的彼此为一，但是它们纯粹以自己单纯性［unum suo simplici geminum］而倍增的一，所以一本身就来自自身［ex se］，来自自身的一，这是因为最初的单纯性在自身中有着某种活动［……］因为生活就是存在；但成为生命是一种样态，即由那个一（对那个一而言，它就是形式）所生产出来的生活形式［forma viventis confecta ipso illo cui forma est］。但是那个生产者、生活并不具有一个开端——对于那个出于自己活着的存在物而言，没有开端，因为它一直活着——于是，生命也没有开端。的确，只要生产者没有开端，那么被生产出来的东西也没有开端。与此同时［simul］，它们也是共同实体。但生活是上帝，生命是耶稣，在生活中就是生命，在生命中就是生活。这样，当然在另一者中有其中一者，因为被生产的［confectum］和生产者［conficiens］彼中有此，此中有彼：因为作为生产者它已经在产品中了，特别是在它们一直共同存在着的情况下。所以圣父在圣子之中，而圣子也在圣父之中。的确，生产者就是产品的生产者，而产品则是生产者生产的产品。所以，一是它们的实体，并非一在二之中，或者二在一之中，而是这样，因为上帝所是之实体也是圣子所是之实体，换言之：只要上帝活着，圣子就活着，无论圣父采用何种实体，圣子也就在这个实体中。（Vittorino, pp. 536-538）。

我们必须看一下这个激进的转变,即古代本体论曾经关注的是存在,而现在转向了生活的层次。实体和实存、潜能和行为、质料和形式变得难分彼此,现在,它们互相指涉为"生活"和"生命",即——按照一个在拉丁语散文中越来越频繁出现的短语——"活着的生命"(vivere vitam)。形式并不具有等级上或基因上的优先地位,因为形式不再产生并界定存在物,不仅如此,恰恰相反,形式是在存在物的活动(即生活)中被产生和生产出来的,它只是"形式上的一所生产的生活形式"(forma viventis confecta illo ipso cui forma est)。正如圣父和圣子,还有实体和实存、潜能和行为、生活和生命彼此相互解释一样,在某种程度上,似乎再没有可能去区分它们。重要的是,维克托里纽斯必须按照斯多葛学派首先概括出来的范式,去勾画模态本体论下的上帝和三位一体的三个位格之间的关系。"因为生活即存在;但是生命是某种特定样态[……]"(modus quidam——那些喜欢阅读最权威的手稿的人不接受第一版[editio princeps]将 modus 改为 motus 的修正),就在几行文字之后,圣父和圣子被界定为一种神圣实体的"样态"。正如样态并没有为实体增添任何东西一样,它只是存在的改变或方式,所以生命也没有为生活增添任何东西,它只是在生活中被生产出来的形式:这就是生命-形式,在其中,生活和生命在实体层面上变得难分彼此,二者只能在外显和"表象"上得到区分:

4 生命是由生活所产生的形式 / 377

因此，生命是由生活所生产［conficitur vivendo］，并通过共同存在而成形的。但是这个成形是一个表象［formatio apparentia est］；但是，表象的确是从隐秘中浮现的，从隐秘中的浮现就是它的诞生，在成形之前，那个诞生的一就已经存在了。（ivi, p. 544）

4.3

正是在这里，维克托里纽斯将普罗提诺的生命形式（eidos teszoes）的观念推到了极致，在该观念中，bios 和 zoè，思想的生命和共同生命，跨上了一个难分彼此的起点，我们可以使用专业意义上的"生命-形式"（vitae forma）这一短语：

上帝就是生活，但他是最原初的生活，那时，他形成了所有其他事物的生活；他在行动中存在着［actio ipsa in agendo existens］，在运动中有他自己的存在，他有着实存或者实体，尽管他并不是真正拥有它［habens quamquam ne habens quidem］，而是这样，实存本身就如同原初和普遍的生活一样［existens ipsum quod sit principaliter et universaliter vivere］。但是，从这个行为中生产出来的，在某种程度上就是生命的形式。的确，它是所有事物当下的行为产生的永恒（aion），所以，它总是通过生活和生活的行为在当下生产出生活,正如我们所说的一样,生命性在一定程度上就是生命 – 形式[vitalitas, hoc est ut vitae forma]或一种生命的形式,它是按照自己的力量和实体被生产出来的。(p. 542)

在上帝那里,生命形式如此不可分割地与生活联系在一起,以至于这里并没有为任何类似"拥有"的东西留下空间,上帝并不"拥有"实存和形式,而是这样,他通过语法的功能迫使"去实存"这个动词变得及物,他"实存着"他的生活。这样,这种语法的功能也产生了一种形式,即他的"生命性"或他的生命形式。再说一遍,样态范式(实体/样态)质疑了亚里士多德建立在实存/实体、潜能/行为的对立基础上的本体论:实体并不"拥有",而"就是"它的样态。在任何情况下,"生命 – 形式"的观念,就像实存和实体一样,也像 zoè 和 bios、生活和生命一样,彼此凝结收缩在一起,它让第三者得以出现。我们还要去探索这个第三者的意义和内涵。

5 走向风格本体论

5.1

让我们在维克托里纽斯神学文本之外拓展一下他的思考。生命-形式并不像主体,主体先于生活而存在,并给出了生活的实体和实在。相反,它是在生活中产生出来的,它是"作为形式的一所生产出来的东西",因此,相对于生活,它并不具有任何优先性,甚至也不具有实体性和先验性。它仅仅是存在和生活的方式,无论如何,它都不能决定活着的事物,正如它也绝对不能被后者决定但也与后者须臾不可分离一样。

中世纪哲学家非常熟悉一个词,maneries,这个词可以追溯到动词"驻留"(manere),现代古典学家将这个词等同于现代的"风俗"(manner),认为这个词源于拉丁语的手(manus)。不同于此,《穆罕默德阶梯》(*Libro della Scala*)给出了这个词的不同词源。这部虚构作品的作者应该非常熟悉但丁,在某个地方,他见到了一支笔的幽灵,这支笔"喷出了墨水"(manabat encaustum)。他写道:"所有这些事物都是以这样的风格来安排的,似乎它们是在某个瞬间被创造出来的"

(et haec omnia tali manerie facta erant, quod simul videbantur creata fuisse)。词源学层面的 manare/maneries 的并举说明，maneries 意味着"涌现的方式"：所有事物都以这样的方式从笔中喷出，它们似乎就是在那一瞬间被创造出来。

在这个意义上，生命－形式就是"涌现的方式"，而不是具有这样或那样属性或性质的存在物，其存在就是其存在的样态，其存在的样态就是它的涌现，不断地被存在的"方式"所生产出来。（在这个意义上，我们可以了解一下斯多葛学派将 ethos 界定为"生命的勃兴"[pegè biou]这一点。）

5.2

我们必须通过这种方式在生命－形式下理解 bios 和 zoè 的关系。在"神圣人"系列一的结尾，生命形式被简要地概括为一种仅仅作为它的 zoè 的 bios。但是"活出（存在者）自己的 zoè"是什么意思？生命的样态可能就是仅仅将生命作为自己的对象的东西吗，在我们的政治传统中，生命总是已经被分离成了赤裸生命？当然，这也意味着生活有着某种绝对不可分离的东西，在任何地方都让 bios 和 zoè 彼此协调一致的东西。但首先，如果 zoè 不可能是赤裸生命问题，那么我们能通过 zoè 理解什么？我们总是已经分离出来、隔离开来的我们身体性生命、生理性生命？在这里我们看到了一个界限，与此同时，还看到了有当尼采谈及作为生理学的"伟大政治学"的时候瞥见的那道深渊。在这里，我们所遇到的风险就是现代性的生命政治学所陷入的问题：让这样的赤裸生命成为政治学的最重要的对象。

所以，首先必须让 zoè/bios 这一两极装置中性化。正如每次我们都发现自己面对着一个两面的机器那样，在这里，我们需要警惕不要让一方与另一方针锋相对，也不要将它们两个都收缩到一种新的关联之中。也就是说，问题在于让 bios 和 zoè 得到安息（inoperosi），这样，生命－形式就会变成它们的第三项（tertium），我们只有从这个安息、从 bios 和 zoè 彼此协调一致（也就是说，一起坠落）出发，才能思考这个第三项。

5.3

在古代医学中，有一个代表生命的机制的词——饮食（diaita），个人和组织的"饮食"被理解为食物（sitos）和体力锻炼或劳动（ponos）之间的和谐比例。因此，在《希波克拉底文集》中，"人的饮食"（diaite anthropine）就有点像生命的样态，它按照季节和个人而不断变化，是最适于健康的饮食（pros hygeien orthos）。也就是说，这是一个其对象似乎仅仅是 zoè 的 bios 的问题。

奇怪的是，这个医学术语还有另一个专业含义，这次它指的是——碰巧用的也是我们的"饮食"一词——政治 - 法律范围：平衡（diaita）是一种裁决，它并非按照法律文字，而是按照环境和平等来判决诉讼的（因此，在中世纪和现代的词汇中，它发展出了"具有决策制定权的政治会议"的意思）。在这个意义上，这个词对立于正义（dike），正义指的并不是生命的习俗或样态，而是绝对规则（亚里士多德《修辞学》1374b 19："我们要回顾的是平衡，而不是正义，因为平衡，即意志，寻求的是便宜行事，而正义，则是判断，诉诸法律［nomos］。"）

像往常一样，同一个词的两个意思之间的差距可以给我们以启迪。正如我们看到的那样，如果政治是建立在生命的关联基础上的（生活/生活得更好，生命/自给自足的生命），那么，我们当然不用对此感到奇怪，即生命的样态，"饮食"保障了人类的健康，它也具有一个政治含义，然而，这个含义所涉及的并不是法律（nomos），而是治理和生命机制（因此在拉丁语中，这个词被翻译为 diata，这并不是巧合，这个翻译也保留了语义上的双重性：机制［de regimine］这个标题既可用于医学，也可用于政治学）。只有在"机制"层次上，生物学生命和政治生命才会变得难分彼此。

5.4

神学家区分了我们所过的生活（vita quam vivimus）与我们所依赖的生活（vita qua vivimus），前者是构成我们的生物学事实和事件的总合，后者则是让生命可以活下去、赋予生命以意义和形式（或许这就是维克托里纽斯的生命性［vitalitas］）的东西。在所有的实存中，这两种生命似乎都是分裂的，不过我们可以说，所有的实存都试图实现它们之间的和谐一致，尽管经常不成功且难以持续地重复下去。的确，只有那种区分消失，生命才能幸福。

如果我们转向那些在集体层面上达到这种幸福的计划——从修道院戒律到共产主义公社，那么那种地方——在那里，对两种生活之间的和谐一致的探索可以找到其最复杂的形式——就是现代小说。在这个意义上，亨利·詹姆斯的人物——适用于他的所有人物——都是一种实验，在该实验中，我们所过的生活不断地与我们所依赖的生活分离开来，与此同时，又坚持不懈地与之重新联合起来。这样一来，一方面，他们的实存被分成了一系列的面孔，这些面孔或许是偶然的，甚至在任何情况下都是无法言明的，但它们就是最典型的世俗认识、流俗看法的对象；另一方面，其实存又表象为"丛林中的野兽"，某种始终在潜伏着、在等待的东西，在他们生命的曲线和节点上，终有一天他们会不可避免地发动突袭，展现他们"最真实的真相"。

5.5

性生命——例如，在詹姆斯写作他的小说的同一年，克拉夫特-埃宾（Krafft-Ebing）在他的《性精神疾病》（*Psychopathia sexualis*）一书中收录了一些性故事——似乎实现了一道逃离了两种生命之分的门槛。在书中，丛林中的野兽总是发动突袭——或者毋宁说，总是已经揭露出它那幽灵般的本性了。这些表面看上去都十分悲惨的故事所记录的仅仅是对那些病态的、声名狼藉的特征的见证，它们证明他们所过的生活没有丝毫偏差地等同于他们所依赖的生命。那些匿名主人公所过的生活的关键在于每一个瞬间都是他们所依赖的生命：在前者那里，后者从一开始就被毫无保留地被押注和遗忘了，其代价甚至是失去所有的尊严和尊重。过于简化的医学分类学掩盖对某种受祝福的生活的记录，而这种受祝福的生活的病理封印每一次都被欲望所打破（力比多自恋性地退回了弗洛伊德用来界定变态自我当中，这种撤退是对这一事实的唯一的心理学记录，即对于主体而言，那个十分明确且无法控制的激情的问题就是他的生命，在这种态度下，或者说在某种性变态行为下，生命已经彻底地飘摇不定）。

重要的是，要在我们的社会中找到与其形式密不可分的例子和材料，我们不得不在病历记录和——或者就像福柯为他的《声名狼藉者的生活》所做的那样——警察局的档案中进行翻找。在这个意义上，生命-形式并不存在于它的圆满之中，它只能在这样的地方得到证明，即在当下的环境中必然会让人感到厌恶的地方。无论如何，这就是对本雅明的原理的应用，按照本雅明的说法，终极状态的基本要素就隐藏在当下，并非在那些进步的表象当中，而仅仅在那些无关紧要甚至可鄙的东西当中。

5.6

然而，不可分割的生命有着十分悠久的传统。在早期基督教的作品中，生命和逻各斯的相近性出现在《约翰福音》的序篇中，它被当作一种不可分割的生命的模式。我们在俄利根（Origene）的评注中读到："生命本身在道说之后［epigignetai toi logoi］形成，形成之后它与逻各斯不可分割［achoristos］。"（*Com. Io.*, II, 129）

按照弥赛亚的"永恒生命"（zoè aionos）的范式，bios 和 zoè 的关系通过某种方式发生了变化，在亚历山大的克莱芒（Clemente Alessandrino）那里，zoè 成了 bios 的最高目的："对上帝的虔信是唯一的真诚，它关于 bios 的整体，在所有时刻，它都朝向它的最终目的 zoè 延伸。"（*Protr.*, XI）对于 bios 和 zoè 的关系的颠倒，这里有一个说法，在古希腊思想中，这个说法没有意义，反而是它预期了现代的生命政治学：即作为 bios 目的的 zoè。

在维克托里纽斯那里，对圣父和圣子关系的思考产生了一种闻所未闻的本体论，在这个本体论之下，"所有的存在物都无法与其种类分开［omne esse inseparabilem speciem habet］，或者毋宁说，物种就是实体本身，这并不是因为物种先于存在物，而是因为物种界定了存在物"（Vittorino, p. 234）。就像生活和生命一样，在这里，存在和形式也可以毫无偏差地彼此和谐一致。

5.7

正是从这个角度出发，我们可以读懂圣方济各会的理论家彻底重新思考亚里士多德的灵魂（或生命）的区分的方式，他们既质疑了这个区分的实在性，也质疑了经院哲学从中得出的关于植物性生命、感性生命和理智生命之间的等级关系。司各脱写道，理智生命在自身中包含了植物性生命和感性生命，这并不是说后者臣服于前者，后者已经被抛弃，或者已在形式上被摧毁，恰恰相反，这意味着后者只有在更完美的意义上才能存在（Intellectiva continet perfecte et formaliter vegetativam et sensitivam per se et non sub ratione destruente rationem vegetativae et sensitivae, sed sub ratione perfectiori quam illae formae habeantur sine intellectiva）。于是，米德尔顿的理查德（Riccardo di Middleton）肯定道："植物、感性和理智并不是三种形式，而是一种形式［non sunt tres formae, sed una forma］，植物性生命、感性生命和理智生命以这种形式存于人类之中。"在亚里士多德的区分之外，圣方济各会的理论家们思考了"身体性形式"（forma corporeitatis）的观念，我们在理智的灵魂之前，在理智的灵魂与身体性形式共存之前，就已经可以看到后者在胚胎中得到完善了。这意味着，并不存在赤裸生命、没有形式的生命之类的东西，这些东西只是对于更高级和更完美的生命来说的否定性的根基：身体形式的生命总是已经形成了的生命，它总是已经与一种形式不可分割了。

5.8

如何描述生命-形式？在《希腊罗马名人传》（*Parallel Lives*）的开头，普罗塔克使用了形式（edios）一词，这位传记作家必须知道如何从混乱的事件中找出对应的线索。然而，他试图理解的不是生命-形式，而是一种典型特征，不过这是一种带有典型特征的生命形式，在行动的领域，它让作者得以在一个范式中将一个生命与另一个生命重新联系起来。一般说来，古代传记——流传下来的哲人和诗人的传记——并没有兴趣去描述真实的事件,也不会在一个单一的形式下进行创作,而是会选择一个范式性的事实——夸张而具有意义的事实——从作品而非生活出发来进行演绎推理。如果这种将作品凌驾于生活之上的独特计划令人质疑,那么或许恰恰是这种从作品出发去界定生命的尝试构成了类似逻辑地位的东西,在这个位置上,古代传记预言了生命-形式。

5.9

费尔南·德利尼(Fernand Deligny)从来没有讲述过与他生活在一起的自闭症儿童的事情,而是试图小心翼翼地在他所谓的"漂移线"(lignes d'erre)的形式下在图纸上描绘出他们的运动和遭遇。除了线条的纠缠,在这些一张一张地叠放在一起的绘有轨迹的图纸上还出现了一种圆环或椭圆环,这些线条本身不仅仅包含了漂移线,还包含了一些纠缠点(chevêtres,这个单词出自 enchevrêment,"纠缠"),它们频繁出现在线条交叉处。他写道:"很明显,这些路线——漂移线——被记录下了来,每一个环形区域都表现为另一些东西的轨迹,一些做追溯工作的人、那些被追溯的人之前都根本没有预见也没有预先设想过的东西。很明显,这是某种并非源于语言的东西的后果,我们甚至不能参照弗洛伊德的无意识来解释它。"

(Deligny, p. 40)

或许这种奇怪的、明显不可能对它进行解密的纠缠表达的不仅是对沉默儿童的生命形式的考察，也是对所有的生命形式的思考。在这个意义上，这一实践具有启发意义，即在我们曾经生活过的城市地图上标识出我们的运动轨迹，事实证明我们的运动轨迹是如此恒常固定。我们在这些轨迹中失去了我们的生活，而也正是在这些轨迹中，我们才有可能发现我们自己的生命－形式。无论如何，德利尼似乎为他的漂移线赋予了政治意义，这是一种前语言的、集体性的政治："通过观察这些环形区域，我们可以看到，在这项坚持不懈地记录这些单纯的可见之物的、等待我们发现的轨迹的计划中，似乎有条我们可以用大写字母 W 来表示的轨迹，它镌刻在我们身上，因为我们的物种已经实存着了，原初的我们（大写的我们）在所有的意志和力量之外，也不为任何目的，预示了一个不变动的东西，这就像它的对立面意识形态一样。"（ibid.）

5.10

我手上有一份法国报纸，报纸版面上发布了个人广告，发布这些广告的人想寻找人生伴侣。奇怪的是，这个专栏叫"人生模式"，上面的广告配有照片和简短的个人信息，这些信息意在用一些细节特征描述广告作者的生命形式，或者更准确地说，生命样态描述（有时候也会给出作者的理想型）。有一张照片，上面是一位女士端坐在咖啡桌旁，一脸严肃——说真的，无疑有些忧郁——左手撑着脸，文字写着："巴黎人，高挑纤瘦，金发碧眼，50多岁，可爱，出身不错，爱好的运动：打猎、钓鱼、打高尔夫、骑马、滑雪，想找一位严肃认真、机敏的男士，60多岁，体格相当，愿意一起在巴黎生活或在乡下过快乐日子。"还有一张一位年轻的黑发女士的照片，她注视着一个悬浮在空中的球，附有如下说明文字："年轻的杂技演员，漂亮，偏女性气质，有灵性，想找一个20～30岁的女性，体格相当，能一起达到G点高潮！！！"有时，这些照片试图表现出广告作者的职业，例如有一张照片展现了一位女士正在将抹布投入木桶中去清洗地板的场面："50岁，金发碧眼，身高1.6米，搬运工，离异（有3个儿子，分别是23岁、25岁、29岁，都独立生活）。身体上和道德上都非常年轻迷人，渴望与45～55岁的可爱伴侣享受人生乐趣。"还有一些时候，界定了生命形式的关键元素表现为动物的在场，动物会与主人一起出现在照片的前景中："温柔的拉布拉多帮它的女主人（36岁）寻找一位热爱大自然和动物的男主人、一起在乡下幸福快乐地游泳。"最后还有一张面部特写照，照片中的人脸上留有睫毛膏的痕迹，文字写着："年轻女士，25岁，皮肤超级敏感，想找一位温柔而灵性的年轻男士一起共浴爱河。"

我们还可以把这个单子序列下去，但这里面每次都让人感到振奋和激动人心的事物遮掩一种尝试（它们有些完全成功了，有些也不可挽回地失败了），即联系另一种生命形式的尝试。的确，如何将这些特殊的面庞、特殊的生命与这些用斜体字强调的爱好、特征的名目联系起来呢？仿佛某种关键的东西——也就是说，某种明显是公共性和政治性的东西——在一定程度上变成了私人的迷恋、正变得无法被识别出来的迷恋。

5.11

试图用爱好界定自己的，这揭示出了独特性、品味和爱好倾向的关系的所有问题。每个人最独特的方面，他们的品味，如他们喜欢意大利咖啡冰沙、享受夏日的海滩，喜欢某种特别的唇形、某种特别的气味，还有晚期提香的绘画——这些似乎都在以最难以捉摸也最微不足道的方式捍卫着秘密。关键在于，我们必须从审美维度抽离出品味，重新发现它们的本体论特征，为的是在它们之中发现类似新伦理领域的东西。这并不是进行判断的主体的属性或性质的问题，而是每个人的样态的问题，人一旦失去作为主体的自我就会将自己构成为生命-形式。品味的奥秘就是生命-形式必须解决的问题，它总是已经得到解决并被展现了出来——就像姿态展现，同时也消解了特性一样。

在堤昆（Tiqqun）出版的第二本书的《内战导论》（*Intro-*

duction à la guerre civile）中有两个主题，这两个主题总结了在同生命-形式的关系中，"品味"所具有的本体论意义：

> 所有物体都受到生命-形式的触动，仿佛是受到偏斜（clinamen）、倾向、吸引、品味的触动一样。物体会朝它所倾向的方向偏斜。
>
> "我的"生命-形式与我是什么无关，而与我如何成为我所是有关。（Tiqqun, pp. 4-5）

如果所有物体都受到类似偏斜或品味之类的生命-形式的触动，那么伦理主体就是在与偏斜的关系中进行的自我构建，这个主体见证了它的品味，对它的样态——受到它的倾向所触动的样态——负责。样态本体论就是如何的本体论，与一种伦理学是一致的。

5.12

1920年8月10日，卡夫卡在写给米莲娜的信中，谈到了他在旅馆与一位女孩的邂逅。他邂逅的女孩"十分纯真"，"但有些令人作呕的东西"，"说起话来有点下流"——不过，卡夫卡意识到，正是那一瞬间让他久久不能忘怀，仿佛正是这些小手腕和戏言碎语让他无法抵抗地走进了旅馆。卡夫卡继续说道，从那时起，年复一年，这个记忆和欲望"无法承受地震撼着"他的身体，因为那些东西"太过特别，太过细碎，太过恶心"。

这件细微的令人恶心的事情之所以让他难以释怀，其中的关键显然不在于事情本身（卡夫卡说，那件事"不值一提"）；不仅是这个女孩下作，而且她的特殊的存在样态也十分下作，在某种程度上，她可以容忍她的下作被看见。因此，也仅因如此，这种下作才变得完全清白，也就是说，这种下作就是伦理。

触动我们的不是正义或美，而是每个人都拥有的自身存在的正义或美的样态，这个样态会受到她的美和正义的影响。正因如此，所有的下作都是清白的，甚至那些"有些令人作呕的东西"才能触动我们。

5.13

生命－形式似乎内在地有一个双重趋势。一方面，生命与其形式不可分离，它本身是一个无法分解的统一体；另一方面，它与所有的物、所有的情境不可分离。显然，这就是古典的静观（theoria）的观念，它本身是统一的，但它可以在永恒的逃逸中，从所有事物中将自己分离出来。这种双重张力就是内在于生命－形式的风险，它倾向于以禁欲的方式将自己分入一个无名的领域，即静观。不同于此，我们必须将生命－形式看成与它的情境不可分割的、它自己的存在样态的生活，因为这并不是与它的关系，而是与它的接触。

性生命中也出现了类似的情感：它越变成生命－形式，似乎就越是与它的情境密不可分，就越是与它难分彼此。与共同体的原则不同，共同体的自我分离构成了一个它自己的特殊共同体（萨德的西棂城堡和福柯的加利福尼亚澡堂）。生命－形式越变成单子，就越与其他单子相隔离。但单子总是要与其他单子交流的，因为，就像在一面活生生的镜子里一样，它在自己那里再现出自己。

5.14

政治的奥秘就在我们的生命－形式之中，不过正因如此，我们没有办法穿透它。它是如此亲近、如此紧密，以至于倘若我们想要把握它，它留给我们的只是难以理解的、冗长无趣的日常生活。这就像我们生活于其中的城市和房子的形式一样，它们完全对应于我们在其中虚度的生命，或许正因如此，它会在一瞬间让我们看不透彻，而在另一些时候，在刹那间，按照杰西（Jesi）的说法，在革命的那个瞬间，它在集体层面上受到支配，似乎向我们揭示出了它的奥秘。

5.15

在西方思想中，生命－形式的问题是作为伦理问题（ethos，个人或团体生命的样态），或审美问题（作者在其作品中留下印记的风格）出现的。唯有当我们将它恢复到本体论层面，风格和生命样态的问题才能找到它最恰如其分的表达。唯有从"风格本体论"之类的东西或一种学说（该学说的立场回应了如下问题："多样性的样态改变或表达了一个实体，这是什么意思？"）的形式出发，这一切才会发生。

在哲学史上，阿威罗伊已经提出了这个问题，以个别的个体和一种智能之间的结合（copulatio）的问题的形式。按照阿威罗伊的说法，让这种结合成为可能的就是想象：通过想象的幻象（phantasmi），个别的物能够与可能的或物质性的智能结合起来。然而，唯有当智能剥除了幻象的物质性要素，并在思想的行为中生产出一个完全赤裸的意象，即诸如绝对意象之类的东西时，这一切才会发生。这意味着幻象就是个别的感性身体在智能上的标记，同样，反过来也是正确的，即一个智能在特殊存在物上运作并进行标记。在冥思的意象中，特殊的感性身体与智能和谐一致，也就是说，它们相辅相成。对于"谁冥思着这些意象？"和"什么与什么相统一？"的问题，并没有明确的答案（像卡瓦尔坎蒂［Cavalcanti］和但丁这样的阿威罗伊阿威罗约式的诗人，让爱成了这种经验，在爱之中，冥想的意象同时是爱的主体和对象,在意象中,智能认识并爱着自己)。

我们所谓的生命－形式对应于风格本体论,它命名了这种样态,即在那里,特殊事物在存在中见证自己,存在在特殊事物中表现自己。

6 一个人同一个人的流放

6.1

在《九章集》的结尾（VI, 9, 11），为了界定诸神和"神圣而幸福的人"（即哲人）的生命，普罗提诺使用了 phygè monou pros monon 的表达，这句表达成了新柏拉图主义神秘论的典型表达。布雷耶（Bréhier）用如下的词句翻译了这句话："这就是神圣和幸福之人的生活——将自己从大地万物中解放出来，不以世俗之事为乐，在孤寂中走向遁离"（Telle est la vie des dieux et des hommes bienheureux: s'aranchir des choses d'ici bas, s'y déplaire, fuir seul vers lui seul）。

1933 年，之前曾短暂皈依天主教的埃里克·彼得森（Erik Peterson）发表了一篇文章，该文讨论的就是"普罗提诺的'monou pros monon'的表达的意义和起源"。他反对顾蒙（Cumont）的解释，顾蒙在这个表达中看到了异教奥义用语的传承，而不同于此，这位新罗马天主教的神学家以显露出他那新教感受性的姿态指出，这个"古希腊语表达"属于亲密性的词汇，这就是这个用语的起源。他指出，monos monoi 这类用语在古希腊语中很常见,意指个人的、私密的、亲密的关系。普罗提诺不过是在"他的形而上学和他的神秘论的概念的意义中"引入了这个传统说法(Peterson, p. 35)。"一个人同一个人的逃离"这个隐喻,按照彼得森的说法,本身就既包含了关联(Verbundenheit)的观念,也包含了分离(Absonderung)的观念,它将从属于私密领域的词汇变成了神秘论 – 哲学术语,而普罗提诺"最主要、最具原创性的"贡献就在于这个替代。

6.2

然而,整个问题被如下事实扭曲了,即学者们的注意力过于集中于 monou pros monon 这个表达,想当然地认为前面紧挨着它的术语 phygè 没有什么意思,认为这整个用语本身仅仅是一个规定。因此,"逃离"(或"逃逸")这个正确但十分普通的翻译不断地掩盖了其根本的语言学内容,即在古希腊语中,phygè 是流放的专业用语(phygen pheugein 的意思是"去流放",而 phygas 则指被流放的人)。的确如此,在几页之前,我们看到了这 3 个一个系列词中的实词性的 phygè,普罗提诺用这些词描述了了它与"生命的本源"的差别,同一个译者将这个词翻译为"流放"。普罗提诺不是单单将这个用语从私密领域转到形而上学 – 哲学领域。更为重要的是,他首先通过一个来自法律 – 政治领域的词——流放——将哲人的神圣而幸福的生活绝对化了。不过，现在，流放不再是禁止个人进入城邦，而是"一个人同一个人"的流放，它所表达的否定性和被抛性的条件似乎转变成了一种"生活惬意"（eudaimonon bios）和"轻松"（kouphisthesetai）的状态。

于是，普罗提诺"最主要、最具原创性"的贡献就在于他将法律 – 政治上意义表示排斥和流放的术语同表达亲密性和在一起生活的短语结合了在一起（努梅纽斯［Numenio］那也有一段话，经常被引用作为普罗提诺用法的来源，我们发现，那里的 phygè 是一个动词——omilesai——意思是"对话"和"站在一起"）。哲人的神圣生命就是悖论性的"分离（或排斥）进入私密"。这个用法的关键在于，流放变成了私密，即自我对自我的禁令。

6.3

在通过流放的意象来界定哲人的条件时，普罗提诺只是延续了古代的传统。柏拉图在《斐多篇》（67a）中使用了一个政治隐喻"流民"（apodemia，字面意思是被人民［demos］抛弃）来界定灵魂与身体的分离。不仅如此，在《泰阿泰德篇》（176a-b）中，在通常被认作普罗提诺的用法的可能来源的一段话中——phygè de omoiosis theoi katà ton dynaton——phygè 一词最初的政治含义得到了恢复，即"接近上帝实际上是一种流放"。

在《政治学》的一段话中,我们可以找到另一个在此之前将哲学生活的特征概括为流放的说法,亚里士多德将哲学家的生活(bios)界定为"异乡人":"哪一种生活更可取,是通过一起从事政治[synpoliteuesthai]、参与城邦的公共[koinonein]事务,还是相反,成为异乡人[xenikos],被联合到政治共同体当中?"(1324a 15-16)哲人的冥思生活在这里被比作异乡人,异乡人好比被流放的人,不能参与古希腊城邦的政治生活。在《安提戈涅》的歌队唱段也证明了这种非城邦的状况,这种要给人与一切政治共同体隔绝的状况,对于古希腊人来说尤其令人感到不安(也正因如此,他既是超人,也是亚人[subumana]),索福克勒斯界定了归属于人的"恐怖力量"(deinos)的本质,他使用了 hypsipolis apolis 这个逆喻式的表达,其字面意思是"超政治的非政治"。当然,亚里士多德也注意到了这个段落,在《政治学》开篇,他就在自己的立场上肯定了"天然的无城邦的人,他并非偶然地既不次于人,也不强于人"(1253a 4-8)。

6.4

在古希腊哲学传统中,被流放的人和无城邦的人并不是一个中性的形象,唯有将这个概念放回法律 – 政治语境中,普罗提诺的用法才能获得其全部的意思。普罗提诺将哲人生命与流放并置并将之推至极致,提出一个新的也更为玄妙的禁令形象。在该禁令关系中给出的赤裸生命,我们已经在"神圣人"系列一中将其看成了最基本的政治关系,而哲人自己会诉诸这种生活且自认为要过这种生活。但是,在这种态度中,赤裸生命被颠倒为某种积极的东西,成了新的幸福的私密的意象,即"依靠自己独自生活"成了最高政治的密码。从政治中被驱逐流放让位于流放的政治学。

通过这种方式,哲学成了构筑直接的"超政治的非政治"(hypsipolis apolis)的生命的尝试:它被禁绝于城邦,不过,它在非关联之中成了私密性,成了与自己不可分割的东西,这种非关联的形式是"一个人同一个人的流放","一个人同一个人"(只依靠自己独自生活)的意思只能是:一起超越所有的关系。生命-形式就是这个禁令,它不再拥有关联的形式,不再拥有对赤裸生命的排斥-包含,而拥有没有关联的私密性(在这个意义上,我们可以读一下"神圣人"系列一第4.6节的态度,即不再在关系形式下去思考政治-社会的事实性[factum])。从这个角度来看,在进一步阐发如下观念的基础上,即国家并不能在社会关联的基础上构筑自己,而是需要禁止让国家分崩离析,第4.3节提出,这种分崩离析不能被理解为实存关联的分崩离析,因为关联本身唯一的连贯一致性是一种纯粹否定的关联,它衍生于对分崩离析的禁令。由于一开始既没有关联,也没有关系,这种关系的缺乏在以禁令和禁止的形式存在的国家权力中被捕获了)。

6.5

吉奥乔·科利(Giorgio Colli)发展了亚里士多德的这一描述,即将思想看成"触碰"(thigein)的描述,他将"接触"界定为"形而上学上的间隙",或者两个实体被再现的空洞所分开的时刻。"在接触中,两个彼此接触的点是有限意义上的接触,它们之间没有任何东西:接触指明了一个再现性的虚无,不过它是一种特定的虚无,因为它所不是的东西(它的再现性的梗概)为它给出了一个时空上的布局"(Colli, p. 349)。正如巅峰的思想并不是再现,而是"触碰"到了智能一样,同样,在作为生命 – 形式的思想生命中,bios 和 zoè、形式和生命是彼此接触的,也就是说,它们处在非关系当中。在接触中——在再现性的虚空中——它并非处于生命 - 形式连通的关系当中。"依靠自己独自生活"界定了所有独特的生命 - 形式的结构,用他者界定了它的共同体。法律秩序和政治秩序用尽方式试图在关系中把握的正是这种触碰(thigein)、这种接触。在这个意义上,西方政治学在根本上是"再现性的",因为它总是已经在关系形式中来重新概括接触。因此,必须将政治看成一种不被任何关联和再现所中介的私密性：人类、生命 – 形式就在接触当中，但这是一种无法再现的接触，因为它恰恰位于一个再现性的空洞，即在所有的再现机制不起作用、得到安息的状态中。非关系和使用的本体必须对应一种非再现的政治学。

א "依靠自己独自生活"是一种私密性的表达。我们在一起，非常接近，但我们之间没有任何关联或关系将我们统一起来。我们在彼此独立存在的形式下彼此联合。在这里，通常认为的隐私范围成了公众和公共性的范围。正因如此，爱侣彼此赤裸地展现他们自己：我将我自己展现给你，仿佛我独自与自己一起存在，我们所共有的只是我们的心照不宣、我们那非认识性的难以把握的区域。这个难以把握的东西就是不可思考的东西，就是我们的文化为了让它成为政治的否定性根基所必须排斥和预设的东西。正因如此，赤裸的身体必须被衣服所遮掩，具有一种政治价值：就像赤裸生命一样，裸体也是必须被排斥的东西，这样一来，把握裸体就是为了以脱光衣服的形式来重新再现它（在电影《逃离集中营》[Lager]中，被驱逐者在被清洗之前会再一次被剥光所有衣物，这说明了裸体的政治意义）。

种族学家和行为学者非常熟悉亲密部位的展现——在

动物、小孩和原始人那里的展现——这种展现具有辟邪和排斥的性质。在证实了它的原始的政治性之后，私密性在这里变成了被排斥和分离的东西。在赫库芭（Ecuba）的姿态中这个意义甚至更明显，她向她的儿子赫克托（Ettore）裸露胸部，让他上战场："赫克托，我的孩子！在此之前展现你的亲密（aidos）！"（*Il.*, X, 82）。在这里，"aidos"一词不能被翻译为"羞耻"，这个词表示一种亲密的情感，这种情感强制性地创造了一种公共行为。这里的裸体证明了它的价值，即公共和私密之间的门槛。

6.6

在 1934—1935 年讨论荷尔德林的冬季课程上，海德格尔借用了诗人的一个表达，称亲密性（Innigkeit）是一种居留，一种在对立两极间的冲突中维持自我的居留：

> 亲密性并不仅仅意味着感觉的"内在性"［Innerlichkeit］，即在自我内部封闭了一种"生命经验"［Erlebnis］。它也不意味着"感觉温度"的强度值。亲密性也不是可以归属于"美的灵魂"情境下的词语，也并非看待世界的方式。对于荷尔德林来说，这个词并不带有对某种梦幻般

的、不活跃的多愁善感的喜爱。恰恰相反，它首先意味着此在的最高力量。其次，这种力量在承受最大程度的冲突［Widersreit］中表现出自身［……］（Heidegger II, p. 117）

也就是说，按照海德格尔的说法，亲密性命名了"一种对根本性冲突的认知的立场［Innerstehen］和支撑［Austragen］，它在对立中［Entgegensetzung］拥有了原初的统一"（ivi, p. 119）。

在海德格尔的本体论中，它对应于作为差异的差异体验。寓居在这种禁言中意味着坚持同时也否定这种对立，根据海德格尔的态度，他再一次跟随了荷尔德林的步伐，称之为自制（Verleugnung），这个词源于"通过否定去隐藏，去拒绝"这个动词。弗洛伊德将被压抑者的放弃称为拒绝（Verneinung），被压抑者在某种程度上在没有将它带入意识的情况下给出了这个表达。类似地，自制（Verleugnung）就是在言说中让不可说的东西不被说出，用诗歌的方式表达奥秘——我们知道，这就是对立双方的共同归属——而不要对它进行概括，它否定了它，与此同时也维持了它（这里揭示了这一点，即海德格尔思想与黑格尔思想的关系的问题仍然没有得到充分研究）。

我们在这里所探讨的亲密性是一个政治概念，它超越了海德格尔的视角。这并不是将它们结合在一起，否定这个对立，从而拥有差异的体验的问题，而是让对立的关系变得无效、让它们得到安息的问题。考古学的回归既不是表达也不是否定，既不是说也不是未说，相反，它触及了一道难以分辨的门槛，在这个门槛上，这个二分消失了，对立达成了一致，也就是说，它们彼此共存。于是，出现的事物并不是在时间顺序上更为原初的统一，也不是一个新的更高的统一，而是某种类似出路的东西。这道难以分辨的门槛就是**本体论 – 政治机器**的核心：如果我们触及了它，将自己留在其中，那么这台机器可能就不会再起作用了。

7 "我们就是这么做的"

7.1

在《哲学研究》中,维特根斯坦5次使用了生活形式(Lebensform)一词以解释一门语言(eine Sprache)是什么,我们如何理解语言游戏(Sprachespiel)。第一次出现:"想象一种语言意味着想象一种生活形式。"(Wittgenstein 1,§19)随后,维特根斯坦说明了:"这里使用'语言游戏'一词强调的是如下事实,即谈论语言就是活动[Tätigkeit],即生活形式[Lebensform]的一部分。"(§23)与承认规则或意见的正确性相比,这种"活动或生活形式"是颇为不同的或更为深刻的东西,他进一步说道:"人们所说的内容有真有假;人们在他们的语言中达成相互一致。这并不是意见[Meinungen]上的一致,而是生活形式的一致。"(§241)接着,他再一次强调了语言(更准确地说,语言使用)和生活形式之间的类似性:"是否只能期望那些能讲话的人?只有那些已经掌握了语言使用[Verwendung]的人。也就是说,希望的体现就是复杂的生活方式的改变。"(p.485)最后一次出现是维特根斯坦提出生活方式就是必须如此设定的既定事物："那么已经接受的、被给予的东西［das Hinzunehmende, Gegebene］就是——我们或许会说——生活形式。"（p. 539）

7.2

这个词最后一次出现似乎强调了作为一种极限点生活形式（相较语言游戏），按照典型的维特根斯坦的态度，在那个点上，解释和判定似乎都停止了。在本书第一部分的结尾部分，人们可以读到："我们的错误就是，我们在应当将事实看成原初现象［Urphänomene］之处寻求一种解释。也就是说，在那里，我们应该说，这就是正在玩的语言游戏。"（§654）在《数学基础研究》（*Osservazioni sui fondamenti della matematica*, Wittgenstein 2, §74）中，他再一次重复了同样的概念："我相信，这里的危险就是对我们的程序给出一个辩解，因为那里根本没有辩解，我们只能说，我们就是这么做的［so machen wir's］。"所有的研究和思考都达到了一个极限，按照歌德的说法，在"日常现象"中，研究必须停止。但相较歌德的引文，维特根斯坦的新意在于，原初现象并不是一个对象，而仅仅是使用和活动。它并不涉及"什么"，而涉及"这么"："我们就是这么做的。"实际上，所有的辩解都指向这个"这

么":"人们接受的边界体现了他们就是这么思考和生活的。"(Wittgenstein 1, §325)

7.3

有些人试图通过建构性规则的概念来解释生活形式的概念,构建性规则即不是应用于预先存在的实在而是建构了实在的规则。维特根斯坦似乎指向了某种类型的东西,他说"象棋规则成了象棋的特征[charakterisiert]"(Wittgenstein 3, §13),或者更准确地说,"我们不可能说:那是一个卒,这条规则规定了(bestimmen)这枚棋子。不,这各种规则规定了这枚棋子:一个卒就是它的各种移动规则的总和"(Wittgenstein 4, pp. 327-328)。

尽管"建构性规则"的概念十分清楚,但它隐藏了一个我们必须面对的难题。通俗意义上,我们通过规则来理解某种被应用到预先存在的实在或活动中的某物,在这种情况下,规则构成了现实,因此也似乎与之保持一致。"一个卒就是它的各种移动规则的总和":因此,这个卒并非遵循规则,而是它就是规则。但是它就"是"自己的规则是什么意思?在这里,我们再一次发现了曾在修道院戒律中看到的那种规则和生活之间的不定性:戒律并不是应用在僧侣生活上的,而是构成并界定了这样的生活。也正是出于这个原因,僧侣立刻理解了,戒律可以丝毫不差地转化为生活实践,在任何地方,它都与戒律完全一致。"以戒律为基础的生活"就是"生活戒律",正如在圣方济各会那里规则(reula)和生活(vita)完全是同义词一样。那么,我们是否可以说,就像象棋博弈中的卒一样,他们"就是他们的各种运动规则的总和"呢?

7.4

那些使用"建构性规则"的人似乎暗示,规则就是对游戏的建构,并且与游戏有所区分。但我们已经注意到,只有在这种情况下,即游戏被建构为一个形式整体,规则描述了它的结构(给出了它的使用指导),规则才能立得住。相反,如果我们认为游戏就像在现实中一样,是一系列"与实际个体相关的具体互动的片段,带有特殊的目的、技能、语言,以及其他一些能力"(Black, p. 328),如果,一言以蔽之,我们从使用而不是指导的角度来看待游戏,那么我们就无法再作出这个区分。在实用性的层次上,游戏和规则变得难分彼此,而让它们变得难分彼此的就是使用或生命形式。"我们如何能遵守规则?一旦我们穷尽了证明,我们即达到了最基础的点,我的锹也就折了。那么我想说:'我就是这么做的'。"(Wittgenstein 1, §217)

同样，我们如果从语法规则的角度来看待语言，就会发现，这些东西将语言界定为一个形式体系，并与之保持区别，但如果我们在使用中看语言（即将其看成言说而不是语言），那么，就如同"语法规则是从言说者的语言使用中得出来的，而不是与之相区分的"的说法是正确的一样，这个说法同样也是正确的。

7.5

实际上，经常有人提及建构性规则和实用性规则之间的区别，但这个区别并没有存在的理由（raison d'être）。所有的建构性规则——棋子"象"以这样或那样的方式运动——也可以被概括为一个实用性规则——"我们只能让'象'走斜线"——反之亦然。这同样也适用于语法规则：句法规则"在法语中，主语通常在谓语前面"，也可以从实用性上被规定为"你不可能说'离开我'（pars je），只能说'我离开'（je pars）"。的确，这是两种不同的思考一个游戏（或语言）方式的问题：一种是自在存在的形式体系（如语言），另一种是使用或活动（如言说）。

正因如此，我们完全可以提出这样的问题，即是否有可能不守规则，例如规定了死棋局面的规则。我们想说的是，在建构性规则那里，不守规则是不可能的，但是在实用性层面上，这是可以的。实际上，不守规则的人不再继续玩游戏了。诈棋之人有一种特殊的力量：诈棋之人并没有违反规则，他只是假装在玩游戏，实际上他已经离开游戏了。

7.6

在建构性规则中，真正的问题、他们不能充分证明的东西就是存在的自动构成（autocostituzione）之类的过程，即哲学中的"自因"（causa sui）概念所代表的同一个过程。斯宾诺莎曾经十分恰当地提醒我们，这并不意味着"在它前面存在的东西已经走向了存在，这是十分荒谬的，不可能是这样"（KV, II, XVII）。相反，这意味着存在朝向自身的内在性，这是自我运动和自我变化的内在原则，因为所有的存在物——正如亚里士多德谈及物理学时所说的那样——总是在通向自身的道路上。建构性规则就像生命形式一样，表达了一个主动本位化的过程，在这个过程中，建构性仍然内在于被建构的事物当中，它是在被建构的事物中并通过它得到实现和表达的，它们不可分割。

如果我们读得仔细一点，就会发现在一个十分罕见的段落，维特根斯坦论及象棋规则时使用了"构成"一词（英语），他

写道:

> 对于象棋的王,我们有什么想法,它与其他象棋规则有什么关系?[……]这些规则都来自观念吗?不,这些规则并不是包含在观念中的东西,也不是通过分析观念得出的东西。它们构成了它[……]规则构成了棋子的"自由"。(Wittgenstein 5, p. 86)

规则与王的观念或概念不可分割(王是一枚按照这样或那样的规则运动的棋子):规则内在于王的运动,它们表达了象棋游戏的自动构成的过程。在生命形式的自动构成中,最重要的就是自由。

7.7

因此,维特根斯坦并没有从规则(无论是建构性规则还是实用性规则),而是从使用角度看待生活形式,也就是说,他从无法再进行解释和证成的那一刻出发。在这里我们触及了一个关键点,"然而,它给予了证明证据的基础,达到了目的"(Wittgenstein 6, §204),某种诸如"基础"之类的东西对应于这样的层次,也就是说,对应于人之中的动物,即他的"自然历史"。正如在《哲学研究》之外的一个十分罕见的段落之中，维特根斯坦说道："现在我想将这种确定性看作一种生活形式，而非某种过于仓促或肤浅的东西［……］但这意味着我将它看成超越了被证成或不被证成的东西，就好像动物一样。"（ivi, §§ 358-359）根据维特根斯坦的哲学传统，这里的动物性绝不是对立于作为理性的、言说存在物的人的。恰恰相反，它们恰恰是最人性的实践活动——言说、希望、考察，这些活动在这里达到了顶点，拥有了最适切的基础："给出秩序、问问题、讲故事、闲聊，这些都是我们的自然历史的一部分，就像我们行走、吃东西、饮水、玩耍一样。"（Wittgenstein 1, § 25）对于这个解释无法触及的根基，这个建构性规则根本无法理解的根基，维特根斯坦也使用了"使用、习性、体制"等词语："这就是我们要做的事情。这就是我们的使用和习性，或我们的自然历史的事实"（Wittgenstein 2, § 63）；"遵守规则、作报告、发出命令、玩象棋游戏都是习俗（使用，关系）"（Wittgenstein 1, § 199）。生命形式的隐晦就是实践活动的隐晦，归根到底，也是政治本性的隐晦。

8 劳作和安息

8.1

在《主体解释学》的课程上，福柯将真理问题和生命形式的样态紧密联系起来。他从古希腊犬儒主义的思考出发，说明了古代自我的伦理实践在这里采用的并非学说的形式（如柏拉图的传统），而是考验（épreuve）的形式，在考验中，生命样态的选择在所有情况下都成了最关键的问题。在犬儒模式的脉络中（这一脉络让哲人的生活成了一种持续的挑战、一桩丑闻），福柯谈到了两个例子，在这两个例子中，对某种特定生命形式索求变得无可躲避：一个是政治战士的生命风格；另一个是之后不久谈到的现代性的艺术家的生命，后者似乎陷入了奇异的、无法逃离的循环。一方面，艺术家的传记必须通过传记这一形式来证明他所根植于其中的作品的真理；另一方面，恰恰相反，艺术实践和它所生产的作品都在生命之上封上了本真性的封印。

尽管真理和生命形式之间的关系问题无疑是这次课程的核心问题，但福柯并没有深入探究他信手拈来地给出的现代性艺术家的示范性和矛盾性的状态。从浪漫主义到当代艺术，这里所讨论的生命和艺术的一致性是一个连贯的过程，它引发了思考艺术作品本身的模式的彻底转变。毫无疑问，它见证了这一事实，即我们面对的不是一个偶然的问题。不仅艺术和生命在一定程度上变得难以区分，以至于我们通常不可能将生命实践与艺术实践区别开来，而且从 20 世纪的先锋艺术开始，它所进一步产生的结构消解了艺术作品的一致性。艺术的真理标准已经在一定程度上被取代了，变成了艺术家的心灵，更常见的是变成了艺术家的身体，变成了他们的生理性身体，除了他们自己的生命实践的灰烬或档案，他们无须展现任何作品。作品就是生命，生命就是作品：在这个一致性当中，它们并没有互相转化或彼此共存，而是在无穷无尽的朦胧状态下，继续追寻彼此。

8.2

在艺术家的境况的悖论式循环中，我们可以揭示出一个难题，即我们所谓的生命 – 形式的本质。如果在这里生命与其形式不可分割，如果 zoè 和 bios 在这里亲密接触，那么，我们如何思考它们之间的非关系，如何思考它们被一起给出又同时沦落？是什么同时赋予了生命 – 形式它的真理和它的不定性？艺术实践和生命 – 形式之间的关系是什么？

在传统社会中，（在更低的程度上）直到今天，所有人的实存都囊括在某种实践活动中或某种生命样态之下——贸易、职业、临时性就业（或者说，在今天，更为常见的方式是私人形式下的失业）——在某种程度上，这种生命样态界定了人的实存，这些生活方式或多或少被完全等同于自己。由于这里并不是做研究的地方，但这里必定同这种特权地位有关，即自现代性以来艺术作品被赋予的特权地位，因此，艺术活动成了这样一个地方，即在那里，这种等同关系逐渐认识到自己处在一场长期危机中，也因此，作为创作者的艺术家和其作品的关系变得十分可疑。因此有了这一对比：在古希腊，艺术家的活动仅仅是由他的作品来定义的,因此,他们被视为工匠（banausos），也就是说，他的地位只是相对于他们的作品而言的；而在现代社会当中，艺术作品在一定程度上成了艺术家的创造活动和天赋的一个令人困扰的剩余物。因此，我们不用感到奇怪，当代艺术在用生命本身取代作品这件事上迈出了关键的一步。但在这里，如果我们不想陷入恶性循环，那么问题就会变得彻底自相矛盾，即试图思考艺术家的生命形式本身，这就是当代艺术试图做，但似乎没有能力完成的任务。

8.3

我们所谓的生命 – 形式，并不是由它与活动（energeia）

或劳作（ergon）的关系界定的，而是由潜能（dynamis）和安息界定的。一个生命存在物，试图通过自己的运作来界定自己，给出自己的形式，事实上，它注定会将自己的生命同它的运作混淆起来，反之亦然。生命–形式仅仅是潜能的冥思。当然，它也可以是劳作中的潜能的冥思。但在冥思中，劳作不再起作用，得到安息，并且通过这种方式，劳作恢复了可能性，向新的可能的使用开放。生命形式的确就是诗，在自己的劳作中，它冥思自己的潜能去做什么，不做什么，在其中寻求平和。当代艺术从来不愿意表达出来的真相就是安息，艺术试图不惜一切代价将安息融入作品。如果艺术实践就是这样一个地方，即让我们以最强烈地感受到构成生命–形式的迫切性和困难的地方，那么这是因为，与作品之外的某种东西和运作的关系已经被保存在了它之中，并且仍然与之不可分割。界定生命体的不能是作品（劳作），而只能是它的安息，也就是说，在与作品中的纯粹潜能的关系中保持自身并将自身构成为生命–形式的样态，在这种样态中，zoè 和 bios、生命与形式、私下和公共都踏入了一道难分彼此的门槛，关键不再是生命或作品，而是幸福。画家、诗人、思想家——一般来说，所有实现了创作和活动的人——都不是创造性操作和劳动的支配主体。相反，他们是寂寂无名的生命体，他们试图通过让语言、视觉和身体的劳作得到安息来拥有他们自己的经验，并将他们的生命构筑为生命–形式。

如果如布雷亚尔所说，风俗（ethos）一词仅仅是代词的反身字根"e"加上后缀"-thos"，那么这个词的字面意思就仅是"自我"，亦即每一个人与自我接触形成的样态，那么艺术实践，从我们在这里试图界定的意义上来看，首先属于伦理学，而不是美学，它在根本上是使用－自我。在艺术家将自己构成为生命－形式的时候，他不再是作品的作者（现代意义上的作者在根本上一个是法律意义上的用词），也不再是创造性操作的拥有者。后者仅仅是某种类似源自生命形式的构成过程的主观残余物和位格的东西。因此，本雅明说道，他并不想被承认（Ich nicht erkannt sein will – Benjamin 3, p. 532）；福柯说得更绝对，他不想认识自己（"我宁可不认识我自己"）。生命－形式既不能认识自己，也不能被承认，因为生命和形式的接触，以及在这里谈到的幸福，超越了所有可能的承认，也超越了所有可能的劳作。在这个意义上，生命－形式首先是对一个非责任性（irresponsabilità）的区域的阐发，在该区域中，法律秩序的身份和责任都被悬置了。

9 厄尔的神话

9.1

在《理想国》的末尾,柏拉图讲述了潘菲洛斯(Panfilio)家族的厄尔(Er)的神话,他在一场战斗中死去,当他的尸体被收回并放在葬礼柴堆上焚烧时他又复活了。他谈到了他的灵魂到"一个恶魔般(demonico)的地方"游历的经历,他在那里见到了对灵魂的审判,见到了他们在新的 bios 中转世的奇观,他的见闻是最非同寻常的阴间异象之一,其中死灵仪式(nekyia)的意义的鲜活性和丰富性可与《奥德赛》和但丁的《神曲》相媲美。叙述的第一部分讲述了对死灵的审判:在大地上的两个毗邻的裂口与天堂的另外两个裂口之间,端坐着一排法官(dikastai):

> 这些人,当他们作出判决,便命令那些正义者走入右边那个向上、通向天空的裂口,并把他们判决的条文贴在对方的后背上,他们命令那些不正义者走入左下那个向下的裂口,这批人也同样,背后的条文列举了他们从前干过

的所有事情。然而，当他自己来到他们面前时，他们对他说，他应该成为那边人的信使［angelon］，给人类报信，并吩咐他仔细听一听和看一看那里的一切东西。就这样，他看到，那批灵魂纷纷向其中一个通向天空的裂口和另一个通向大地的裂口走去，因为它们已经受过了审判，他又朝另外一个裂口望去，只见从大地通来的那个裂口里走上一批沾满了污秽和尘土的灵魂，而从天空通来的那个裂口里走下另一批灵魂，浑身干干净净［katharas］。一批又一批灵魂源源不断地来到这里，看起来就像刚刚完成一次漫长的旅行，它们高兴地涌向一片绿色的草地，如同在庄严的节日［en penegyrei］中那样就地安营，彼此认识的灵魂相互打招呼问好，那些从大地上来的灵魂向对方打听有关那边的情况，而那些从天空中下来的灵魂也如此询问另一方的情况。它们彼此讲述自己的经历，前者一边哀叹、一边哭泣，因为它们回想起自己从大地上来的旅途中曾经忍受过和目睹过多少次和多少种不幸，况且，这一走就是一千年，而那些来自天空的灵魂则叙述了它们的幸福经历和它们所看到的无比神奇的美丽景色［theas amechanous to kallos］。当然，这么多的东西，格劳孔，真需要好长时间才能说完，不过，其要点就是这样，不管他们每个人过去做过什么错事和对什么人做过错事，对这一切他们都要以此付出代价，对每一件事付出 10 倍的代价，一般是

100年一次,因为一个人的生命也就这么长,这样才能让他们偿还他所做错事的10倍代价。(614c-615b)[1]

9.2

至少对我们来说,这个神话最重要的部分从这里开始、涉及这一点,即在重新进入生死轮回之前,每一个灵魂的选择必然会决定它的生命形式,即bios。在草坪上待了7天之后,所有的灵魂都要在第八天上路,为的是在4天后到达一个它们可以辨认出来的地方:

> 从此处,他们从上往下看到一道垂直的光,穿越了整个天空和大地,如同圆柱,尤其像彩虹,但比彩虹更加明亮、更加纯洁,继续往里走,他们又走了一天的路程,在那里,在光的中央,他们看到它的那些缆绳的末端从天空中四散地垂下来,因为这一道光[syndesmon]是天空的纽带,就像那些三层桨战舰的底缆一样,以此控制着整个宇宙的运行——光缆的末端系着阿娜昂克[Ananke]的纺锤[atrakton],一切运转都通过后者进行。纺锤上的卷线杆和线钩由钢制成,铊盘[sphondylos]由这种金属与

---

[1] 中译参见柏拉图:《理想国》,王扬译,华夏出版社2012年版,第385页。译文有所改动。——译者注

其他几种材料混合制成。整个纺锤的本质是这样：它的外形就像我们整个世界的纺锤，然而，根据厄尔的描述，我们必须想象它是这样的形状，一个呈凹形、内部被雕空的巨大的纺锤，里面放着第二个像它一样、体积稍小的纺锤，正像那些一个套一个放在一起的罐子一样，这样，它里面还放着第三、第四个以及其他4个纺锤。因为总共有8个纺锤，一个被另一个套住，它们的边缘从上面看像是一个个圆环，在背面，它们围绕卷线杆形成了一个完整的铊盘，这根卷线杆穿插在这八个铊盘的中心。第一个同时又是最外面的那个铊盘的边缘最宽，第六个宽度第二，第四个宽度第三，第八个宽度第四，第七个宽度第五，第五个宽度第六，第三个宽度第七，第二个宽度第八。圆周最大的铊盘边缘色彩斑斓，第七个的边缘最为明亮，第八个的边缘拥有从第七个的边缘照耀过来的颜色，第二个和第五个的颜色彼此几乎相同，比前面几个多了些金黄色，第三个拥有最白的颜色，第四个微红，颜色第二白的是第八个。作为一个整体，这个纺锤在自我旋转的同时又在绕着同一个轨道运转；然而，在这一自我旋转的整体内部，那7个内环同时又逆着整体自转方向缓缓地进行自我旋转。在这些内环中，第八环行动最快，其次是彼此一同运转的第七、第六和第五环；速度上第三位的那个环，在它们看来，是不停地在进行自我旋转的第四环，第四位的是第三环，第五位的是第二环。纺锤本身在阿娜昂克的怀下旋转。在这些圆环上，每一个上面都有一位塞壬女妖，跟着它旋转，并且始终发出一种声音，一个音调；8位塞壬口中发出的声音合在一起成了一个和声。另外还有3位女神坐在周围，彼此间保持着相等的距离，各自坐在椅子上，她们是阿娜昂克的女儿们，3个身穿白袍、头戴花环的命运女神：拉克西斯（Lachesi）、克洛托（Cloto）、阿特洛波斯（Atropo），她们按照塞壬发出的和声吟唱着颂歌，拉克西斯歌颂过去，克洛托歌颂现在，阿特洛波斯歌颂未来。克洛托用右手不停地拨弄纺锤的外环，帮助它运转，时而停留片刻，而阿特洛波斯用左手以同样的方式拨弄那些内环；拉克西斯则用双手交替地拨弄着内外两侧。（616b-617d）[1]

9.3

在这一异象背后，在必然性和完美——即便有些隐晦——的和谐的标志之下，他接着话锋一转，描述了灵魂对他们的生命样态的选择。宇宙机器永远不会犯错，机器通过绳索和链条运作，并因此产生了一个以塞壬和命运三女神（Moire）的歌声为代表的和谐，现在，它被"可悲的、荒谬的、奇异

---

[1] 中译参见柏拉图：《理想国》，王扬译，第387—289页。译文有所改动。——译者注

的"道路景观取代了，灵魂再次走上"终有一死"的生死轮回之路（617d）。如果之前就有关联、命运和必然性，那么在这里，阿娜昂克似乎将她的统治权交给了签牌（Tyke），一切都变成了抽签的运气、偶然和幸运。如果必然性的密码就是那壮观的金属铊盘，那主宰着天穹运转的铊盘，那么在这里的偶然性就有着一个完全由人决定的、飘忽不定的名称——"选择"（airesis）：

> 这时，当它们到达了这里，它们必须立刻走向拉克西斯。某个神的先知 [prophetes] 首先让它们站成一队，彼此相隔一定距离，接着，他从拉克西斯的怀中拿出一大把签牌 [klerous——每一位公民用来作标记的刻写板或粉笔，它们被放入一个容器用来抽签] 和一套代表各种生命样态 [bion paradeigmata] 的标志，然后，登上了一个高台，对它们说："阿娜昂克的年轻女儿拉克西斯有话对你们说。一日之久的灵魂，你们这些凡俗之辈的下一个生死轮回 [periodou thnetou genous thanatephorou] 又开始了！神灵不会抽签选择你们，相反，你们将会选择 [airesethe] 神灵。谁先中签，就让谁先选择必定会与其共存的生命 [aireistho bion oi synestai ex anankes]。然而，美德是自由的 [adespoton，没有主人，不是被分配的]，你们每一位，无论是尊敬还是轻蔑美德，都或多或少拥有美德。责任 [aitia] 取决于

选择者，神没有过失。"说完了这些，他便把签牌抛给大家，每人随即捡起［anairesthai，柏拉图在《理想国》第7卷中也使用了同一个动词，用来指本位］落在自己身旁的签牌，唯独他是例外，因为他们没有让他捡；一捡起签牌，每个人就立即清楚自己排列第几了。这事完毕后，神的先知又把那些代表生命样态的标志摊在地上，摆在他们面前，数量远远超过了在场的人。其种类包罗万象，因为一切动物的生命［bious］样态和人类的生命样态都包含于其中。其中有僭主的样态，一些终生如此，而另一些则中途断毁，后来以贫困、流放、乞讨而告终；这里面也包括了名流式的生活，一些仅凭外表的美貌，要不就依靠体力，或凭体育上的竞争能力生活，另一些则依靠家境出身、依靠祖辈的荫庇和美德生活，还有一些名流生活，但不是依赖以上原因而显贵。妇女们的生活也是如此。不过灵魂的等级区分并不在其中，因为选择不同的生命样态必然会产生不同的等级；其余的生命样态掺杂在了一起，并且与富有或贫困、患病或健康混同在一起，或者与其中间状态相混［mesoun］。［……］接着，这个从那里来的信使当时又进一步向人透露，那个神的先知又说："即便对最后一个过来的人来说，如果他用心作出了选择，并且尽最大努力去生活，那么，摆在他面前的也是一种值得珍爱而不是会遭到鄙夷的生命。第一个人在选择上别粗心大意，最后一人也大可不必沮丧。"

对方话音刚落,那个得到头签的人立刻走向前去,挑了一个最大的僭主样态,在愚昧和贪婪的驱使下,没把各方面的事情都考虑充分就作出了选择,以致于他完全没有注意到自己命中注定要连连吞噬自己的孩子并且会遭受其他种种祸患,然而,当他在空闲中思考起这件事,他又是捶打自己、又是痛恨这一选择,怪自己没有把那个神的先知事先说的那些话放在心上;因为他以为自己不是一切祸患的根源,根源在于命运和各种神灵以及除去他自己之外的一切。这人属于从天上下来的那批,他的前生曾生活在一个治理有条不紊的城邦体系当中,曾只靠习俗而不需要太多哲思就具有过美德。然而,正如他又补充说,从天上下来的那些人中涌向这种生命样态的灵魂并非少数,因为他们在痛苦方面缺乏经验;而许多从地底而来的人,因为他们不仅自己受过苦难,而且也亲眼目睹过别人经受的苦难,所以他们不会像这样迫不及待地作出自己的选择。一方面是出于这个原因,此处大部分灵魂都得到了好与坏之间的对换,另一方面,依靠签牌给他们运气[dià ten tou klerou tyken]。因为,如果当一个人来到这个世界里生活,每次都全心全意地追求智慧,并且他选择的签牌排序不是排在末尾,那么很有可能,根据从那里传递出来的讯息,他不仅能在这里感到幸福,而且从这里到那里,又从那里到这里的人生旅程也不会经过地下且充满各种艰难坎坷［chtonian］，而会是一片平坦的开阔地，道路径直而舒坦地通向天国。

厄尔说，其实这本身就是一个非常值得一看［Thean］的场面，看这些灵魂各自如何选择自己的生命样态，因为这个场面看起来既可悲又可笑又令人震惊［eleinen... kai geloian kai thaumasian］，因为它们大部分是根据自己的前世的生活经验作出的选择。的确，他说，他看到从前是俄耳甫斯的灵魂，此时此刻选择了天鹅的生活，这是出于对女性的憎恨，因为他曾死在女人手里，如今不希望自己被一个女人孕育并生下来。他还看到塔缪罗斯（Tamira）选择了夜莺的生活；又看到一只天鹅选择将自己的生命变成人的生命，并且看到其他具有音乐素养的动物也作出了如此的选择。获得第二十号签牌的灵魂选择了狮子的生命。这就是特拉蒙（Telamonio）之子埃阿斯（Aiace）的灵魂，它故意避开成为人的机会，因为它仍然记得当初那个有关那些武器的裁决。此后轮到阿伽门农（Agamennone）的灵魂，它也同样出于对人类的敌意，因从前所忍受的痛苦，换取了雄鹰的生活。阿塔兰忒（Ataslanta）的灵魂获得的签牌号居中，它低头久久注视着属于一个男性运动健儿的各种伟大荣誉，实在无法继续前进，于是就选择了这一生命。在这之后，他还看到帕诺佩欧斯（Panopeo）之子埃佩奥斯（Epeo）的灵魂选上了一个女手艺人的本性。后来他还看到，在最后一批人中，小丑般的忒耳西忒斯（Tersite）的灵魂给自己套上了猴子的外壳。由于运气关系，奥德修斯（Ulisse）的灵魂拿到的签牌让它最后一个上前作出选择，因为它仍然记得从前的生命中的各种苦难，因此不再迷恋于荣誉，它来回踱步，费了好长时间，选择了平民百姓的生活，不务政事。最后，它费了好大的劲才找到这个样态，因为这个样态被放在了所有选择者都容易忽略的地方，看到这个样态后，它说，即便拿到头签，它也会作出与刚才一样的选择，说完便高高兴兴地下了决定。同样，其他一些从前为走兽的灵魂也按照同样的方式转世为人，或转世为不同的兽类，不公正地变成野生动物，公正地变成家养动物，而所有品质混杂的灵魂又混杂其中。

当所有灵魂选择好自己的生命样态之后，按照抽签的顺序，它们又排成一队走到拉克西斯面前。她把和每个灵魂各自挑选的生命样态相一致的守护神赐予了对方，让这些神灵充当对方生命的守护神并帮它们执行它们的抉择。接着，守护神将它带向克洛托，来到女神面前，观察她转动那一旋转的纺锤，确定这一灵魂通过抽签的方式为自己选中的命运；获得了命运之后，他又把这一灵魂带向阿特洛波斯旋转纺锤的地方，使这段被分配的命运［moiran］从此不可改变［ametastropha］；然后，他俩头也不回地走到阿娜昂克的宝座下,并从那底下穿过,当其他灵魂也通过此处后,所有的灵魂又共同来到勒忒河谷,经过了一阵可怕的火烤烟熏;这里其实是一块空地,没有树木和任何大地上生长的东西。他们就在这里安顿下来,因为这时已经濒临黄昏,紧靠着这条无忧河,据说,没有任何容器可以盛住这里的水。所有的灵魂都必须喝一定剂量的河水,但那些没有受到逻各斯拯救的灵魂往往会喝超剂量的水;喝了这水,饮者便会忘记以前的一切。它们刚刚躺下入睡,到了半夜,突然电闪雷鸣、天崩地裂,刹那间,它们被带离那个地方,被带到它们即将降生之地,如转瞬即逝的流星一般。他们不准厄尔喝下河里的水,不过,他也不知道是如何回到他的身体的,只知道他一醒来就发现自己躺在柴堆上了。(617b-621b)[1]

9.4

所有对厄尔神话的解读都想要弄清楚这里面的文字记述的策略,首先标识出柏拉图试图通过厄尔神话来理解的问题。在普罗克鲁斯的评注中,他这样说道:这是一个"展现神灵恩典的问题,无论是诸神还是恶魔,由于他们关注灵魂,关注它们

---

[1] 中译参见柏拉图:《理想国》,王扬译,第389—394页。译文有所改动。——译者注

的降生［genesis］，它们那与之分离的存在、它们的行为样态的多样的形式"。更准确地说，柏拉图试图通过厄尔神话提出的问题就是，通过降生，所有的灵魂似乎都发现自己必然地、不可避免地与某种生命样态联系在一起，至死不渝。凡俗生命（zoè）的灵魂（灵魂就是生命的根源）始终在某种bios，即生命样态之中（我们可以说，生命是被抛入生命样态之中的），不过生命并不完全与后者一致，不能通过任何实质性的关联与后者统一起来。厄尔神话借助"选择"的观念，解释了这个事实性的联系——这则神话包含两者之间的不一致和鸿沟，与此同时，也包含二者之间的必然性的关联：每个灵魂，一旦降生，就选择了它的bios，并忘记了它曾经做过些什么。从这个角度来看，它发现自己与一种生命形式紧密相连，这就是必然性关联所选定的生命形式（oi synesthai ex anankes）。正因如此，拉克西斯说："责任取决于选择者，神没有过失。"

也就是说，厄尔神话想要从道德，甚至法律的角度来解释每个灵魂与它的生命形式之间的牢不可破的关联：曾经有一个"选择"，所以有责任和过失。神话的第一部分考察从宇宙机制的角度解释了必然性，与这种考察的物理学相对应的是一种后天的必然性，即源于伦理选择的必然（因此，普罗克鲁斯谈了"结果的必然性"—Proclo, p. 234）。

9.5

卡尔·莱因哈特（Karl Reinhardt）曾说过，在柏拉图那里，神话和逻各斯，即利用故事和辩证关系的解释，二者并不矛盾，而是相辅相成（Reinhardt, passim）。这意味着，在我们这里，神话是一个复杂的意象，它试图解释那些凭借逻各斯本身说不清楚，所以需要神话给出一种非常规的解释力的东西。所以，厄尔的神话似乎表明，灵魂与生命形式之间的事实上的联系必须被解释为一个选择，这个选择因而在宇宙的和谐的必然性中引入了道德责任之类的东西（波菲利尽管有很大的保留，但在这里谈到了某种类似我们的力量中的"自由意志"［to eph'emin］的东西——Porfirio, *Sul libero arbitrio*, in Proclo, p. 353）。是否真的是这样？灵魂真的从那些由必然女神的女儿拉克西斯（这个名字字面意思就是"分配签牌的人"）摆在它们面前的"样态"（paradeigmata）中自由选择了自己的生命？

首先，我们不能忽略这样一个问题，即厄尔的第一部分叙述描绘的宇宙必然性的意象，不仅是评述者们所认为的静谧与和谐，还包括一个十分关键的凶兆。当然，柏拉图并没有忽略如下事实，即命运三女神是黑夜女神的后裔，在她们面前宙斯都感到战栗（在《荷马史诗》中，命运三女神被描述为"破坏性的"、"难以忍受的"力量）。命运三女神纺织着我们生命岁月的线索，阿特洛波斯（这个名字的字面意思是"她不可能被劝阻"、"坚不可摧")突然断掉了这条线。塞壬女妖是邪恶的生物,她们是真正的死亡女神(Kerényi, p. 58),她们是有着利爪的鸟型怪物。在《奥德赛》里,她们居住在一个岛上,那里到处都是人类腐烂的骸骨、干枯的人类皮肤还有那些受她们歌声迷惑而来的沉船上的水手。情况很有可能是这样,为了避免宇宙机制蒙上晦暗的阴影,普罗克鲁斯认为(他的观点没有丝毫根据),柏拉图实际上说的是缪斯女神。

但是即便这个由坚硬金属和其他金属材料合成的独特机器连接着天国,这也无法让人们心安。如果普罗克鲁斯感觉必须将这个金属解释为不可改变之物的象征(Proclus 2, p. 159),那么这是因为,他完全清楚,在赫西俄德那里,坚硬金属与世界的第三个时代,即青铜时代相关联,在经过了幸福的黄金时代和略差一点点的白银时代之后,这是充斥着恐怖和暴力的第三个时代:人类有了青铜制的武器和房子,但在赫西俄德看来,他们的心灵都是金属做成的。所有这一切都使我们认为,柏拉图在厄尔所见的景象中加入了这些以及其他可怕的特征(如"可怕的火烤烟熏"和勒忒河的荒凉,所有生命形式的绝对贫瘠之处),是试图说明这并不是一个正义、和谐的景象。

9.6

我们现在看一下这些遵循拉克西斯告诫的灵魂如何选择它们的生命形式。正如必然性机制事实上并不是公正或和谐的，同样，灵魂的选择也不是真正的自由选择。首先必须作出自己选择的灵魂依赖——并不清楚是由运气还是由拉克西斯决定的——签牌抛洒的方式。所有的灵魂都捡起了一根掉在它们附近的签牌，按照签牌上给出的顺序，依次选择先知放在它们面前的地面上的生命样态。如果厄尔将这种选择的景象定义为"可悲的"和"荒谬的"，那么这是因为，俄耳甫斯、塔缪罗斯、特拉蒙之子埃阿斯、阿伽门农、阿塔兰忒、奥德修斯、忒耳西忒斯等人的例子十分有力地说明了，灵魂并没有进行自由选择，而是"按照他们前世的习性［synetheia，即生活模式］"进行选择。因此，波菲利写道，在这种情况下，柏拉图冒有一定的风险，即"如果灵魂真的按照前世的生活作出选择，按照之前的爱憎形成品格，那么他就取消了自由意志，更一般地说，取消了我们所谓的选择自主权"（ivi, p. 349）。波菲利提出的另一个反对意见更切中要害，考虑到选择无法挽回，命运三女神和守护神肯定了选择，并监控着让灵魂忠实于自己的选择："倘若所有这些都被织入了纺锤，所有这些都被必然性所支配，被命运三女神、勒忒河水、阿娜昂克所裁决，倘若守护神守护着命运并监控着一切，让命运得以完成，那么我们曾掌控了什么？在何种意义上,我们可以说'德性是自由的'?"(p. 350)。

一种盲目而残暴的必然性的虚伪正义,一种似乎利用了那些要实现自身那玄妙莫测的安排的灵魂的虚伪正义,与之对应的是灵魂的虚假自由,它们相信自己作出了选择,但在这里,它们仅仅只是服从于已经在其他地方被决定了的命运的安排。在这个意义上,如果这场博弈已成定局,那么法官们要如何裁决那些依赖于选择的行为,这些选择不仅不是自由的,还成了过去行为的结果,行为者对于自己过去的行为不再有任何权力?

9.7

必须思考一下选择——灵魂对自己的生命的选择——的景象(thea,柏拉图使用的这个词既有"视像",也有"冥思的意象"的意思)的"荒谬"(geloian)的性质。也就是说,厄尔居于其中的景象,即便应该带来一种悲凉(eleinen)感,但实际上对他来说却是荒谬绝伦的。如果我们回想起这一点,即柏拉图喜欢谈论喜剧,尤其是模仿滑稽剧(第欧根尼・拉尔修的柏拉图长篇传记里证明了这一点(III, 18),后来瓦列里乌斯・马克西姆斯〔Valerio Massimo〕和昆体良〔Quintiliano〕也曾说过,柏拉图很喜欢索福戎〔Sophron〕的模仿滑稽剧,他曾勾画［ethopoiesai］过剧中人物，临死之前他还将这些模仿滑稽剧的复本放在枕头底下），那么我们可以说，厄尔出席了一场喜剧景象，在剧中，最关键的是一种"道德体系"（etologia），即"对品格的描述"，或一种对生活形式的模仿（"模仿滑稽剧就是对生活的模仿，既有对体面的生活，也有对不体面的生活的模仿"—Keil, p. 491）。在悲剧中以命运的选择的面貌出现的实际上是一种喜剧姿态，即人物的选择。尽管有一定风险（kindynos, 618b），但生命形式的选择归根到底就是喜剧性的选择，它在哲学中展现并描述了这种道德体系，关键不在于一种反讽式的拯救，而在于一种对毫无吸引力的人物的指责。在这个意义上，我们需要读读《会饮》最后的那一段话，在那段话中，苏格拉底说服阿里斯托芬和阿伽通，同一个人既可以创作悲剧，也可以创作喜剧，"有才华的悲剧作家也是戏剧作家"（223d）。

9.8

那么，《理想国》末尾的神话意义何在？《理想国》通篇都是关于正义和政治的对话。我们或许可以说，灵魂曾经按照必然性的裁定，进入生死轮回，选择了生命形式，所有的正义——无论是站在自己立场上的正义，还是站在其他那些裁决他的人的立场上的正义——是不可能的。盲目的选择对应盲目的必然性，反之亦然。

不过，还有一段到现在为止我们没有转述过的话，在这段话里，柏拉图似乎想要说明"选择总是且在任何情况下都是在所有选择中作出的最好选择"。在厄尔的叙述中，在描述完生命样态是如何在它们面前混合在一起后（一些混合了富有或贫穷，其他混合了疾病或健康，还有一些在保持中庸［mesoun］），柏拉图继续说道：

> 就是在这里，我的格劳孔，一个人面临着全部的危险，而正是这个原因，我们必须特别重视这个事情，我们每个人必须先别管其他各种学科，而首先充当这一学科的探索者和学生，看某人怎么能知道并且找出这么个人，此人会使他成为一个有能力、有知识的人，能辨别高尚［chreston，字面意思是"有用的"］和低俗的生命，面对各种他能办得到的事情，不管在什么场合，总能作出最好的选择，能认真思考我们不久前刚刚讨论过的所有东西，并对它们作出综合比较，看到他的各种选择如何能对他那有美德的生活［pros areten biou］作出贡献，并且懂得美是什么，当它和贫穷或富有掺杂在一起的时候，与之关联的是哪种灵魂的品性，它习惯于给人带来祸患还是利益，懂得出身高贵还是出身低贱，过着平民生活还是掌权入仕，身强力壮

还是软弱无力，学习精明还是学习迟钝，以及一切诸如此类、属于灵魂中天生固有或后天形成的习俗意味着什么，当它们掺杂在一起的时候，又通常会带来什么样的后果，这样，当他从这一切中总结出了道理，他便成了一个有能力作出选择的人，眼睛始终看到灵魂的本质，看到什么生活更糟和什么生活更好，如果某一种生活把灵魂引向那里、使灵魂更不公正，就称它更糟，如果它使灵魂更加公正，其他一切东西他都可以撒手不管，就称它更好；因为我们已经看到，无论生前还是死后［zonti te kai teleteusanti］，这都是最好的选择。如同磐石一般，一个人必须紧抱着这个信念走向冥界，使自己同样在那里不被财富和诸如此类的东西所迷惑，不会投身于种种僭主式的统治，其他诸如此类的事务而给人们带来无法弥补的灾难，使人们自己也陷入万劫不复的境地，而是始终懂得在诸如此类的东西中为自己挑选中庸的生命样态［ton meson... bion］，躲开那些将人抛向极端［hyperballonta］的东西，不仅在这一生中尽可能如此，而且要在随后的任何一个时期都如此。因为唯有如此，他才能成为一个最幸福的人。（618c-619b）[1]

---

[1] 中译参见柏拉图：《理想国》，王扬译，第 390—391 页。译文有所改动。——译者注

9.9

"中庸的生命"是什么意思？一个预备性考察，涉及产生选择的地点和时间。柏拉图写"无论生前还是死后"，稍后一点又更确切地说"在这一生中，而且在随后的任何一个时期"，他借此揭开了谜底，即这则似乎仅涉及死后的和尚未降生的灵魂的神话实际上也指向所有的生者。将选择定位在"一个特定的邪恶的场所"的神话也会在这一生中发生，按照神话的说法，在这一生中，灵魂总是已经在必然性之中与特定的生命形式相连了。也就是说，中庸的生命就是美德的生命，就是德性，就是不施行专制、不可让渡的生命，它并不是在灵魂可以选择的各种生命形式当中的一种，按照拉克西斯的说法，它使每个人无论喜欢还是厌弃，都或多或少拥有的美德。

倘若的确如此——这仅仅意味着不施行专制统治的美德——那么中庸生命的"选择"就并不是一种选择，而是一种实践，即在代表着各种 bios 的高贵与低贱、私人与公共、富有与贫穷、孔武有力与孱弱不堪的密不可分的混合体中引导自己前进，成功地辨识出（diagignoskonta）最好的生命形式，即让灵魂得到最公平的安排。必须将 bios 想象成由两个对立的极端（柏拉图称之为 ta hyperbollonta）角力的地段或立场：选择中庸并不意味着选择了一种我们被迫必须作出选择的生命，也不意味着我们能够使之中性化，并借由美德滑向极端。中庸的生命（mesos bios）将生命一分为二，由此，中庸的生命使用它并将它构筑为生命–形式。它不是 bios，而是某种在使用的、活着的生命样态。

9.10

正是从这个角度来看，我们必须回想一下这一点，即先知向各个灵魂展示的东西并不是 bios，即生命的样态，而是生命样态（paradeimata）。我们已经根据维克多·戈德施密特的说法，在其他地方指出，样态——既是观念，也是可感事物的范式——概念的特殊功能是在柏拉图思想中提出的。示例是这样一个单一要素，这个要素让经验上已知的东西在一瞬间变得无效了，由此，我们得以认识到另一种独特事物（或另一组独特事物）。通过给出生命的范式，不仅赋予灵魂以生命，先知给了它们理解的可能性，让每种生命形式在作出选择之前都能够有所认识，而这正是迥异于大多数灵魂的有美德的灵魂能成功做到的事情。因此，我们不用对此感到奇怪，即在柏拉图对范式进行了最全面的反思的对话中，从来没有某种直接给定的东西，而只有通过"聚在一起"、"搁在一旁"和"展示"被产生和认识的东西（*Politico*, 278b-c）。再说一遍，让神话成为事实（即先知放在地上的生命范式）的东西实际上就是一种辨识和美德实践的结果，它让每个生命都带有了示例性或范式性的特征。中庸的生命就是完全专注于自己的示范性的生命形式（在修道院戒律的措辞中，生命形式［forma vitae］意思是"生命的示范、示范性的生命"）。

9.11

在波菲利对厄尔神话的解读中，他要求我们注意如下事实，即柏拉图以一种有歧义的方式使用 bios 一词。也就是说，这个词既可以指生命样态，也可以指 zoè。柏拉图"并没有像《论生命样态》（*Sui modi di vita*）一书的作者那样去谈论生命样态，后者首先提到一种生命样态，即农夫的生命样态，然后提到另一种，即政治家的生命样态，之后又提到另一种，即军队的生命样态"。因为，我们的自由意志能在人们使用的大量的生命样态中进行选择，抛弃一个以确保另一个，毫无戒备的读者或许会对此感到奇怪，即在神话中，选择了一种 bios 的人在必然性之下与这个 bios 保持关联。

> 按照斯多葛学派的说法，"生命样态"只有理性生命［logikes zoes］的含义，因为这个词意味着生命样态是由行为、反思和所产生或经历的后果构成的特定过程［diexodos］。但柏拉图的 bios 也用在动物生命［zoas］上。

> 这样，对柏拉图来说，天鹅的 zoè 也是 bios［……］对他来说，这就是 bios 一词最初的意思，但它还有另一个意思，指这些生命样态的偶然性特征，以衍生的方式添加在主要意义之上的品质。于是，对于狗的 bios 来说，其主要意义是狗的 zoè。相反，对犬科生物而言，它是属于猎狗、狩猎犬、其他坐在桌子旁的狗或其他护卫犬，这具有偶然性：bios 是衍生的。由于动物不具备自由意志，如果这种品质是出于天性或出于主人的训练而被添加上去的，好比人类的天性或偶然出身于高贵的家族或天生丽质一样，那么很明显，这些都不取决于我们的自由意志。相反，至于要获得某种行当、职业或知识，至于从政、担任官职，这些事情和其他类似的事情一样，取决于我们的自由意志［……］
>（Porfirio, *Sul libero arbitrio*, in Proclo, p. 351）

波菲利的这个看法区分了什么东西取决于我们，什么东西是我们无法改变，只能承担和发展的。在柏拉图那里，当然，灵魂与 zoè 有着本质关联（它"承载着生命"［pherousa zoen］，带它进入它所具有的一切—*Phaid.*, 105c），由于选择了某种 bios，即某种生命样态，它也就已经选择了一种 zoè：男人的生命，女人的生命，天鹅、狮子、夜莺的生命。不过，正如我们不可能将它等同于特定的 bios 一样，我们也不能将它纳入特定的 zoè（灵魂"选择"了二者，正如波菲利所认为的那样，从责任角度来看，柏拉图似乎并没有在 zoè 的选择和 bios 的选择之间作出区分）。

如果像我们所看到的那样，"出生之前"、"出生之后"和"死亡之后"的区分只是神话的一个要素，那么这意味着在此生中——这成了神话试图让我们理解的问题——有一场三方之间开展的游戏，这三方非常亲密又彼此有别：灵魂、zoè 和 bios。灵魂并不（仅仅）是 zoè，即自然生命，也不（仅仅）是 bios，即政治上有品质的生活：它在二者之中，居于二者之间，它并不与二者一致，但它让它们联合了起来，彼此不可分割，与此同时，又没让二者彼此完全统一。在灵魂、zoè 和 bios 中存在一种亲密的接触、一种不可化约的裂痕（这就是"选择"意象的终极含义：所选择的并不属于我们，在某种程度上，它变成了我们）。神话的目的并不是给我们提供一个不同的、更好的对灵魂再现：而是这样，它让再现停止，其目的是展现不可再现之物。

为了理解柏拉图的灵魂（psychè）的独特地位，比较他的学生亚里士多德对灵魂的界定是一个十分有益的做法。亚里士多德强制性地将柏拉图的灵魂和 zoè 关联了起来，他将灵魂界定为"在潜能中的拥有 zoè 的身体的活动［energeia］"，他用这种方式在行动中界定了生命和灵魂。同时，由于灵魂已经化解为了 zoè，因此他必定得在功能层面将它划分为、阐述为植物性、感性和理智的灵魂（或生命），为的是——正如我们已经知道的那样——让这个区分成为政治实存的预设前提（它产生了清晰的区分，与此同时，也给出了 zoè 和 bios 之间的策略性关系）。因此，在一定程度上归属于植物性灵魂的东西具有了某种地位，某种让我们想起了柏拉图的灵魂的地位：在逻各斯意义上，它是可分的，在凡俗生命和其他生命那里，它不可能与之分割。

现在，让我们回到柏拉图那里的灵魂的神秘状态。事实上，灵魂与某种 zoè 和某种 bios 关联在一起，但我们仍然不能将灵魂化约为这二者。这种不可化约性并不意味着我们只能从字面含义来读解神话，仿佛灵魂可以独立地存在于某种恶魔和超天国的地方。灵魂从内部，而不是从外部移动身体，这就像是一个带有风险的外部原则：按照《斐多篇》的十分清楚的说法，"凡是从内部［endothen］移动自己的身体都是有灵的身体［empsychon］，因为这就是灵魂的本性"（245c）。于是，在神话里，厄尔在看到、认识灵魂时表现出惊人的沉默——那些评注者似乎并没有充分注意到这一点——（"他说他看到［idein］曾经归属于俄耳甫斯的灵魂［……］"），仿佛在一定程度上，它们基本上与其身体统一，或者保留了身体的意象。不过，将会是灵魂而不是身体因那些一生的行为而接受审判。

灵魂就像生命－形式一样，就在我的 zoè 之中，在我的生物性身体的生命之中，并不与我的 bios，即我的政治或社会实存完全一致，不过，我"选择"了二者，以这种特定的不会出错的样态来实践它们。在这个意义上,它本身就是中庸的生命,在所有的 bios 和 zoè 中,它冒险分割、废除和实现着将它们统一起来的选择,它就是通过这个特定生命中的必然性来实现统一的。生命 – 形式,即灵魂,就是生命和生命样态之间的无限补充,就是当它们相互将彼此中性化、展现将它们统一起来的空洞时,出现的事物。zoè 和 bios——或许这就是神话的教训——既不相互分离,也不彼此一致:在它们之间有一个再现的空洞,它不可能言说任何东西,除了那些"不朽的"、"非生成的"东西(*Phaedr.*, 246a),那里矗立着灵魂,它让二者保持接触、牢不可破,并对它们进行考验。

尾声　走向一种破坏潜能的理论

1

"神圣人"研究计划中提出的政治考古学并不是要提出对西方政治学批评，也不是要纠正这样或那样的概念、这样或那样的体制。毋宁说，其关切是质疑政治学的地位和日常结构，其目的是揭露治理的奥秘（arcanum imperii）。在某种程度上，这个奥秘构成了政治学的基础，它是既被公开揭露也被坚决地隐匿在背后的东西。

所以，将赤裸生命视作政治的参照点和终极问题是研究的第一步。西方政治学的日常结构就在于例外（ex-ceptio），在于赤裸生命形式下的人类生命的包含性排斥。让我们看一下这个做法的特殊性：生命本身并不是政治性的——因此，它必然被排斥在城邦之外——不过，恰恰是这个例外，即对这个非政治性的东西包含性排斥，成了政治空间的根基。

重要的是，我们不要混淆赤裸生命和自然生命。通过这一区分，通过例外装置下的捕获，生命给出了赤裸生命的形式，也就是说，生命被割裂了，生命与它的形式发生了分离。在这个意义上,我们必须理解"神圣人"系列一末尾处的问题,即"至高权力的基本活动就是将赤裸生命当成日常的政治要素"。正是这种赤裸生命(或"神圣"生命,如果神圣[sacer]首先代表着一种可以被杀死但杀人者不会因此犯下谋杀罪的生命的话),在西方法律-装置机制中,它成了 zoè 和 bios 之间、自然生命和政治上有品质的生活之间的关联门槛。如果我们不能首先让赤裸生命的例外装置停止,我们就不能思考另一种政治和生命的维度。

2

不过,在研究过程中我们发现了在赤裸生命意义上得到定义的例外的结构,在更一般的意义上,该结构构成了所有领域的原初结构,在法律-政治传统和在本体论中是一样的。事实上,如果我们不能理解——我们已经明白的那层意义上——它作为一种例外而发挥的作用,我们就不能理解亚里士多德以降的西方本体论的最基本的辩证法。其策略是一样的:一些东西被区分、被排斥、被用作基底,并且也正是通过这个排斥,它作为原初和根基被包含于其中。这适用于生命,用亚里士多德的话来说就是"它以多种方式得到言说"——植物性生命、感性生命和理智生命,其中首先被排斥的东西就充当了其他东西的基础——对于存在物而言也是这样,它同样能以很多方式得到谈论,其中一种方式是被分离出来充当基础。

然而,这个例外的机制可能在根本上与语言事件密切相关,而语言事件与人类发生相一致。按照我们前文已经提到过的预设的结构,语言在发生时将自己与非语言的东西分离和排斥了开来,与此同时,它包含并捕获了自己,它总是已经在关系之中了。也就是说,这种例外,即将真实包含性地排斥在逻各斯之外,就是语言事件的原初结构。

3

在《例外状态》中,西方的法律-装置机制被描述为一个双重结构,它由两个彼此相异且紧密相连的要素构成:一个是严格意义上的规范和法律要素(权力,potestas),另一个是紊乱和超法律的要素(权威,auctoritas)。权力的效力似乎蕴藏在法律-规范要素中,然而,它也需要紊乱的要素,让它能被应用于生命。同时,权威可以肯定自己,并在与权力的关系中感受自己的存在。例外状态是这样的装置,最终它必须通过定位一个紊乱和秩序之间、生命和法律之间、权威和权力之间的难分彼此的门槛,将法律-政治机制的两个方面结合起来。只要这两个要素彼此相关,但又在概念上、时间上和位格上保持区别——正如在罗马共和国时期，元老院和平民的对立，或在中世纪，精神权力和世俗权力之间的对立一样——它们的辩证关系就能以某种方式得到实施。但一旦它们在某个位格上相一致，一旦例外状态（在例外状态中，它们变得难分彼此）成了一种统治，那么法律-政治机制就会变成杀人机器。

在《王国与荣耀》中，我在讨论统治与治理、安息与荣耀之间的关系时，也展现了同样的结构。荣耀在那里成了一种装置，它旨在通过安济-治理机制来捕获人和神的生命的安息，我们的文化似乎无法思考这个问题，而这个问题又一直被调用为神圣和权力的终极奥秘。对于这个装置来说，安息太重要了，以至于这个装置必须以荣耀和欢呼的形式，在其中心处捕获并维持安息，借助媒体，这种装置不间断地将这种荣耀功能延续到了今天。

同样，在数年之前的《敞开》（*L'aperto*）一书中，我们提出了西方的人类学机制，即在人类自身之中将人与动物区分开来，同时又将二者关联起来。在该书末尾，一项试图让主宰着我们对人类的概念化的机制不再起作用，计划所需要的并不是对探索一种新的对人与动物的关联的阐发，而是展现人与动物之关联中心处的空洞，那道（在人类之中）将它们区分开来的裂缝。我们再次从例外的角度出发，在机制中既区分又关联了二者，这项研究必然会回溯那个将生命分开的区分，那个生命既不是动物，也不是人，唯有在那时，那个不可分割的生命才能显现出来。

4

在所有这些描述中，有同一种机制在发挥作用：其源头（archè）是通过这种方式构成的，即区分事实经验，并将其中的一半推回源头——排斥——其目的是通过将它视作根基，重新将它与其他部分结合起来。于是，城邦就是建立在将生命区分为赤裸生命和在政治上具有品质的生活的基础上的，人被定义为对动物的包含性排斥，法律是通过紊乱的例外状态而得到界定，治理则是通过排斥安息以及荣耀形式下的对它的捕获而得到定义。

如果我们文化的源头（archè）结构就是这样的，那么在这里，思想发现自己面对着一个艰巨的任务。的确，这并不是思考的问题，正如对绝大多数人来说，直到今天，两个元素之间的新的、更为有效的关联仍然在机制中被分为两半且彼此对立。哲学考古学无法触及其源头，而只能触及这个机制失效所产生的结果（在这个意义上，第一哲学通常也是终极哲学）。

今天，最基本的本体论–政治问题并不是劳作，而是安息，并不是对新的运作进行疯狂的、不停歇的研究，而是展现在西方文化机制的中心处守候着的持续不断的空洞。

5

在现代思想中，人们已经通过"制宪权"概念思考过激进政治的变迁了。所有的宪定权都在一开始预设了一种制宪权，这种制宪权通过这样一个过程——一个作为规则具备革命性形式的过程——产生并保障了宪定权。如果我们关于源头的假设是正确的，如果今天的基本本体论问题不是劳作，而是安息，如果后者只能相对于劳作来得到明证，那么我们就不可能通过"制宪权"的方式来要触及一种完全不同的政治形象，我们可以通过某种暂时被称作"破坏潜能"（potenza destituente）的东西来实现这一点。如果制宪权对应于革命、造反和新宪政，即一种发生了并构成了新法的暴力，那么就破坏潜能而言，我们必然需要想出一种完全不同的策略，对它的定义就是即将来临的政治的任务。在制宪权和宪定权、实现法律秩序的暴力和维护法律的暴力之间的永不停歇的、无法战胜的、令人沮丧的辩证法中，被制宪暴力所摧毁的权力将以另一种形式复活。

制宪权的悖论就在于，法学家们或多或少概括了它与宪定权的不同，但它仍与宪定权不可分割，仍与之构成一个体系。因此，一方面，我们承认制宪权的地位超越了国家，但它不能在没有国家的情况下存在，即便在制宪之后，它仍然外在于国家而存在，但从制宪权衍生出来的宪定权只存在于国家当中。另一方面，这种源初的、不受限制的权力——这样一来，它会威胁到体制的稳定性——必然会被宪定权收回并囊括于其中，它是宪定权的源头，在宪定权之下，它只能作为修宪权而继续存在。西耶斯（Sieyès）或许是最坚持制宪权具有先验性的理论家，但他最后也必须限制无所不在的制宪权，它只能在宪法裁判机构（Jury constitutionnaire）下而存在，这个机构的任务就是按照明确的既定程序修订宪法的文本。

在这里，神学家们面对的涉及全能的神的悖论似乎会再次以世俗化的形式出现。神的全能意味着上神可以做任何事情，包括毁掉他创造的世界，废除或颠覆恩典的律法，即那些在他的意愿下引导人类走向救赎的律法。由于神的全能会带来这些不堪的结果，神学家们区分了绝对权力（de potentia absoluta）和限定权力（de potentia ordinata）：在绝对权力下，上帝可以做一切事情，但在限定权力下，也就是说，一旦他想要做什么事情，他的权力就会遭到限制。

正如在实际中，绝对权力只是限定权力的预设，而后者需要保障其在任何情况下都是正确的，因此我们也可以说，制宪权就是宪定权必须预设的、用来给出自身的合法性基础的东西。按照这个我们曾多次描述过的设定，制宪权就是一种权力形象，在这一权力形象中，破坏潜能——通过确保它不可能反对宪定权或法律秩序，而只能反对它的某个明确的历史形态——被捕获并被中性化了。

6

因此,"神圣人"系列一的上篇第三章肯定了制宪权和宪定权的关系,这个关系如同亚里士多德确定的潜能和行为的关系一样复杂,后者试图将这两个术语的关系表述为禁止或抛弃的关系。在这里,制宪权的问题说明它具有不可化约的本体论含义。潜能和行为是存在的主权的自我构建过程的两个方面,一方面,行为将自己预设为潜能,而潜能则通过悬置自身,通过其自身存在无法转变为行为这一点,从而在与前者的关系中得到维持;另一方面,行为仅仅是对潜能的保留或"救赎"(soteria),换言之,即扬弃(Aufhebung)。

> 主权者的禁令在不再适用的时候被用于例外状态,因为主权者的禁令对应于潜能的结构,这个结构恰恰是在它不能做什么的时候,在与行为的关系中维持了它自身。潜能(在其能做什么和不能做什么的双重表象中)是这样一种事物,通过它,存在发现自己处在至高权力的地位上,也就是说,在没有任何东西先于它或决定它的情况下,它不仅仅是自己不能做什么。一旦权力能十分简单地消除自己不能做什么的能力,任其存在,让自己回归自己,那么这个行为就是至高权力。(Agamben I, p. 54)

那么,思考纯粹的破坏潜能,也即是说,让我们彻底从与宪定权相关的主权者的禁令关系中解放出来,具有一定的难度。在这里,禁令表现为一种限定形式的关系,在其中,存在物是通过与某种无关的东西的关系来维持自身的,实际上,这就是对自己的预设。如果存在物仅仅是诸多存在物的"禁令之下"的存在物,也就是说,是被抛向自己的,那么,像"任其存在"之类的范畴(海德格尔试图通过这个范畴逃离本体论上的差异),也会停留在禁令关系之中。

因此,这一章在宣布了本体论和政治学的计划后得出结论,能够从所有的关系形态,甚至从禁令的限定形式下解放出来的就是主权的禁令:

> 相反,我们必须思考与行为中的存在没有任何关系的潜能的实存——甚至不以禁令和不能做的潜能的极端形式存在的潜能的实存——思考不再作为潜能的实现和展现的行为的实存——甚至不以自我给予和任其存在形式存在的行为的实存。然而,这意味着对本体论和政治的思考不会超越所有的关系形态,不会超越主权禁令的限定关系。(ivi, p. 55)

只有在这个背景下,我们才能思考纯粹的破坏潜能,也就是说,我们才再也不会让自己被嵌入限定权。

本雅明在他的《暴力批判》(*Sulla critica della violenza*)一文中奠定了法律秩序的暴力和维持秩序的暴力之间的秘密的紧密联系,他试图界定一种可以逃离这种辩证法的暴力形式:"它打破通过神秘的法律形式而得以维持的这个循环、摧毁[Entsetzung]法律秩序及所有依赖于它且它所依赖的程序,因此,它摧毁国家暴力,一个新的历史时代由此建立。"(Benjamin 4, p. 202)唯有当一种权力已得到安息,并且为一种不旨在建立新秩序的暴力所废黜之时,这种权力才彻底地被中性化了。本雅明识别出了无产阶级大罢工(索雷尔将之与单纯的政治罢工对立起来)中的暴力——或按照德语词 Gewalt[暴力]的双重含义"破坏潜能"(potere destituente)。在政治罢工中,对劳动的悬置就是暴力,"因为它激发[veranlasst,'引发'、'引起']的只是外部劳动条件的改善,其次,作为一种纯粹的手段,它却是非暴力的"(ibid.)。的确,它不会仅"依据外部的让步、这样或那样的工作条件的改善"就重新恢复劳动,唯有发生彻底转变,不受国家的强迫,他们才会决定去劳动,"这种类型的罢工破坏并不是激发[veranlasst],而是实现[vollzieht]"(ibid.)。激发(veranlasst)和实现(vollzieht)

之间的区别表达的就是制宪权和破坏暴力之间的区别，制宪权摧毁旧秩序并重新创造一种法律秩序的新形式，但并没有直接废黜它，而破坏暴力则一次性废黜了法律秩序，因而立即开辟了一片新天地。"因此，首要任务就是立法，之后是无政府化。"（ibid.）

在这篇论文的开头，本雅明通过对目的和手段之间那习以为常的关系的批判，界定了纯粹暴力。法律秩序总是一种手段——合法的或不合法的——相对于目的——正义的或不正义的——纯粹和神圣暴力的标准并不在于它与目的的关系之中，而是在于，"在无须参照它所服务的目的的情况下，手段的范围"（p. 179）。暴力问题并不是人们常追问的正义的目的的问题，而是这样一个问题，即"找到一种不同类型的暴力［……］这种暴力与它们的关系完全不是手段关系，而是一种完全不同类型的关系"（p. 196）。

这里的关键问题就是工具性的观念，这个观念最初滥觞于经院哲学的"工具因"的概念，我们已经看到，这成了现代的使用和技术领域的概念的特征。后来这些东西就是通过工具而得到界定的，这些工具似乎能够参与主要行为人的目的，本雅明在这里提出"纯粹手段"，即一种仅因它将自己从所有与目的的关系中解放出来才成其所是的手段。作为纯粹手段的暴力从来不是服务于某个目的的手段，唯有在暴力和法律秩序的关系、手段和目的的关系被揭示出来并被毁灭时，纯粹暴力才能出现。

7

本书第二部分的第 2.8 节对关系概念进行了批判，联系了奥古斯丁的定理："所有在关系中被称为某物的本质的东西也是在这个关系之外的某种东西"（Omnis essentia quae relative dicitur, est etiam aliquid excepto relativo）。对奥古斯丁来说，这就是思考上帝的统一体和三个位格之间的关系的问题，也就是说，在肯定神在本质上的统一之外，也不否定它与三个位格的关联。我们已经说过，奥古斯丁将关系同时排斥并包含在存在中，将存在同时排斥并包含在关系中，他通过这种方式解决了这个问题。在这里，我们需要从例外的逻辑来解读关系之外的某种东西（excepto relativo）的用法：相关物同时被排斥并被包含在存在中，在这个意义上，三位的位格被纳入上帝的实体－潜能，这样一来，后者仍然区别于前者。用奥古斯丁的话来说，实体位于关系之中并在关系之中被言说，它就是某种超越关系的东西。但这意味着，按照我们所定义的主权者的例外结构，存在就是对关系的预设。

所以，我们可以将关系界定为构成了它的要素，与此同时将这些要素预设为不相关的东西。这样，关系就不再是其他范畴中的一个范畴，且获得了一个特殊的本体论地位。在亚里士多德潜能 – 行为、实体 – 实存的装置中，在三位一体的神学中，根据一种建构性的模糊性，关系内在于存在之中：存在物先于关系并超越关系而实存，存在物总是已经通过关系而形成，并包含于其中，成了它的预设。

8

在司各脱的形式存在物的学说中，关系的本体论地位获得了最严密的表达。他借用奥古斯丁的公理，并在"通过某物来言说的东西，就是在这个关系之外的某种东西"（omne enim quod dicitur ad aliquid est aliquid praeter relationem – *Op. Ox.*, 1, d. 5, q. 1, n. 18; cfr. Beckmann, p. 206）这个形式下阐述奥古斯丁的公理。对司各脱来说，这个修正说明的关键在于关系问题。如果像他所写的那样，"关系并不包含在绝对的概念之中"（ibid.），那么绝对之物通常已经被包含在关系概念之中了。这显然颠覆了奥古斯丁的公理，这一颠覆说明了隐藏在其背后的含义，所以他写道："所有的关系都是被关系所排除的东西"（omne relativum est aliquid excepta relatione – ivi,1, d. 26, q. 1, n. 33）。

无论如何，对于司各脱来说，关键的问题是关系蕴含着一个本体论，或一种特殊的存在形式，他借用一个表述（该表述在中世纪大获成功）将这种存在形式定义为存在样态（ens debilissimum）：因为这就是两个存在物彼此相对于另一物的存在样态（relatio inter omnia entia est ens debilissimum, cum sit sola habitudo duorum –*Super praed.*, q. 25, n. 10）。但这种存在的最低的形式——这种很难得到认识的形式（ita minime cognoscibile in se – ibid.）——实际上在司各脱的思想中——在从他开始直至康德的哲学史上——具有一个基本功能，因为它同司各脱的哲学才华的特殊贡献是一致的，即他界定了形式区别和超越之物的地位。

也就是说，在形式区别中司各脱就已经思考过语言的存在了，它不可能与它所命名的事物之间有实际上（realiter）的区别，否则，它就不能展现自己、让自己被认识，但是它又必定有自己的连贯性，否则它就会与物混淆。并非从实际上（realiter），而是从形式上（fomaliter）将它与物区别开来的就是它拥有一个名称——这个超越之物就是语言。

9

如果优先的本体论地位属于关系，那么这是因为语言的预设结构将会在语言中表达它。奥古斯丁的公理肯定的东西事实上是"被言说并被纳入关系的所有东西,因而也就是在这个关系之前和之外的东西(也就是说,它是一种非关系的预设)"。在存在物与语言、存在和被言说或被命名的存在物之间运行着一个基本关系(一个本体-逻辑关系)。逻各斯就是关系,在逻各斯之中,存在物和被言说的存在物既被等同了起来又有所区分,彼此有差别但又难分彼此。

在这个意义上思考纯粹的破坏潜能意味着追问和质疑关系的地位,让它向可能性敞开,在那里,本体论的关系事实上还不是一种关系。这意味着在我们面对面地(corpe a corpe)直面最孱弱的存在物,这个存在物就是语言。也正是因为语言的本体论地位最为孱弱,所以语言成了最难认识和把握的东西,司各脱已经感受到了这一点。而语言的最无法战胜的力量就是它的孱弱,在所说的东西和被言说的东西中,语言尚未被思考、尚未被言说。

正因如此,哲学在柏拉图那里以这样一种面貌出现,即他触及逻各斯的基底的尝试,因此,从一开始,他的哲学就具有政治性。因此,当康德的先验之物不再是思想必须刨根究底的东西,而是变成了思想寻求庇护的据点,哲学就丧失了与存在的关系,政治也遭遇了重大危机。唯有当人类——拥有逻各斯的存在物,同时也是被逻各斯所占据的存在物——去对这个最孱弱的潜能进行刨根究底时,新的政治维度才会敞开,这个最孱弱的潜能决定了它们,并在看上去无穷无尽的、飘忽不定的

(历史)形式下将它们纳入其中。只有在那时——但是这个"那时"并不是未来,而是始终在进行着——我们才可能思考超越所有关系形态的政治。

10

正如形而上学传统总是在两种元素(自然与逻各斯、身体与灵魂、动物性与人性)的关联形式之中思考人类一样,西方政治哲学通常也是在需要被关联在一起的两种形象的关系中思考政治:如赤裸生命与至高权力、家庭与城邦、暴力与秩序、紊乱(无序)与法律、诸众与人民。与此不同,从我们的研究来看,我们试图将人性和政治看成这些元素彼此脱节的后果,研究的不是它们的关联的形而上学奥秘,而是它们的分离的实践和政治奥秘。

让我们将关系界定为通过预设了它的各种元素之间并没有什么关联,从而建构了这些元素的东西。例如,在生命体/语言、制宪权/宪定权、赤裸生命/法律的配对中,很明显,通常两个要素是一起被界定的,并且是通过它们的对立关系被构成的,这样一来,它们就不可能先于关系而存在,不过将它们统一在一起的关系又预设了它们互相是无关系的。在研究过程中,被我们界定为禁令的事物就是这种关联,它既是相互吸引的,也是相互排斥的，它关联了的是至高权力的例外的两极。

我们所谓的破坏潜能，就是为了让这些元素发生接触（参看本书第三部分第6.3节中科利的话）而总是能够废黜本体论－政治关系的事物。接触并不是一个切点，也不是这种东西或实体，即两个元素在那里进行交流：我们只能通过再现的缺乏、通过一道裂缝来界定它。一旦关系遭到了破坏和中断，在这个意义上，这些元素就会进行接触，因为它们之间没有展现出任何关系。于是，在破坏潜能展现出它废除了所有假装将各种元素结合在一起的关联时，赤裸生命和至高权力、紊乱和秩序、制宪权和宪定权都成了没有任何关系的接触。也正因如此，与自身相分离并在例外中被捕获的东西——如生命、紊乱、无序潜能——现在都以其自由的、完整无缺的形式出现了。

11

在这里，破坏潜能和我们在研究过程中用"安息"一词所表达的东西间的相似关系变得愈发明显。在二者那里，最关键的问题都是让某种东西——权力、功能、人的操作——不起作用，让其安息，与此同时，并没有单纯摧毁它，而是解放在装置中没能生效的潜能（为的是使对它的另一种使用得以实现）。

破坏策略的一个例子：圣保罗在面对律法时，既没有破

尾声　走向一种破坏潜能的理论 / 463

坏，也没有建构。圣保罗用动词 katargein 表达了弥赛亚和法律之间的关系，这个词的意思是"让其安息"（argos）、"不起作用"（埃斯蒂安［Estienne］的《希腊语词典》［*Thesaurus*］给出的说法是"让其安息和无效，让它停下工作、离开、抛弃它"［reddo aergon et inefficacem, facio cessare ab opere suo, tollo, aboleo］）。因此，圣保罗写道，弥赛亚"让一切执政的、掌权的、有能的都无效了［katargese］"（*I Cor.*, 15, 24）[1]，与此同时，他还说："弥赛亚就是法律的目的（即法律的终结或圆满）"（*Rom.*, 10, 4）[2]，在这里，安息和圆满完全一致。在另一个段落中，他说道：信众"在律法上不再有效［katargethemen］"（*Rom.*, 7, 6）[3]。人们通常会将这个动词翻译为"摧毁、废除"，这是不正确的（武加大版《圣经》则更为谨慎地，这个版本使用的是"疏散"［evacuari］一词），这是因为圣保罗在一个著名的段落中肯定了他想"巩固律法"（nomon istanomen– *Rom.*, 3, 31）。路德有一个看法，后来黑格尔认为这个看法意义重大，即他用德语的扬弃（aufbheben）来翻译 katargein 一词，也就是说，这个动词既有"抛弃"的意

---

[1] 和合本《圣经》原文为："那是基督既将一切执政的、掌权的、有能的都毁灭了。"此处为确保上下文连贯，根据阿甘本的阐释将"毁灭"处理为"无效"。——译者注
[2] 和合本《圣经》原文为："法律的总结就是基督。"此处按阿甘本给出的《圣经》文本译出。——译者注
[3] 和合本《圣经》原文为："在捆我们的律法上死了。"——译者注

思，也有"保留"的意思。

无论如何，可以确定的是，对圣保罗而言，问题并不在于摧毁法律，法律是"神圣而正义的"，问题在于在罪行上法律的行为不再起作用，因为人类正是通过法律才认识到罪恶和欲望的："非律法说，'不可起贪心'，我就不知道何为贪心。然而罪趁着机会，就借着诫命叫诸般的贪心在我里头发动［kateirgasato，'起效'］。"（*Rom.*, 7, 7-8）

弥赛亚信仰要去中性化的、让其安息的正是这种法律的运作，因此，这并非抛弃法律。被"坚固"的法律就是其命令权被破坏了的法律，也就是说，它不再是命令和劳作的法律（nomos ton entolon – *Eph.*, 2, 15; ton ergon – *Rom.*, 3, 27），而是信仰的法律（nomos pisteos– *Rom.*, 3, 27）。在本质上，信仰并不是劳作，而是一种词语的经验（"信道是从听道来的，听道是从基督的话来的"—*Rom.*, 10, 17）。

也就是说，在圣保罗那里，弥赛亚充当了界定犹太人身份的诫命（mitzwoth）的破坏潜能，也因此没有形成另外的身份。弥赛亚之人（圣保罗那时还没有"基督徒"一词）并不代表一宗新的更普遍的身份，而代表一个穿越了所有身份的裂缝——对于犹太人和非犹太人来说都是如此。"精神犹太人"和"血肉上的非犹太人"并不会界定一个后续的身份，而只是会认为所有身份都不可能与自己完全一致，作为破坏的身份：作为非犹太人的犹太人，作为非异教的非犹太人（我们或许可以按照

尾卢 走向一种破坏潜能的理论 / 465

这种方式思考对公民装置的破坏)。

与这些前提一致,在《哥林多前书》的一个关键段落里(7, 29-31),圣保罗通过"要像不"(hos me)的说法界定了基督徒的生命形式:

> 弟兄们,我对你们说,时候减少了。从此以后,那有妻子的,要像没有妻子;哀哭的,要像不哀哭;快乐的,要像不快乐;置买的,要像无有所得;用世物的,要像不用世物;因为这世界的样子将要过去了。我愿你们无所挂虑。没有娶妻的,是为主的事挂虑,想怎样叫主喜悦。

"要像不"就是在不抛弃的情形下的废黜。在"要像不"的形式下生活,意味着破坏所有的法律的、社会的所有权关系,但不废黜最基本的新身份。在这个意义上,生命-形式不断地废黜发现自己生活于其中的社会条件,它没有否定它们,而仅仅是使用它们。圣保罗写道:"你是作奴仆蒙召的吗?不要因此忧虑。若赢得你的自由,就使用(chresai)自由而非你作为奴仆的境况。"(ivi, 7, 21)[1] 在这里"使用"命名了基督徒的生命形式的废黜权力,该生命形式破坏了"此世的形态"(to schema tou kosmou toutou)。

---

[1] 和合本《圣经》原文为:"你是作奴仆蒙召的吗?不要因此忧虑。若能以自由,就求自由更好。"此处按阿甘本给出的《圣经》文本译出。——译者注

12

无论是无政府主义传统，还是20世纪的思想都试图界定这种破坏潜能，但均没有获得成功。海德格尔对传统的破坏，即对源头（archè）的破坏，舒尔曼（Schürmann）对霸权的破坏，还有那些（跟随福柯的足迹）我所谓的"哲学考古学"，它们都与之相关，但还不够充分，它们为了破坏它而回到了一个先天的历史。但还有很大一部分艺术先锋派和我们时代的政治运动都可以被看成一种（经常一败涂地的）尝试，即尝试进行破坏的工作，这些工作最终会以重新产生出更具压迫性的权力而告终，因为它们已经丧失了所有的合法性。

本雅明曾经写道：没有什么比资产阶级的秩序更加无序的东西了。同样，帕索里尼（Pasolini）在《索多玛的120天》中用一种等级制向我们说明了真正无序的就是权力。倘若真的是这样，那么，我们就可以理解，为什么那些尝试思考无序的思想会陷入泥淖，无法自拔，永远抵达不到终点。源于权力是通过无序的包含性排斥（例外）来建构自己的，思考真正的无序的唯一可能性就在于展现出权力之中的无序。唯有当我们把握并破坏了权力的无序之后，无序才能成为可能。对失范（anomia）的思考亦是如此：唯有掌握并摧毁了法律在例外状态下把握自己的失范，我们才能接近失范。对于那些想思考现代代议制民主机制中那些无法代表之物——人民（demos）——的思想来说也是这样：唯有暴露内在于民主的"无-民"（a-demy）才能使民主假装代表的、缺位的人民现形。

总而言之，建制完全对应于破坏；安置与废黜完全一致。

א 古希腊语的 archè 一词既有"起源"也有"命令"的意思。这个词的双重含义对应如下事实，即在我们哲学和宗教传统中，给出源头、让其发生的东西不仅是一个序（一旦被赋予生命，这个序就消失了，不再发挥作用了），也是命令和支配着该物的生长、发展、循环和转移的东西——简言之，即历史。

在莱纳·舒尔曼的一本重要著作《无序的原则》（*Il principio d'anarchia*，1982）中，他试图从海德格尔的解释出发去摧毁这个装置。因此在晚期海德格尔那里，他将存在者区分为即将出现的纯粹存在者和作为历史-时代布局的主要原则的存在者。与普鲁东和巴枯宁不同（他们仅仅是用理性原则取代了权威原则，借此"取代起源"），海德格尔已经考察了一个无序原则，在那里，起源成了一种即将出现的存在物，它从时间布局的装置中解放了出来，不再支配历史的生成。舒尔曼解释的局限显然在于他的书的标题（故意自相矛盾地）给出的短语："无序的原则"。它不足以将起源和命令、源头和原则分开：正如我们在《王国与荣耀》中已经表明的那样，一个统治但不治理的国王仅仅是治理装置的两极中的一极，用一极对抗另一极不足以停止它的运作。无序不可能出现在原则的位置上：它只能作为一种接触而获得解放，在接触处，作为起源的 archè 和作为命令的 archè 都处在无关之中，都被中性化了。

13

在潜能／行为的装置中，亚里士多德坚持将两个不可化约的元素结合在一起：偶然（可能存在或可能不存在）和必然（不可能不存在）。按照我们界定的关系机制，他认为潜能就是可以不或无能（adynamia）的形式下的自在存在，在本体论上，行为高于且先于潜能。装置的悖论（同时也是它的力量）就在于，如果我们根据它的字面意思，那么潜能从来不会变成行为，而行为总是已经预期了它自己的可能性。正因如此，亚里士多德认为潜能是一种习性（hexis）、一种我们已经"具有"了的东西，付诸行动就是一种意愿的行动。

更为复杂的事情是让装置不再起作用。让运作不再起作用的事物当然是这样一种潜能的经验，即这种潜能由于无能或无法去做，暴露了自己与行为没有任何关系。诗人并不是拥有创作潜能并在某个时刻将潜能付诸行动的人。拥有潜能实际上意味着：他受制于自己的无能。在诗的经验中，潜能和行为不再处于关系之中，二者直接接触。淡定就表达过潜能与行为的这种特殊的相近性：他在《论世界帝国》中写到，整个大众的潜能都付诸行动（sub actu），"否则就只有各自的潜能，而那是不可能的"。sub actu 在这里的意思取决于介词 sub 的可能意思，即在时间和空间上相一致（例如 sub manu，直接掌控在手中，sub die，当前、在同一天里）。

在这里，装置不再起作用，潜能变成了一种生命－形式，而生命－形式基本上是破坏性的。

א 拉丁语法学家将这些动词称为异相动词（depositiva，或者也叫 absolutiva 或 supina），就像在中态动词那里一样，我们在本维尼斯特的脚注里分析了这类动词，试图在它们之中找到另一种本体论，我们无法说这类动词是主动态或还是被动态的：如 sedeo（坐）、sudo（出汗）、dormio（睡觉）、iaceo（躺）、algeo（感到寒冷）、sitio（口渴）、esurio（饥饿）、gaudeo（高兴），等等。这些中态动词或异相动词"废除"了什么东西？它们表达的不是一项操作，它们废黜了操作、让其中性化、让它得到安息，并且它们以这种方式展现操作。用本维尼斯特的话来说，主语不仅内在于其过程，但在废弃它的行为的过程中，它将自己暴露了出来。在生命 – 形式中，主动态和被动态是一致的。这样，在"基督下葬"这一图像学问题上——例如，卢浮宫里的提香的收藏——基督完全失去了荣耀和统治，在某种程度上，这些荣耀和统治仍然归属于十字架上的他，但也正是通过这种方式，一旦他超越了受难和行动，那么对他的统治的彻底破坏就会开启一个新的得救之人的时代。

14

所有生命体都在生命形式之中，但并不都在（或者说不总是都在）生命 – 形式当中。一旦生命 – 形式得到确立，它就会破坏所有特殊的生命形式，让其不再起作用。唯有在经历一种生命的过程中，它才能将自己构筑为生命 – 形式，构筑为内在于所有生命中的安息。也就是说，生命 – 形式的构建完全对应于对我们被抛入其中的社会性和生物性条件的破坏。在这个意义上，生命 – 形式废黜了所有的事实性的生活方式，废黜了它们，让它们陷入张力，与此同时，也在它们中让自身得以维持，寓居于其中。这并不是一个更好或更本真的生活形式的问题，也不是一个更高的原则的问题，这也不是一个突然出现在某种生活形式和事实上的生活方式的他处（目的是将它们废黜，让它们不起作用)。安息并不是另一种突然出现的劳作,一种将它们废黜、让它们不起作用的劳作:它在本质上完全与它们的破坏意志、有生命的生活一致。

这样一来,我们就可以理解西方哲学传统赋予冥思生活和安息的根本作用:生命-形式,人类特有的生命是这样的生命,即通过让生命体的个别的劳作和功能得到安息从而让他们悠闲自在(girare a vuoto)的生命,也就是说,通过这种方式开启他们的可能性的生命。在这个意义上,冥思和安息就是人类发生的形而上学的算子,为了将有生命的人类从所有的生物性和社会性的命运、所有先定的任务下解放出来,冥思和安息给他们提供了一些无须劳动的事情,即我们通常称为"政治"和"艺术"的事情。政治和艺术并不是任务,也不是单纯的"劳动":相反,它们命名了这样一个层面,在该层面上,劳动——语言劳动和身体劳动、物质劳动和非物质劳动、生物性劳动和社会性劳动——不再起作用、像这样被冥思,为的是将仍然囚禁在它们之中的安息释放出来。按照哲人的说法,这里包含了人类所希冀的最伟大的善:"从中出现了快乐,人类冥思着自己和他们自己的行动的潜能。"

א 至少到现代为止,西方的政治传统总是试图在所有的宪定体制下,让两种截然不同的权力在其中运作,在某种程度上,这两种权力彼此相互限定。最典型的例子就是罗马时

期权威和权力、中世纪时期的精神权力和世俗权力，以及 18 世纪的自然法和实证法的双重性。两种权力可以互相限定，这是因为它们之间有着霄壤之别：罗马的元老院具有权威，但没有人民和他们的最高执政官所赋予的权力；教皇并不拥有世俗之剑，这是国王的特权；未成文的自然法与城邦的成文法分属不同的来源。如果说在罗马，从奥古斯都皇帝开始，他让两种权力在他的人格中达成了一致，如果说在中世纪，教宗和皇帝之间存在斗争，即一种权柄试图消灭另一种权柄，那么现代民主国家和集权国家则以各种不同的方式引入了一种政治权力，在这种情况下，这种政治权力变得不受限制。归根结底，无论国家是建立在人民主权、民族和种族原则的基础上的，还是建立在个人魅力（charisma）的基础上的，实定权利都不再有任何限制。民主制以修宪权的形式保留了制宪权，在一个特殊的法庭上保留了对法律宪政体制的限制，但是事实上这些还是内在于体制的，归根到底，这些仍然基于其程序性。

现在，让我们设想——某个不属于本书主题的东西——在一定程度上，在一个宪政体制下，将破坏潜能的行为付诸行动。我们必然会认为，存在一个与体制格格不入的元素，该元素可以破坏决策，悬置决策并令其不起作用。在《法律篇》(968c)的末尾,柏拉图心里想到了某种东西,他提到了一个充当城邦"守护者"(phylake)的"夜间咨议会"(nykterinos syllogos),然而,这并不是一个专业意义上的制度,因为,正如苏格拉底所说:"由于长期待在一起[metà synousia pollen][……]在咨议会建立起来之前[prin a kosmethe]不可能去废黜咨议会的活动。"不过,现代国家通过例外状态,在自身中包含了无序或紊乱的要素,没有这种要素它就无法行事,为了让该要素充当纯粹的破坏潜能,国家宁可将它表现为彻底异质的元素。

参考文献

Adorno, Sohn-Rethel: Theodor W. Adorno, Alfred Sohn-Rethel, *Briefwechsel 1936-1969*, hrsg. Christoph Gödde, München, edition text + kritik, 1991 (trad. it.: *Carteggio 1936-1969*, Roma, Manifestolibri, 2000).

Agamben 1: Giorgio Agamben, *L'aperto. L'uomo e l'animale*, Torino, Bollati Boringhieri, 2002.

Agamben 2: Giorgio Agamben, *Il Regno e la Gloria. Per una genealogia teologica dell'economia e del governo*, Vicenza, Neri Pozza, 2007.

Agamben 3: Giorgio Agamben, *Nudità*, Roma, Nottetempo, 2009.

Agamben 4: Giorgio Agamben, *Homo sacer. Il potere sovrano e la nuda vita*, Torino, Einaudi, 2009.

Alessandro: *Alexandri Aphrodisiensis praeter commentaria scripta minora. De anima liber cum mantissa*, edidit Ivo Bruns, Berolini, Reimer, 1887.

Altman: Irwin Altman, *Privacy: A conceptual analysis*, «Environment and Behavior», vol. 8, n. 1, 1976, pp. 7-29.

Arendt: Hannah Arendt, *Vita activa, oder vom tätigen Leben*, Neuausgabe, München, Piper, 1981.

Arpe: Curt Arpe, *Das τί ἦν εἶναι bei Aristoteles*, Hamburg, Friederichsen, 1938.

Artemidoro: Artemidoro di Daldi, *Il libro dei sogni*, Milano, BUR, 2006.

Barker: Ernest Barker, *The political thought of Plato and Aristoteles*, New York, Dover, 1918.

BAUMSTARK: ANTON BAUMSTARK, *Liturgia romana e liturgia dell'esarcato*, Roma, Libreria pontificia di Federico Pustet, 1904.

BECKER: OSKAR BECKER, *Von der Hinfälligkeit des Schönen und der Abenteuerlichkeit der Künstlers* (1929), in *Dasein und Dawesen. Gesammelte philosophische Schriften*, Pfüllingen, Neske, 1961 (trad. it.: *Della caducità del bello e della natura avventurosa dell'artista*, Napoli, Guida, 1998).

BECKMANN: JAN PETER BECKMANN, *Die Relation der Identität nach Johannes Duns Scotus*, Bonn, H. Bouvier, 1967.

BÉNATOUÏL: THOMAS BÉNATOUÏL, *Faire usage: la pratique du stoïcisme*, Paris, Vrin, 2006.

BENJAMIN 1: ROLF TIEDEMANN (hrsg.), *Frankfurter Adorno Blätter*, Bd. IV, München, edition text + kritik, 1995.

BENJAMIN 2: WALTER BENJAMIN, *Gesammelte Schriften*, Bd. IV, 1, Frankfurt am Main, Suhrkamp, 1980.

BENJAMIN 3: WALTER BENJAMIN, *Gesammelte Schriften*, Bd. VI, Frankfurt am Main, Suhrkamp, 1985.

BENJAMIN 4: WALTER BENJAMIN, *Gesammelte Schriften*, Bd. II, 1, Frankfurt am Main, Suhrkamp, 1977.

BENVENISTE: ÉMILE BENVENISTE, *Problèmes de linguistique générale*, 1, Paris, Gallimard, 1966 (trad. it.: *Problemi di linguistica generale*, Milano, Il Saggiatore, 1971).

BLACK: MAX BLACK, *Lebensform and Sprachspiel in Wittgenstein later work*, in ELISABETH LEINFELLNER ET AL (eds.), *Wittgenstein and his impact on contemporary thought. Proceedings of the second international Wittgenstein Symposium*, Vienna, Holder-Pichler-Tempsky, 1978.

BOEHM A.: ALFRED BOEHM, *Le vinculum substantiale chez Leibniz: ses origines historiques*, Paris, Vrin, 1962.

BOEHM R.: RUDOLF BOEHM, *Das Grundlegende und das Wesentliche: zu Aristoteles' Abhandlung über das Sein und das Seiende (Metaphysik Z)*, Den Haag, M. Nijhoff, 1965.

CASEL: ODO CASEL, *Actio in liturgischer Verwendung*, in «Jahrbuch für Liturgiewissenschaft», 1, 1921, pp. 34-39.

COLLI: GIORGIO COLLI, *La ragione errabonda*, Milano, Adelphi, 1982.

COURTINE: JEAN-FRANÇOIS COURTINE, *Suárez et le système de la métaphysique*, Paris, PUF, 1990.

DEBORD: GUY DEBORD, *Œuvres cinématographiques complètes, 1952-1978*, Paris, Gallimard, 1994.
DELIGNY: FERNAND DELIGNY, *Les enfants et le silence*, Paris, Galilée, 1980.
DÖRRIE: HEINRICH DÖRRIE, *Hypostasis, Wort- und Bedeutungsgeschichte*, in «Nachrichten der Akademie der Wissenschaft in Göttingen», Phil. Kl., 3, 1955, pp. 35-92; ora in ID., *Platonica minora*, München, Fink, 1976.
DÜRING: *Der Protreptikos des Aristoteles*, ed. Ingemar Düring, Frankfurt am Main, Klostermann, 1969.
FEHLING: DETLEV FEHLING, *Ethologische Überlegungen auf dem Gebiet der Altertumskunde: phallische Demonstration, Fernsicht, Steinigung*, München, C.H. Beck, 1974.
FILOPONO: *Philoponi in Aristotelis Categorias commentarium*, edidit Adolfus Busse, Berolini, Reimer, 1898.
FOUCAULT 1: MICHEL FOUCAULT, *L'herméneutique du sujet*, Paris, Gallimard - Seuil, 2001.
FOUCAULT 2: MICHEL FOUCAULT, *Dits et écrits (1954-1988)*, t. IV, *1980-1988*, Paris, Gallimard, 1994.
FOUCAULT 3: MICHEL FOUCAULT, *Histoire de la sexualité 2. L'usage des plaisirs*, Paris, Gallimard, 1984 (trad. it.: *L'uso dei piaceri*, Milano, Feltrinelli, 1984).
FOUCAULT 4: MICHEL FOUCAULT, *Qu'est-ce qu'un auteur?*, in *Dits et écrits (1954-1978)*, t. I, *1954-1975*, Paris, Gallimard, 1994.
FOUCAULT 5: MICHEL FOUCAULT, *Le courage de la vérité*, Paris, Gallimard - Seuil, 2009.
FOUCAULT 6: MICHEL FOUCAULT, *Naissance de la clinique*, Paris, Presses Universitaires de France, 1963.
FREMONT: CHRISTIANE FREMONT, *L'être et la relation*, Paris, Vrin, 1981.
FRIEDMANN: GEORGES FRIEDMANN, *Leibniz et Spinoza*, Paris, Gallimard, 1962.
GALENO: *Galeni de usu partium libri XVII*, edidit Georgius Helmreich, Amsterdam, Hakkert, 1968.
GOLDSCHMIDT: VICTOR GOLDSCHMIDT, *Écrits*, t. I, *Études de philosophie ancienne*, Paris, Vrin, 1984.
HADOT 1: PIERRE HADOT, *Un dialogue interrompu avec M. Foucault*, in *Exercices spirituels et philosophie antique*, Paris, Albin Michel, 2002.

HADOT 2: PIERRE HADOT, *Plotin, Porphyre. Études néoplatoniciennes*, Paris, Les Belles Lettres, 1999.

HARPER: KYLE HARPER, *Slavery in the late Roman world*, AD 275-425, Cambridge (UK), Cambridge University Press, 2011.

HEGEL: GEORG WILHELM FRIEDRICH HEGEL, *Phänomenologie des Geistes*, in *Werke in zwanzig Bänden*, Bd. 3, Frankfurt am Main, Suhrkamp, 1970.

HEIDEGGER 1: MARTIN HEIDEGGER, *Sein und Zeit*, Tübingen, M. Niemeyer, 1972 (12ª ed.).

HEIDEGGER 2: MARTIN HEIDEGGER, *Zur Sache des Denkens*, Tübingen, M. Niemeyer, 1976.

HEIDEGGER 3: MARTIN HEIDEGGER, *Holzwege*, Frankfurt am Main, Klostermann, 1950.

HEIDEGGER 4: MARTIN HEIDEGGER, *Vorträge und Aufsätze*, Stuttgart, Neske, 1954.

HEIDEGGER 5: MARTIN HEIDEGGER, *Die Grundbegriffe der Metaphysik. Welt- Endlichkeit-Einsamkeit*, Frankfurt am Main, Klostermann, 1983 (Gesamtausgabe 29/30).

HEIDEGGER 6: MARTIN HEIDEGGER, *Parmenides*, Frankfurt am Main, Klostermann, 1993 (Gesamtausgabe 44).

HEIDEGGER 7: MARTIN HEIDEGGER, *Kant und das Problem der Metaphysik*, Frankfurt am Main, Klostermann, 1929.

HEIDEGGER 8: MARTIN HEIDEGGER, *Metaphysische Anfangsgründe der Logik im Ausgang vom Leibniz*, Frankfurt am Main, Klostermann, 1978 (Gesamtausgabe 26).

HEIDEGGER 9: MARTIN HEIDEGGER, *Beiträge zur Philosophie*, Frankfurt am Main, Klostermann, 1989 (Gesamtausgabe 65).

HEIDEGGER 10: MARTIN HEIDEGGER, *Wegmarken*, Frankfurt am Main, Klostermann, 1967.

HEIDEGGER 11: MARTIN HEIDEGGER, *Hölderlins Hymnen «Germanien» und «Der Rhein»*, Frankfurt am Main, Klostermann, 1980 (Gesamtausgabe 39).

HERRERA: ABRAHAM COHEN DE HERRERA, *La Porta del Cielo*, a cura di Giuseppa Saccaro del Buffa, Vicenza, Neri Pozza, 2010.

HÖLDERLIN: FRIEDRICH HÖLDERLIN, *Sämtliche Werke*, Bd. 2, *Gedichte nach 1800*, hrsg. Friedrich Beissner, Stuttgart, Kohlhammer, 1953.

HUSSERL 1: EDMUND HUSSERL, *Husserliana: Gesammelte Werke*, Bd. XIV, *Zur Phänomenologie der Intersubjektivität: Texte aus dem Nachlass. 2, 1921-1928*, Den Haag, M. Nijhoff, 1973.

HUSSERL 2: EDMUND HUSSERL, *Husserliana: Gesammelte Werke*, Bd. XIII, *Zur Phänomenologie der Intersubjektivität: Texte aus dem Nachlass. 1, 1905-1920*, Den Haag, M. Nijhoff, 1973.

ILLICH 1: IVAN ILLICH, *I fiumi a nord del futuro*, trad. it. Macerata, Quodlibet, 2009.

ILLICH 2: IVAN ILLICH, *Nello specchio del passato*, trad. it. Milano, Boroli, 2005.

KEIL: *Grammatici latini*, ex recensione Henrici Keilii, vol. 1, *Artis grammaticae libri 5*, Lipsiae, in aedibus B.G. Teubnerii, 1855.

KERÉNYI: KARL KERÉNYI, *Umgang mit Göttlichem: über Mythologie und Religionsgeschichte*, Göttingen, Vandenhoeck & Ruprecht, 1961.

KOYRÉ: ALEXANDRE KOYRÉ, *Études d'histoire de la pensée philosophique*, Paris, A. Colin, 1961.

LEIBNIZ 1: GOTTFRIED WILHELM LEIBNIZ, *Die philosophischen Schriften*, Bd. 2, hrsg. C.I. Gerhardt, Hildesheim, Olms, 1960.

LEIBNIZ 2: GOTTFRIED WILHELM LEIBNIZ, *Philosophische Schriften*, hrsg. Hans Heinz Holz, Bd. 1, Darmstadt, Wissenschaftliche Buchgesellschaft, 1965.

LEIBNIZ 3: GOTTFRIED WILHELM LEIBNIZ, *Sämtliche Schriften und Briefe*, ed. Deutsche Akademie der Wissenschaft zu Berlin, Leipzig-Berlin, Akademie Verlag, 1923-.

LÉVINAS 1: EMMANUEL LÉVINAS, *De l'évasion*, s.l., Fata Morgana, 1982.

LÉVINAS 2: EMMANUEL LÉVINAS, *De l'existence à l'existant*, Paris, Fontaine, 1947 (trad. it.: *Dall'esistenza all'esistente*, Genova, Marietti, 1986).

LIZZINI: OLGA LIZZINI, *Fluxus (fayḍ): Indagine sui fondamenti della Metafisica e della Fisica di Avicenna*, Bari, Edizioni di Pagina, 2011.

MAINE DE BIRAN: FRANÇOIS-PIERRE MAINE DE BIRAN, *Œuvres*, t. 3, *Mémoire sur la décomposition de la pensée, précédé du*

Mémoire sur les rapports de l'idéologie et des mathématiques, éd. François Azouvi, Paris, Vrin, 1988.

PETERSON: ERIK PETERSON, *Herkunft und Bedeutung der Monos pros monon-Formel bei Plotin*, in «Philologus», 88, 1933.

PICAVET: FRANÇOIS PICAVET, *Hypostases plotiniennes et Trinité chrétienne*, in «Annuaire de l'École pratique des hautes études. Section de sciences religieuse», 1917-1918, pp. 1-52.

POHLENZ: MAX POHLENZ, *Grundfragen der stoischen Philosophie*, Göttingen, Vandenhoeck & Ruprecht, 1940.

PROCLO: PROCLUS, *Commentaire sur La République*, t. III, *Dissertations 15-17, Rép. 10. Index général*, éd. A.J. Festugière, Paris, Librairie Philosophique J. Vrin, 1970.

REDARD: GEORGES REDARD, *Recherches sur χρή, χρῆσθαι. Étude sémantique*, Paris, Champion, 1953.

REINHARDT: KARL REINHARDT, *Platons Mythen*, Bonn, Cohen, 1927.

ROGUET: SAINT THOMAS D'AQUIN, *Somme théologique. Les sacrements: 3a, Questions 60-65*, éd. A.-M. Roguet, Paris, Cerf, 1999.

SCHOLEM 1: GERSHOM SCHOLEM, *Concetti fondamentali dell'ebraismo*, Genova, Marietti, 1986.

SCHOLEM 2: GERSHOM SCHOLEM, *Dieci tesi astoriche sulla «Qabbalah»*, in *Il Nome di Dio e la teoria cabbalistica del linguaggio*, Milano, Adelphi, 1998.

SCHUHL: PIERRE-MAXIME SCHUHL, *Machinisme et philosophie*, Paris, Presses universitaires de France, 1947.

SCHÜRMANN: REINER SCHÜRMANN, *Le principe d'anarchie*, Paris, Seuil, 1982.

SPINOZA: SPINOZA, *Opera*, vol. 1, hrsg. Carl Gebhardt, Heidelberg, Carl Winters Universitätsbuchhandlung, 1925.

STEIN: EDITH STEIN, *Il problema dell'empatia*, trad. it. Roma, Studium, 2012.

STRYCKER: ÉMILE DE STRYCKER, *Concepts-clés et terminologie dans les livres II à VII des Topiques*, in G.E.L. OWEN (ed.), *Aristotle on dialectic: The Topics. Proceedings of the third Symposium Aristotelicum*, Oxford, Clarendon Press, 1968, pp. 141-163.

SUÁREZ 1: *Francisci Suárez e Societate Jesu Opera omnia*, vol. 20, Parisiis, apud Ludovicum Vivès, 1856.

SUÁREZ 2: *Francisci Suárez e Societate Jesu Opera omnia*, vol. 25, Parisiis, Vives, 1861.

TEMISTIO: *Themistii in libros Aristotelis de anima periphrasis*, edidit Ricardus Heinze, Berolini, Reimer, 1900.

THOMAS 1: YAN THOMAS, *L'«usage» et les «fruits» de l'esclave*, in «Enquête», 7, 1998, pp. 203-230.

THOMAS 2: YAN THOMAS, *Le corps de l'esclave et son travail à Rome. Analyse d'une dissociation juridique*, in PHILIPPE MOREAU (éd.), *Corps romains*, Grenoble, J. Millon, 2002.

TIQQUN: *Introduction à la guerre civile*, in «Tiqqun», 2, 2001.

TRAPP: DAMASUS TRAPP, *Aegidii Romani de doctrina modorum*, in «Angelicum», XII, 1935.

VERNANT, VIDAL-NAQUET: JEAN-PAUL VERNANT, PIERRE VIDAL-NAQUET, *Travail et esclavage en Grèce ancienne*, Bruxelles, Complexe, 1988.

VEYNE: PAUL VEYNE, *Le dernier Foucault*, in «Critique», 471-472, 1986, pp. 933-941.

VITTORINO: MARIUS VICTORINUS, *Traités théologiques sur la Trinité*, éd. Pierre Hadot, vol. I, Paris, Les Éditions du Cerf, 1960.

WITTGENSTEIN 1: LUDWIG WITTGENSTEIN, *Schriften 1. Tractatus logico-philosophicus, Tagebücher 1914-1916, Philosophische Untersuchungen*, Frankfurt am Main, Suhrkamp, 1969.

WITTGENSTEIN 2: LUDWIG WITTGENSTEIN, *Schriften 6. Bemerkungen über die Grundlagen der Mathematik*, Frankfurt am Main, Suhrkamp, 1974.

WITTGENSTEIN 3: LUDWIG WITTGENSTEIN, *Schriften 4. Philosophische Grammatik*, Frankfurt am Main, Suhrkamp, 1969.

WITTGENSTEIN 4: LUDWIG WITTGENSTEIN, *Schriften 2. Philosophische Bemerkungen*, Frankfurt am Main, Suhrkamp, 1970.

WITTGENSTEIN 5: LUDWIG WITTGENSTEIN, *Wittgenstein's lectures, Cambridge 1932-1935*, Oxford, Blackwell, 1979.

WITTGENSTEIN 6: LUDWIG WITTGENSTEIN, *On certainty*, Oxford, Blackwell, 1969.

WOLFSON: HARRY AUSTRYN WOLFSON, *The philosophy of Spinoza*, Cleveland and New York, World Publishing Company - Meridian Books, 1958.

图书在版编目（CIP）数据

身体使用/（意）吉奥乔·阿甘本著；蓝江译. -- 上海：上海社会科学院出版社，2025. -- ISBN 978-7-5520-4726-4

Ⅰ. B083

中国国家版本馆CIP数据核字第2025EP3220号

上海市版权局著作权合同登记号：09-2021-0115

身体使用

L'uso dei corpi

著　　者：	［意］吉奥乔·阿甘本
译　　者：	蓝　江
责任编辑：	熊　艳
书籍设计：	左　旋
出版发行：	上海社会科学院出版社
	上海顺昌路622号　邮编：200025
	电话总机：021-63315947　销售热线：021-53063735
	http://cbs.sass.org.cn　E-mail：sassp@sassp.cn
照　　排：	重庆樾诚文化传媒有限公司
印　　刷：	上海盛通时代印刷有限公司
开　　本：	787毫米×1092毫米　1/32
印　　张：	16
字　　数：	318千
版　　次：	2025年7月第1版　2025年7月第1次印刷

ISBN 978-7-5520-4726-4/B·550　　　　　　　　定价：88.00元

版权所有　翻印必究

L'uso dei corpi, by Giorgio Agamben, ISBN: 9788854508385

Copyright © 2014 by Giorgio Agamben. Originally published by Neri Pozza editore, Vicenza. This agreement was negotiated through Agnese Incisa Agenzia Letteraria.

Simplified Chinese translation copyright © 2025 by Chongqing Yuanyang Culture & Press Ltd.
All rights reserved.

版贸核渝字（2017）第 296 号

拜德雅
Paideia
人文丛书

（已出书目）

语言的圣礼：誓言考古学（"神圣人"系列二之三）	[意]吉奥乔·阿甘本 著
宁芙	[意]吉奥乔·阿甘本 著
奇遇	[意]吉奥乔·阿甘本 著
普尔奇内拉或献给孩童的嬉游曲	[意]吉奥乔·阿甘本 著
品味	[意]吉奥乔·阿甘本 著
什么是哲学？	[意]吉奥乔·阿甘本 著
什么是真实？物理天才马约拉纳的失踪	[意]吉奥乔·阿甘本 著
业：简论行动、过错和姿势	[意]吉奥乔·阿甘本 著
工作室里的自画像	[意]吉奥乔·阿甘本 著
身体使用（"神圣人"系列四之二）	[意]吉奥乔·阿甘本 著
海德格尔：纳粹主义、女人和哲学	[法]阿兰·巴迪欧 & [法]芭芭拉·卡桑 著
苏格拉底的第二次审判	[法]阿兰·巴迪欧 著
追寻消失的真实	[法]阿兰·巴迪欧 著
不可言明的共通体	[法]莫里斯·布朗肖 著
什么是批判？自我的文化：福柯的两次演讲及问答录	[法]米歇尔·福柯 著
自我解释学的起源：福柯1980年在达特茅斯学院的演讲	[法]米歇尔·福柯 著
自我坦白：福柯1982年在多伦多大学维多利亚学院的演讲	[法]米歇尔·福柯 著
铃与哨：更思辨的实在论	[美]格拉汉姆·哈曼 著
迈向思辨实在论：论文与讲座	[美]格拉汉姆·哈曼 著
福柯的最后一课：关于新自由主义，理论和政治	[法]乔弗鲁瓦·德·拉加斯纳里 著
非人：漫谈时间	[法]让-弗朗索瓦·利奥塔 著

异识	[法]让-弗朗索瓦·利奥塔 著
从康吉莱姆到福柯：规范的力量	[法]皮埃尔·马舍雷 著
艺术与诸众：论艺术的九封信	[意]安东尼奥·奈格里 著
批评的功能	[英]特里·伊格尔顿 著
走出黑暗：写给《索尔之子》	[法]乔治·迪迪-于贝尔曼 著
时间与他者	[法]伊曼努尔·列维纳斯 著
声音中的另一种语言	[法]伊夫·博纳富瓦 著
风险社会学	[德]尼克拉斯·卢曼 著
动物与人二讲	[法]吉尔伯托·西蒙东 著
非政治的范畴	[意]罗伯托·埃斯波西托 著
临界：鲍德里亚访谈录	[法]让·鲍德里亚 & [法]菲利普·帕蒂 著
"绝对"的制图学：图绘资本主义	[英]阿尔伯特·托斯卡诺 & [美]杰夫·金科 著
社会学的问题	[法]皮埃尔·布迪厄 著
学术人	[法]皮埃尔·布迪厄 著
读我的欲望！拉康与历史主义者的对抗	[美]琼·柯普洁 著
虚无的解缚：启蒙与灭尽	[英]雷·布拉西耶 著
我们从未现代过：对称性人类学论集	[法]布鲁诺·拉图尔 著
潘多拉的希望：科学论中的实在	[法]布鲁诺·拉图尔 著
我们自身的外人	[法]朱丽娅·克里斯蒂娃 著
文艺复兴时期的自我塑造：从莫尔到莎士比亚	[美]斯蒂芬·格林布拉特 著
资本主义的幸存：生产关系的再生产（第3版）	[法]亨利·列斐伏尔 著
绘画中的真理	[法]雅克·德里达 著